Paul Collier und John Kay

Das Ende der Gier

Paul Collier und John Kay

Das Ende
der Gier

Wie der Individualismus
unsere Gesellschaft zerreißt
und warum die Politik
wieder dem Zusammenhalt dienen muss

Aus dem Englischen
von Thorsten Schmidt

Siedler

Klimaneutral[*]
Druckprodukt
ClimatePartner.com/14044-1912-1001

MIX
Papier aus verantwor-
tungsvollen Quellen
FSC
www.fsc.org **FSC® C014496**

Penguin Random House Verlagsgruppe FSC® N001967

1. Auflage
Copyright © 2020 by Paul Collier and John Kay
Copyright © der deutschsprachigen Ausgabe 2021 by Siedler Verlag, München,
in der Penguin Random House Verlagsgruppe GmbH,
Neumarkter Straße 28, 81673 München

Redaktion: Fabian Bergmann
Umschlaggestaltung: Büro Jorge Schmidt, München
Satz: Buch-Werkstatt GmbH, Bad Aibling
Druck und Bindung: GGP Media GmbH, Pößneck
Printed in Germany
ISBN 978-3-8275-0142-4
www.siedler-verlag.de

Inhalt

Vorwort zur deutschen Ausgabe: Warum jetzt?   11

1 Was geht hier vor?   27

Teil I   Der Triumph des Individualismus   41

2 Ökonomischer Individualismus   43

3 Rechte   67

4 Von Bürgerrechten zum
   Ausdruck der eigenen Identität   79

Teil II   Der Staat: Krisensymptome   97

5 Aufstieg und Fall von Vater Staat   99

6 Umbrüche in der Parteienlandschaft   119

7 Wie Labour die Unterstützung
   der Arbeiter verlor   135

Teil III   Gemeinschaft   153

8 Der Mensch als Gemeinschaftswesen   155

9 Kommunitaristische Governance   169

10 Kommunitaristische Politik   185

11 Kommunitarismus, Märkte und Unternehmen.... 205

12 Ortsgebundene Gemeinschaften................ 223

Nachwort: Schutz vor dem Sturm 243

Danksagung.. 251

Anmerkungen 253

Weiterführende Literatur............................. 259

Bibliografie.. 265

Register 275

Zum Gedenken an unseren Freund Peter Sinclair,
Wirtschaftswissenschaftler und Gentleman, der an COVID-19
verstarb. Wir hoffen, dass ihm dieses Buch gefallen hätte.

»Wir lieben die Kunst mit maßvoller Zurückhaltung, wir lieben den Geist ohne schlaffe Trägheit; Reichtum dient uns der rechten Tat, nicht dem prunkenden Wort, und seine Armut einzugestehen ist für niemanden schmählich, ihr nicht zu entrinnen durch eigene Arbeit (gilt als) schmählicher. Mit derselben Sorgfalt widmen wir uns dem Haus- wie dem Staatswesen, und ist auch jeder von uns seinen eigenen Arbeiten zugewandt, so zeigt er doch im staatlichen Leben ein gesundes Urteil. Einzig und allein bei uns heißt doch jemand, der nicht daran teilnimmt, nicht untätig, sondern unnütz, und nur wir entscheiden in Staatsgeschäften selber oder denken sie doch richtig durch, denn nicht schaden nach unserer Meinung Worte den Taten, sondern vielmehr, sich nicht durch das Wort vorher belehren zu lassen, ehe man an die nötige Tat herangeht. Aber auch dadurch zeichnen wir uns aus, dass wir kühnen Mut und kluge Überlegung bei allem, was wir anfassen, in uns vereinen.«

»Gefallenenrede des Perikles«, wie sie von Thukydides – wobei unklar ist, ob er sie wiedergibt oder selbst verfasste – in seinem Werk *Der Peloponnesische Krieg* überliefert wurde, Athen, um 430 v. Chr. (Thuk. II, 40, hier zitiert in der Übersetzung von H. Vretska und W. Rinner).

Vorwort zur deutschen Ausgabe:
Warum jetzt?

Wir planten *Das Ende der Gier,* kurz bevor Europa von SARS-CoV-2 heimgesucht wurde; und jetzt, wo sich in Europa eine gewisse Entspannung bei der durch das neue Coronavirus verursachten Pandemie zeigt, nutzen wir die Gelegenheit der deutschen Ausgabe, um in diesem Vorwort unsere Analyse auf den neuesten Stand zu bringen.

Wir beschlossen, dieses Buch gemeinsam zu verfassen, weil wir erkannten, dass zwei Themen aus unseren jeweiligen Fachgebieten eng miteinander verwoben sind. Paul hatte gerade *Sozialer Kapitalismus!* geschrieben – eine Antwort auf die größer werdenden Spaltungen, die den gesellschaftlichen Zusammenhalt untergraben hatten. Und John hatte soeben zusammen mit Mervyn King *Radical Uncertainty (Radikale Ungewissheit)* geschrieben, in dem sie sich gegen die Vorstellung wandten, Ungewissheit lasse sich immer probabilistisch beschreiben. Die überzogene Modellgläubigkeit, die aus dieser Überzeugung hervorging, trug direkt zur Weltfinanzkrise von 2008 bei und fördert nach wie vor die Selbstüberschätzung von Politikern und Wirtschaftskapitänen. Der Aufstieg des Individualismus hat die Fähigkeit der Mitglieder einer Gesellschaft geschwächt, gemeinsam auf bestimmte Ziele hinzuarbeiten. Und beide Aspekte wirkten aufeinander ein: Führungskräfte glaubten, sie wüssten, was zu tun sei, misstrauten aber zugleich Menschen, die ihres Erachtens zu egoistisch waren, um gut zusammenzuarbeiten. Allzu oft setzten sie deshalb auf Anreize, die mit genauer Überprüfung verbunden waren. Es zeigte sich, dass diese beiden Themen, die eine

Zusammenarbeit zwischen uns nahelegten, wichtig waren, um die Auswirkungen des Virus und die politischen Reaktionen darauf zu verstehen.

Was haben wir alle aus der Pandemie gelernt?

Die Staaten und Gesellschaften Europas und Nordamerikas weisen im Vergleich zu denen auf anderen Kontinenten alle ein hohes Maß an Ähnlichkeit auf, aber die Reaktionen auf den durch das Virus ausgelösten Schock und deren Ergebnisse fielen bemerkenswert unterschiedlich aus. Zum gegenwärtigen Zeitpunkt – achtzehn Monate nachdem SARS-CoV-2 international Schlagzeilen zu schreiben begann – haben Großbritannien, die Vereinigten Staaten und Frankreich einige der höchsten Sterblichkeitsraten weltweit, während Dänemark und Finnland mit die niedrigsten haben. Vom Beginn der Pandemie bis jetzt entwickelten sich die Sterblichkeitsraten auch mit erstaunlichen Unterschieden. Deutschland hatte in dieser Hinsicht einen guten Start, die Zahlen verschlechterten sich dann allerdings; Großbritannien und die USA erwischten einen schlechten Start, die Raten verbesserten sich mit der Zeit aber. Dänemark und Finnland hatten eine gleichbleibend niedrige Mortalität, während es in Frankreich durchgehend eine recht hohe Sterblichkeit gab. Wie lässt sich das erklären?

Es ist wichtig, glaubwürdige Antworten auf diese Frage zu geben. Man sollte nicht einfach Politiker und Politikerinnen für Fehler verantwortlich machen; eine solche Situation hatte es noch nie gegeben, und Fehler waren unvermeidlich. Vielmehr geht es darum, die Folgen zu verstehen, nicht nur um in Zukunft besser für Pandemien gewappnet zu sein, sondern auch für unser Verständnis politischer, sozialer und wirtschaftlicher Angelegenheiten.

Wir kennen die Epidemiologie von SARS-CoV-2 und COVID-19 nicht – niemand kennt sie. Es gibt Epidemiolog_innen, die für sich beanspruchen, eine Vielzahl an gesicherten Erkenntnissen zu besitzen – grundsätzlich sind ihre Modelle in der Lage, eindeutige Vorhersagen zu machen. Aber ihre Modelle stimmen nicht überein. Derartige Modelle können lediglich die Schlüsselparameter identifizieren – die Anzahl derer, die jede infizierte Person ihrerseits ansteckt, und der Prozentsatz der Infizierten, die einen schweren Krankheitsverlauf haben. Aber zu Beginn der Pandemie kannten wir nicht einmal näherungsweise die Größe dieser Parameter. Wir konnten ihre sich ändernden Werte nur nachträglich erschließen. Hier zeigt sich sowohl der Nutzen als auch die Begrenztheit von Modellen, wenn die Politik mit radikaler Ungewissheit konfrontiert ist.

Im Oktober 2019 veröffentlichte die Johns-Hopkins-Universität in Baltimore die Ergebnisse einer dreijährigen Studie über die relative Fähigkeit verschiedener Länder, Pandemien zu bewältigen. Ihr zufolge waren die drei am besten gewappneten Länder die Vereinigten Staaten, Großbritannien und die Niederlande. Als sich das Virus dann ausbreitete, waren diese drei in der Frühphase der Pandemie jedoch keineswegs gut gerüstet, sondern zählten vielmehr zu den am schwersten betroffenen Ländern. Es stellte sich heraus, dass soziale und politische Faktoren, die die Reaktionen auf die Ausbreitung des Virus beeinflussten, ein viel größeres Gewicht hatten als die technischen und objektiven Faktoren, die die Johns-Hopkins-Forscher quantifiziert hatten. Die Sterblichkeitsrate bei der COVID-Erkrankung ist altersspezifisch, sodass das Befolgen von Abstandsregeln und die Annahme von Impfangeboten den Mitmenschen oft mehr hilft als einem selbst. Die Folgen von Unterschieden in der relativen Macht des Staates, beim Einfluss von Kultur und Werten und beim Gemeinschaftssinn im Vergleich zu individualistischen Einstellungen betreffen überall auf der Welt den Kern der Probleme, die in diesem Buch erörtert werden.

Die sehr unterschiedlichen Auswirkungen von politischen Maßnahmen und Verhaltensänderungen in verschiedenen

Ländern sind bereits hinreichend dokumentiert, sodass man erste Fragen stellen und Hypothesen vorschlagen kann. Die Erfolge der Reaktionen sind in hohem Maße davon abhängig, ob eine Gesellschaft eher gemeinschaftsorientiert oder individualistisch und ob die Regierung dezentralisiert oder zentralisiert ist.

In Übereinstimmung mit der Argumentation in *Das Ende der Gier* hatten Länder mit stärkerem Zusammenhalt und dezentraler Regierung wie etwa Deutschland, die Schweiz, Dänemark und Finnland anfangs eine viel niedrigere Sterblichkeit als hochindividualistische Länder wie die USA oder stark zentralistische wie Großbritannien und Frankreich. Deutschland hatte frühzeitig eine erfolgreiche Teststrategie, in die zahlreiche Labore eingebunden waren; Großbritannien und die Vereinigten Staaten, die versuchten, die Tests zentral zu steuern, zahlten einen hohen Preis dafür.

Aber damit die anfänglich niedrige Sterblichkeit langfristig Bestand hatte, musste der gesellschaftliche Zusammenhalt durch eine politische Führung gestärkt werden, die Vertrauen bewahrte sowie die Menschen für eine sich rasch verändernde Situation sensibilisierte. Und damit die Sterblichkeit von einem hohen Ausgangsniveau zurückging, mussten Regierungen zügig dazulernen, und dieser Prozess schwankte systematisch in Abhängigkeit davon, ob sie die beiden Kernprinzipien für die Bewältigung von Ungewissheit beherzigten: dezentrale Experimente und Modularität, in diesem Fall also ein Handeln nach einer Art »Baukastenprinzip«, bei dem die für eine erfolgreiche Pandemiebekämpfung geeignetsten Elemente miteinander verbunden werden. In einigen Ländern, insbesondere in Dänemark und Finnland, zeigten sich die Regierenden der Herausforderung, das Vertrauen der Bevölkerung zu bewahren, gewachsen, und es gelang ihnen, die veränderte Situation zu bewältigen, indem sie zu sozialem Zusammenhalt und Solidarität aufriefen.

Das beste Maß für die gesundheitlichen Auswirkungen der Coronapandemie ist vermutlich die sogenannte Übersterblich-

keit – wie viele Menschen mehr sind gestorben, als in einem
»normalen« Jahr zu erwarten gewesen wäre. Dieser Indikator
berücksichtigt die Tatsache, dass Ältere und Vorerkrankte, die
das Gros der COVID-Todesfälle ausmachen, möglicherweise
mit COVID, aber nicht *an* COVID verstarben, und er berücksichtigt auch die menschlichen Tragödien, bei denen Krebs-
erkrankungen nicht diagnostiziert oder Schlaganfälle nicht
behandelt wurden, weil die Krankenhäuser überlastet waren
oder die Angst vor COVID oder ein verfehltes Solidaritätsge-
fühl die Betroffenen davon abhielten, rechtzeitig ärztliche Hilfe
in Anspruch zu nehmen. Die Übersterblichkeit berücksichtigt
selbstverständlich nicht die übrigen sozialen und wirtschaftlichen Kosten der Krankheit und der Maßnahmen zur Eindämmung der Virusausbreitung: die geschlossenen Veranstaltungs-
orte; die Unternehmen, die dichtmachten beziehungsweise
einen Teil ihrer Kapazitäten stilllegten; die verlorenen Schul-
tage.

Einige Länder meldeten keine oder zumindest keine nennenswerte Übersterblichkeit. Obgleich sich der Ursprung des
Virus in China findet, liegen die meisten dieser Länder in Asien
und Australasien. All diese Staaten schränkten die inländische
und grenzüberschreitende Bewegungsfreiheit ihrer Bürger_
innen drastisch ein und führten Systeme ein, um die Kontakte
von Infizierten nachzuverfolgen. Taiwan, Südkorea und Singa-
pur machten sich dabei mit guten Erfolgen die technologische
Effizienz eines starken Staates und die Werte von Gesellschaften
zunutze, die Familie und Gemeinschaft über das Individuum
stellen. Australien und Neuseeland profitierten von der Leichtigkeit, mit der sie ihre Grenzen kontrollieren konnten – Neuseeland blieb fast gänzlich von dem Virus verschont.

Auch die nordischen Länder verzeichneten nur wenige
COVID-Todesfälle; bei den dort verhängten Lockdowns profitierte man von dem hohen sozialen Zusammenhalt. Schweden, wo der Bevölkerung nur wenige Beschränkungen auferlegt
wurden, hatte zwar eine viel höhere Sterblichkeit als seine

skandinavischen Nachbarn, dafür waren die wirtschaftlichen Folgen weniger gravierend als in den meisten anderen europäischen Ländern. Es scheint, dass Dänemark die richtige Balance gefunden hat: mit staatlichen Maßnahmen, die hinreichend streng waren, um den Bürgerinnen und Bürgern klarzumachen, wie wichtig es ist, sich verantwortungsvoll zu verhalten, um ein neues gemeinsames Ziel zu erreichen.

Mithin zeigten sich sehr unterschiedliche Führungsstile. Das totalitäre China, wo der Ausbruch begann, scheint die Ausbreitung des Virus relativ zügig unter Kontrolle gebracht zu haben. Schwedens politische Führung hielt sich im Hintergrund und verließ sich darauf, dass die Wissenschaft die zu ergreifenden Maßnahmen festlegte und der Bevölkerung erklärte, während die neuseeländische Premierministerin Jacinda Ardern ein feines Gespür für die öffentliche Stimmung zeigte und die wechselseitige Verantwortung der Menschen füreinander betonte – »wir sind ein Team von fünf Millionen« –, sodass ihre Regierung die öffentliche Meinung für radikale Maßnahmen gewinnen konnte. Der ungarische Ministerpräsident Viktor Orbán ergriff die Gelegenheit, um sich unbegrenzte Machtbefugnisse zu sichern, aber das Virus bot ihm die Stirn, auch wenn die heimische Presse dies nicht tun konnte.

Die Länder, in denen das Virus die schlimmsten Auswirkungen hatte, waren Indien und lateinamerikanische Staaten. Europa und Nordamerika waren ebenfalls stark betroffen, aber hier gab es ein breites Spektrum an Reaktionen und Erfahrungen. Mitte 2020 führte die Forschungsgruppe More in Common eine internationale Umfrage über die öffentliche Reaktion auf die Ereignisse durch.[1] Die meisten Befragten antworteten, sie hätten sich an die Coronaregeln gehalten – und andere hätten dies ebenfalls getan. Auch sagten sie, ein Aspekt gemeinschaftsbezogenen Verhaltens – die Sorge um das Wohl anderer – habe zu-, ein weiterer – ihr Vertrauen in ihre Mitbürger_innen – aber abgenommen. Die Spaltung in ihren Ländern sei stärker geworden. Das trifft zweifellos auf Frankreich zu: Die meisten Franzosen glaubten, sie selbst hätten die Beschränkungen im Allgemeinen befolgt, die meisten ihrer Mitbürger_innen dagegen nicht.

Die Vereinigten Staaten waren in praktisch jeder Beziehung ein Sonderfall. In der Erhebung waren sie das einzige Land, in dem die Befragten nicht der Ansicht waren, die Sorge um das Wohl anderer habe zugenommen, und ihr Vertrauen in das Gesundheitssystem hatte – ebenso wie in Frankreich – ab- und nicht etwa zugenommen. Jedes Alltagsproblem schien parteipolitisch aufgeladen zu sein. Selbst bei einer banalen Frage wie »Würden Sie sich wohlfühlen, während der Pandemie zum Friseur zu gehen?« waren die Ansichten dementsprechend polarisiert: 72 Prozent der Republikaner antworteten mit »ja«, aber nur 37 Prozent der Demokraten.[2] Bei gleichem medizinischen Informationsstand öffneten republikanische Gouverneure ihre Bundesstaaten und Schulen, während demokratische in den ihren einen Lockdown verhängten.

Die Bewältigung der Pandemie erfordert eine paradoxe Kombination von sozialer Distanzierung und sozialer Solidarität. Wir müssen Abstand wahren, um das Virus nicht zu verbreiten; wir müssen zusammenkommen, um mit seinen Folgen fertigzuwerden. Man beraubt uns der Gelegenheiten, unseren Freund_innen und Verwandten beizustehen oder unseren Kolleg_innen bei der Arbeit zu helfen; aber wir bieten uns freiwillig an, Lebensmittel auszufahren, und beklatschen Pflegekräfte. In diesem Buch betonen wir, wie wichtig und notwendig Solidarität auch in weniger aufgewühlten Zeiten ist. In dem Maße, wie fortschreitende Impfkampagnen die Gesellschaften von den COVID-Ängsten befreien, haben wir Grund zum Optimismus, dass eine solche Solidarität erneuert werden kann. Die Pandemie hat uns auf eindringliche Weise vor Augen geführt, wie wichtig Gemeinschaft ist.

Die neuen Kulturkriege

Die politischen Differenzen in Europa und Amerika basieren nicht auf abweichendem Kenntnisstand und unterschiedlichen Interpretationen von Informationen, sondern auf tiefgreifenden neuen kulturellen Konflikten. In den USA erreichten sie im Januar 2021 einen Höhepunkt. Hätten die verantwortlichen Politiker_innen die Coronastrategie ihrer jeweiligen Gegenspieler übernommen, dann hätten Republikaner und Demokraten vielleicht ihre Haltung zu Friseurbesuchen ebenfalls einfach ausgetauscht. Rund um die Welt erschienen in Zeitungen und sozialen Medien spektakuläre Fotos. Ein Mann spazierte in einem *Star-Wars*-Kostüm und mit Wikingerhörnern durch das Kapitol in Washington; ein anderer trug eine Konföderiertenflagge; ein weiterer saß im Büro von Nancy Pelosi, der Sprecherin des US-Repräsentantenhauses, und hatte einen Fuß auf ihren Schreibtisch gelegt. Die Randalierer nahmen sich selbst auf Video auf und verbreiteten das Filmmaterial weltweit. Das Ereignis war ein Beispiel par excellence für den expressiven Individualismus, den wir in diesem Buch kritisieren, die Verklärung des Selbst in der vermeintlichen Unterstützung eines politischen Anliegens.

Aber der expressive Individualismus ist nicht nur für die Alternative Rechte in den USA bezeichnend, sondern auch für die progressive Linke, wie diese lächerliche Begebenheit aus Großbritannien verdeutlicht:

> Als J und sein Team den Mast aufrichteten, ertönte lauter Jubel quer über den Oxford Circus. J sagte dazu: »Dieser Jubel machte mich so euphorisch, wie ich es nur selten erlebt habe« … Mit DJs an Deck, Seepocken, die den Kiel überzogen, und einem Meer von Rebellen, die tanzten, Flugblätter verteilten und rings um den Schiffsrumpf Reden hielten, verkörperte das Boot das gesamte XR-[Extinction Rebellion]-Ökosystem in einer wogenden, fröhlichen und lebenden Einheit.[3]

»J« war ein Anführer einer Gruppe von Klimaaktivist_innen, und der Mast gehörte zu einem rosafarbenen Boot, das sie im Zentrum von London platzierten und das den Verkehr in der City mehrere Tage lang erheblich behinderte.

Wenn die Organisatoren des Ereignisses es darauf angelegt haben sollten, einen Kulturkrieg zu entfachen, hatten sie Erfolg. Innenministerin Priti Patel fand scharfe Worte: »Diesen Kriminellen, die unsere freie Gesellschaft sabotieren, muss Einhalt geboten werden. Zusammen müssen wir uns alle entschlossen gegen die Guerillataktiken der Extinction Rebellion zur Wehr setzen.«[4] Erwartungsgemäß drehte Patel mit ihrer Überreaktion nur weiter an der Eskalationsspirale: Protestierende, die »Weg mit dem Gesetz!« skandierten, blockierten Straßen und brachten so ihren Widerstand gegen Patels Gesetzesvorhaben zum Ausdruck, das eine Ausweitung polizeilicher Befugnisse zur Verhinderung von Massenveranstaltungen vorsah. Der selbstgerechte Narzissmus von »Aktivist_innen« geht manchmal mit einer leichten Selbstverleugnung einher – auf den »Veganuary«, den »veganen Januar«, im Jahr 2021 folgte Toni Petersson, der CEO des schwedischen Hafermilchherstellers Oatly, der in einem Werbevideo in der Pause des Superbowls mitten in einem Getreidefeld »wow, wow, no cow« sang –, allerdings ist rein symbolisches Signalisieren von Tugendhaftigkeit zu einem Anlass echter Sorge an Universitäten geworden.

John begann sein Studium der Wirtschaftswissenschaften im David Hume Tower. Das hässlichste Gebäude der Universität Edinburgh wurde nach ihrem bekanntesten Absolventen benannt, dem Philosophen und Freund von Adam Smith, der maßgeblich mitgeholfen hat, im 18. Jahrhundert die Grundlagen des modernen gesellschaftsphilosophischen und politischen Denkens zu legen. Aber den David Hume Tower gibt es nicht mehr; sämtliche Hinweise auf Hume wurden getilgt. Nicht weil er von den Toten auferstanden wäre, um gegen die Zerstörung des prächtigen George Square zu protestieren, eines steinernen Zeugnisses der schottischen Aufklärung, das einem brutalisti-

schen Gebäude hatte weichen müssen, das dann seinen Namen
trug. Nein, das Problem ist Humes Rassenbegriff. In einer Fuß-
note in einem Werk aus dem Jahr 1753 hatte er geschrieben: »Ich
bin geneigt, es für möglich zu halten, dass [N-Wort] den Weißen von Natur aus unterlegen sind.« Wie der führende Historiker der Universität darlegte, war diese Auffassung, von der
wir heute wissen, dass sie falsch ist, im 18. Jahrhundert weitverbreitet.[5]

Sogar Smith selbst droht die Streichung; in seinem Opus
magnum beschreibt er die Sklaverei als »allgegenwärtig und
unausweichlich«, wenn auch »wohl weniger einträglich als freie
Arbeit«. Nicht gerade eine begeisterte Befürwortung der Skla-
venhaltung, aber heutzutage ausreichend, um zu fordern, dass
ein Ausschuss des Stadtrats von Edinburgh sich mit der Frage
befassen solle, ob das öffentliche Gedenken an den Autor des
Wohlstands der Nationen noch zeitgemäß sei.

Das gemeinsame Merkmal all dieser Aktivitäten ist die Tatsache, dass sie performativ sind – der Zweck des Protests ist
der Protest und das Gefühl der Tugendhaftigkeit oder vielleicht
auch schlichtweg der Spaß, den er jenen bereitet, die dabei mitmachen. Zwei Wochen nach dem Eindringen der Rechten auf
dem Capitol Hill wurde Joe Biden trotzdem in sein Amt als
Präsident eingeführt. Die Polizei schaffte das rosafarbene Boot
aus der Londoner Innenstadt weg, und die Erde war kein bisschen kühler als zuvor. Und wenn die Universität Edinburgh
David Hume nicht länger ihre Ehrerbietung erweist, mindert
dies in keiner Weise den Rassismus der Polizei von Minneapo-
lis. Nur das restriktive Gesetz von Innenministerin Patel bleibt
bestehen.

Die Randalierer vom Capitol Hill und die Feiernden auf
dem rosafarbenen Boot bilden jeweils eine Art von Gemeinschaft. Aber es handelt sich dabei nicht um die von uns in diesem Buch gelobten Gemeinschaften wechselseitiger Unterstützung, die durch den Austausch von Ideen und Wissen kollektive
Intelligenz entwickeln. Es sind Gemeinschaften von Menschen,

die sich ganz überwiegend nur mit ihresgleichen austauschen, sich so ihrer Wohlanständigkeit versichern und die moralische Überlegenheit ihrer gemeinsamen Identitäten zur Geltung bringen. Die daraus erwachsene Polarisierung zerstört die größeren Gemeinschaften, aus denen eine Gesellschaft mit starkem innerem Zusammenhalt aufgebaut ist. Die Kämpfer gegen den Sklavenhandel, denen im 19. Jahrhundert dessen Abschaffung gelang, schmiedeten eine Koalition, um ihr Anliegen voranzubringen; dem Mob, der im Vereinigten Königreich heute Statuen stürzt, ist es egal, dass er die breite Öffentlichkeit, die die britische Geschichte mit mehr Stolz als Beschämung betrachtet, vor den Kopf stößt.

Die neuen Kulturkriege werden nicht nur zwischen politischen Parteien, sondern auch in ihnen ausgetragen. Besonders heftig toben sie innerhalb sozialdemokratischer Parteien in Europa und ihrem Pendant in den USA. Sie bestehen heute aus einer langfristig nicht tragfähigen Koalition aus »Progressiven«, die demonstrativ ihre Tugendhaftigkeit zur Schau stellen, und ihrer traditionellen Basis in der Arbeiterschaft, deren Stimmen diesen Parteien erlaubten, während eines Großteils der zweiten Hälfte des 20. Jahrhunderts die europäische Politik zu dominieren. Diese Wählergruppe wird durch rosafarbene Boote und Kontroversen um Statuen eher abgestoßen. In Frankreich zum Beispiel ist die Parti socialiste nicht nur nicht mehr in der Regierung, sie ist nicht einmal mehr die wichtigste Oppositionspartei, und in Deutschland wackelt der alte Nimbus der SPD als »Volkspartei«. Aber auch der neue demokratische US-Präsident Biden sieht sich dem gleichen Problem gegenüber; die Integrität und die Kompetenz, die ihn so deutlich von seinem republikanischen Amtsvorgänger abheben, halfen ihm nur eine Zeit lang. Die »progressive« Linke seiner Partei ist sogar noch streitbarer als ihre europäischen Pendants und die Entfremdung ihrer traditionellen Arbeiterbasis von der Demokratischen Partei sogar noch extremer. Die britische Labour Party erlitt im Jahr 2019 eine vernichtende Niederlage, und ganz aktuell ist der ehedem sichere Labour-Wahlkreis im nordostenglischen Hartlepool bei einer Zwischenwahl an die Konservativen gefallen. Es geschieht äußerst selten, dass die Opposition bei Zwischenwahlen einen Sitz an die Regierungspartei verliert. Eine französische Präsidentin Le Pen ist nicht länger unvorstellbar.

Der Gipfel der Gier?

Aber wir sehen gute Gründe für Optimismus. Ungeachtet des geistlosen Gehabes von Aktivist_innen gibt es echte neue Ideen und wohldurchdachte Argumente, die kreative Denkanstöße liefern. Noch immer mangelt es nicht an Beispielen verwerflicher Gier. Aber nachdem der Egoismus vierzig Jahre lang auf dem Vormarsch war, werden die 2020er-Jahre vielleicht den »Gipfel der Gier« markieren. Von extremer Selbstbezogenheit kehren wir zurück zu stärkerer Gemeinschaftsorientierung. Dies sind keine Wunschträume; wie wir in diesem Buch zeigen, wendet sich das Blatt gerade.

Ein wackliges Denkgebäude lieferte die Rechtfertigung für den Aufstieg des Egoismus. Auf der politischen Rechten ging die Verherrlichung des Individualismus aus einer verfehlten Kehrtwende in den Wirtschaftswissenschaften hervor: einer Fehldeutung der Evolutionsbiologie, die die Bedeutung menschlicher Handlungsmotivationen herunterspielte und menschliches Wissen überbewertete. Die politische Linke, die lange Zeit die Idee der Solidarität hochgehalten hatte, begann nunmehr, ihre Argumente in Begriffen von Individualrechten zu formulieren – eine verfehlte Wende in der Moralphilosophie, die dazu führte, dass es zu einem regelrechten Wettbewerb im Beklagen von Benachteiligungen und Missständen im Namen neu entdeckter ewiger moralischer Wahrheiten kam. Auch wenn sie politisch nicht zusammenpassen, haben beide Ideen die Rolle der Gemeinschaft heruntergespielt und radikale Ungewissheit ignoriert. Die einzigen Akteure waren Individuen mit Rechten und der Staat mit Verpflichtungen; die Intelligentesten wüssten es am besten und sollten die Entscheidungen treffen. Das besagte wacklige Gebäude zerfällt heute sehr schnell. *Das Ende der Gier* ist nur ein kleiner Teil einer Revolution in den Natur-, Sozial- und Geisteswissenschaften, die die Gemeinschaft wieder in ihre zentrale Rolle als Keimzelle einer produktiven, prosperierenden Gesellschaft einsetzt. In unserem eigenen Fachgebiet, der Volkswirtschaftslehre, beginnen die wirtschaftswissenschaftlichen Fakultäten, die ehrgeizigen jungen Führungskräften jahrzehntelang beibrachten, dass »Gier gut« sei, diese These zu hinterfragen.

In *The Upswing* beschreibt der Politikwissenschaftler Robert Putnam ebenso wie in *Virtue Politics* der Historiker James Hankins – beide Bücher erschienen 2020 – Wendepunkte, die seltenen Momente, in denen sich die Richtung des gesellschaftlichen Wandels umkehrt. Putnam führt sie auf die Verbindung einer intellektuellen Revolution mit einem tödlichen globalen Schock zurück, der den neuen Ideen Auftrieb gibt.

SARS-CoV-2 und COVID-19 mögen dazu beigetragen haben, dass wir einen dieser seltenen Momente erreicht haben. Die »intelligenten« Führungsverantwortlichen, die behaupteten zu wissen, was man gegen das Virus tun müsse, wurden gedemütigt: Es ist ein klassischer Fall von radikaler Ungewissheit. Und von Kommunitarismus: Es hat sich gezeigt, dass die erfolgreiche Eindämmung des Virus davon abhängt, ob die Mitglieder einer lokalen Gemeinschaft die Regeln zum Schutz ihrer Mitbürgerinnen und Mitbürger bereitwillig einhalten. Finnland kam vergleichsweise glimpflich durch die Coronakrise, weil die Bevölkerung Coronaempfehlungen freiwillig sehr diszipliniert befolgte; Nordkorea dagegen droht trotz der extremen staatlichen Zwangsmaßnahmen eine Hungersnot.

Deutschland hat massive Anstrengungen unternommen, um die Kluft zwischen Ost und West zu schließen. Aber in vielen anderen Gesellschaften ließen es die Politiker_innen einfach zu, dass globale ökonomische Kräfte tiefe wirtschaftliche

Spaltungen zwischen boomenden Metropolen und abgehängten Städten in der Provinz erzeugten. Die Wut, die durch diese
langjährige Vernachlässigung ausgelöst wurde, gestaltet die politische Landschaft um, und sogar in Deutschland sind Verwer-
fungen offenkundig, da ein Drittel der Ostdeutschen rechts-
beziehungsweise linksextreme Parteien unterstützt.

In Großbritannien wird jetzt weithin anerkannt, dass es notwendig ist, die extreme Konzentration guter Stellen in London
und die Entfremdung der Labour Party von der Arbeitnehmer-
schaft rückgängig zu machen. Da sich die Schere zwischen den
Regionen und London auch und gerade unter Labour-Regierungen immer weiter öffnete, hängen die beiden Probleme eindeutig miteinander zusammen. Die Stimmen einer großstädtischen Elite hatten einen größeren Einfluss auf die Prioritäten
von Labour als ihre traditionelle Basis.

Wir wissen, dass die jüngste Konzentration guter Arbeitsplätze in London vermeidbar war, und wir wissen auch, dass sie
das nationale Wachstum nicht beschleunigt hat – wir müssen
uns zu diesem Zweck nur Deutschland ansehen. Aber leider ist
das Bemühen darum, diese Divergenz rückgängig zu machen,
ebenfalls ein Beispiel für radikale Ungewissheit – wir wissen
im Einzelnen nicht, wie wir dies erreichen können. Sehr wohl
wissen wir jedoch, wie wir es nicht zustande bringen: Whitehall kann es nicht den Regionen vorgeben, so wenig wie es
Berlin Leipzig vorschreiben könnte oder Paris Marseille. Nur
eine kommunitaristische Politikgestaltung – ein gemeinsames
Ziel, auf das sich eine Gemeinschaft verständigt hat und das sie
geschlossen verfolgt – kann auf das kontextspezifische Wissen
zurückgreifen, das notwendig ist, um durch Experimentieren zu
lernen. Es ist kein Zufall, dass sich in dem Problem der regionalen Divergenz diese Prinzipien radikaler Ungewissheit und
des Kommunitarismus widerspiegeln. Großbritannien steht vor
einem gravierenden Problem der regionalen Divergenz, weil es
das Land in der OECD mit den am stärksten überzentralisier-
ten politischen und wirtschaftlichen Steuerungs- und Organi-

sationsstrukturen ist. Die Gesellschaft wurde von allzu selbstsicheren, »smarten« Verantwortungsträgern in London geleitet, die sowohl die politischen Maßnahmen als auch die Verteilung der Finanzmittel festlegten. Die öffentlichen Ausgaben für eine breite Palette von Gütern, von der Infrastruktur und Forschung bis zu den Künsten, haben London massiv begünstigt. Auch private Finanzierungen für Unternehmen – sowohl Neugründungen als auch expandierende Mittelständler – sind extrem ungleich verteilt: Zwei Drittel des Wagniskapitals für Kleinunternehmen fließen nach London und in den Südosten, auf die nur ein Fünftel der Bevölkerung Großbritanniens entfällt. Wenn Menschen deshalb wütend sind, ist das voll und ganz gerechtfertigt.

Nachdem wir folgenschwere Krisen durchlebt haben, blicken wir endlich in einer Welt, die sich stark verändert hat, hoffnungsvoll in die Zukunft. Individueller Egoismus hat im Verein mit einer ihre Fähigkeiten überschätzenden Führung »von oben herab« unseren Gesellschaften schwer geschadet. Aber die Zukunft kann anders sein.

Deutschland tritt in die Ära nach Merkel ein. Die Bundeskanzlerin hat sich hervorragend auf kurzfristige taktische politische Kompromisse verstanden. Deshalb hielt sie sich so lange an der Macht. Aber einer langfristigen Strategie wich sie bewusst aus: Für sie war es das Wesen der Politik, die Herausforderungen des Moments zu bewältigen. Das funktionierte so lange recht gut, wie keine neuen strukturellen Belastungen auftraten. Aber die Welt ist heute voll davon. Wie die Frühphase der Coronapandemie zeigte, waren die dezentralen Entscheidungs- und Organisationsstrukturen die größte politische Stärke Deutschlands bei der Bekämpfung des Virus. Doch als die Pandemie voranschritt, versuchte Bundeskanzlerin Merkel wie etliche andere Regierungschefs, die Fäden der politischen Entscheidungsfindung im Bundeskanzleramt zu bündeln. Aber die Ära politischer Führungspersönlichkeiten, die alles selbst entscheiden wollen, ist vorbei: Die Deutschen werden eine neue Politik erfinden müssen, die auch die Belange der einfachen Arbeitnehmer_innen stärker berücksichtigt, auf deren Sorgen eingeht und allen eine aktive Rolle bei der Gestaltung ihrer gemeinsamen Zukunft gibt.

Es herrscht ein neues Verlangen danach, Dinge selbst in die Hand zu nehmen, und die Einsicht, dass die Fülle der Ängste, die sich im Lauf der Zeit aufgrund von Vernachlässigung anhäuften, nur dadurch bewältigt werden kann, dass man zusammenkommt. Sie, die Leserinnen und Leser, können Teil des Veränderungsprozesses sein: Wir haben dieses Buch geschrieben, um Ihnen dabei zu helfen. Die deutsche Ausgabe von *Greed is Dead* erscheint in einem entscheidenden Moment.

1
Was geht hier vor?

»Ich feiere mich selbst und singe mich selbst«

Walt Whitman, »Gesang von mir selbst«

Wir leben in Gesellschaften, die von Selbstsucht durchdrungen sind. Wie können wir dann vom »Ende der Gier« sprechen? Wir meinen damit Folgendes: Der extreme Individualismus, zu dem sich viele berühmte und erfolgreiche Personen in den letzten Jahrzehnten bekannten und der seine Rechtfertigung in herausragender Leistung oder Prominenz suchte, ist intellektuell nicht länger haltbar. Menschen sind soziale Wesen, und zur Schau gestellte Gier ist nicht nur ärgerlich, sondern auch ansteckend. Den exzessiven finanziellen Forderungen von Managern und den Ansprüchen der Identitätspolitik, dem selbstgefälligen Gehabe von Trump, Putin, Bolsonaro und Kim Jong-un und dem wachsenden Einfluss von Reality-TV-Stars und Influencer_innen ist ein zentrales Merkmal gemein: Es dreht sich immer alles um *sie selbst*. Einige sind geldgierig, andere gieren nach Aufmerksamkeit. Die libertären Fantasien des Silicon Valley beruhen auf einer ähnlich egoistischen Motivation. Und all dies wurde zu weit getrieben.

Die Ansprachen zweier im Amt aufeinanderfolgender US-Präsidenten markieren den Übergang vom Kommunitarismus der Nachkriegszeit zum anschließenden Aufstieg des Individualismus. Im Jahr 1960 hielt John F. Kennedy, der bei den Präsidentschaftswahlen Richard Nixon besiegt hatte, eine Antrittsrede, die zur ikonischen Formulierung kommunitaristischer Politik wurde. »Und daher sollten Sie, meine amerikanischen

Mitbürger, nicht fragen, was Ihr Land für Sie tun kann – vielmehr sollten Sie fragen, was Sie für Ihr Land tun können.«[1] Kennedy war schon lange tot, als Nixon 1973 seine zweite Antrittsrede hielt. Nixons Appell an seine Landsleute begann mit einer Wiederholung von Kennedys Aufforderung: »Lassen Sie jeden von uns fragen – nicht nur, was die Regierung für mich tun wird …« Aber das, was nun folgte, war deutlich weniger inspirierend: »… sondern, was ich für mich selbst tun kann«.[2]

Vierzig Jahre später erreichte das Zeitalter des Individualismus seine unschöne Vollendung. Während des Wahlkampfs für seine Wiederwahl im Jahr 2012 wurde Präsident Obama bei, wie das *Wall Street Journal* schrieb, »einem Ausbruch ideologischer Freimütigkeit« erwischt, »… nur selten enthüllen Politiker ihre Grundüberzeugungen so unmissverständlich«.[3] Für den fanatischen konservativen Talkmaster Rush Limbaugh war das »der entlarvendste Moment der Präsidentschaft Obamas«.[4] Was hatte dieser in seinen spontanen Äußerungen verraten?

> Wenn du erfolgreich bist, hast du irgendwann von jemandem Hilfe bekommen. Es gab einen großartigen Lehrer in deinem Leben. Jemand hat dabei geholfen, dieses unglaubliche amerikanische System zu erschaffen, das es dir ermöglichte, erfolgreich zu sein. Jemand hat in Straßen und Brücken investiert. Die Firma, die du leitest, hast du vielleicht nicht selbst aufgebaut. Jemand anders hat das getan. Das Internet hat sich nicht selbst erfunden. Das Internet, mit dem heute zahlreiche Privatunternehmen viel Geld verdienen, ging aus einem staatlich geförderten Forschungsprojekt hervor. Damit will ich sagen: Wenn wir erfolgreich sind, dann aufgrund unserer individuellen Initiative, aber auch deshalb, weil wir Dinge gemeinsam tun.[5]

Sind Sie schockiert über diese banale Verlautbarung des Offensichtlichen? Die Republikaner waren es: Auf ihrem Parteitag würdigten sie einen ganzen Tag lang die Leistungen von

Kleinunternehmer_innen und schunkelten voller Stolz, als der Countrymusiker Lane Turner sang: »I Built It« (sinngemäß: »Ich hab den Laden ganz allein aufgebaut«). In der Geschäftswelt manifestiert sich extremer Individualismus als eine *materielle* Anspruchshaltung: »Ich habe es aufgebaut: Es steht mir zu.« Obama hatte dies durch seine leisen Vorbehalte gegenüber den selbstbewussten Anmaßungen des *Besitz*individualismus hinterfragt – die auf John Locke zurückgehende Auffassung, dass Eigentumsrechte nicht durch einen Prozess gesellschaftlicher Kooperation und Übereinkunft erworben werden, sondern dadurch, dass man seine Arbeit mit einer Ressource vermischt. Es ist die Einstellung des Siedlers aus der Frontier-Zeit, der westlichen Expansion der USA im 19. Jahrhundert, der Land einfriedet und es mit einer Schusswaffe gegen Nachbarn, Vertreter der Staatsgewalt und die Ureinwohner verteidigt.

Obamas Nachfolger sollte dann die Krönung des Individualismus darstellen. Bis Januar 2021 wurde das Amt, das ehedem bedeutende Staatsmänner wie Lincoln und Roosevelt innegehabt hatten, von jemandem versehen, dessen vorgebliche staatsmännische Fähigkeiten nur in seinem Kopf existierten. Als Staatsoberhaupt verkörperte er nicht länger die Würde einer bedeutenden Nation – wie es Eisenhower oder Reagan getan hatten oder wie es in Großbritannien die Queen auch weiterhin tut. Für Präsident Trump drehte sich alles um ihn selbst.

Trump war durch Reality-TV-Sendungen berühmt geworden. Aber zumindest hatte er selbst etwas aufgebaut (wenn auch nicht immer dafür bezahlt). *Expressiver* Individualismus braucht nicht einmal das: Paris Hilton und die Kardashians, PewDiePie und James Charles sind einfach nur berühmt dafür, sie selbst zu sein. Und diejenigen unter ihnen, die den egoistischen Materialismus des modernen Wirtschaftslebens anprangern, sind nicht abgeneigt, ihre vermeintliche moralische Überlegenheit zu genießen. Es hat den Anschein, als könnten Prominente heute keinen Preis mehr entgegennehmen, ohne einem kriecherischen Publikum eine herablassende Moralpredigt zu halten.

An Universitäten rühren ähnliche Ansprüche moralischer Überlegenheit von der anmaßenden Unterstellung her, dass die akademisch Erfolgreichen den anderen auch *intellektuell* überlegen seien: »Da ich intelligent bin, weiß *ich* es am besten.« Diese Anmaßung geht so weit, dass ihre Nutznießer andere Meinungen nicht nur nicht hören wollen, sondern bestrebt sind, sie aktiv zu unterdrücken. Den »Unaufgeklärten« soll nicht die Ehre wohldurchdachter Argumente erwiesen werden, vielmehr haben sie es verdient, persönlich verunglimpft zu werden – sie sind Faschisten, Homophobe, Rassisten, Transphobe und Leugner des Klimawandels. In den Medien und unter Fachkräften im öffentlichen Dienst hat ein ähnlicher Anspruch moralischer Überlegenheit einen anderen Ursprung. Wie es die leidenschaftliche Empörung in einer Zeitungskolumne oder bei einer Protestveranstaltung verdeutlicht, ist die *Intensität des selbstgerechten Fühlens* für viele der Maßstab des moralischen Wertes. Wir haben recht, weil wir bessere Menschen sind, und wir nutzen jede Gelegenheit, um euch das reinzureiben.

Diese unschöne Schroffheit ist das Produkt eines extrem elitären Individualismus – des Triumphs des Selbst auf Kosten der Gemeinschaft –, der weite Teile des modernen politischen und kulturellen Denkens prägt. Aber je mehr wir über unsere Evolution, unsere Psychologie, unsere Anthropologie und unsere Geschichte als Spezies erfahren – und die moderne Forschung hat auf all diesen Gebieten viele neue Erkenntnisse zutage gefördert –, umso deutlicher wird, dass dieser Individualismus die Grundlagen der menschlichen Existenz verkennt.

Die Evolution hat uns mit einer einzigartigen Fähigkeit zur Gegenseitigkeit ausgestattet. Wir sind (größtenteils) keine Heiligen, aber wir sind (größtenteils) auch keine Soziopathen. In der komplexen modernen Welt könnten wir ohne die außergewöhnliche Fähigkeit zur Gegenseitigkeit nicht erfolgreich bestehen: Grundsätzlich hätten wir ohne diese Fähigkeit die Komplexität, die die Moderne überhaupt erst ermöglichte, nicht erschaffen können. Eine gesunde Gesellschaft besteht aus einem riesigen Netz kooperativer Tätigkeiten, das durch wechselseitige Gefälligkeiten und Verpflichtungen aufrechterhalten wird. Einige der Wechselwirkungen finden zwischen Individuen statt, aber die meisten ereignen sich zwischen Personengruppen – in Unternehmen, Kommunalverwaltungen, Hochschulen, Vereinen und Familien. Die Mehrzahl dieser Wechselbeziehungen beruht auf ungeschriebenen Vereinbarungen, nicht auf Rechtsdokumenten.

Die Qualität der wechselseitigen Beziehungen macht in ihrer Gesamtheit den Unterschied zwischen Gesellschaften aus, die sich dynamisch entwickeln, und jenen, die durch Uneinigkeit gelähmt sind, den Unterschied zwischen prosperierenden und primitiven Volkswirtschaften, in denen man den größten Teil seiner Zeit damit verbringt, sich mit Mühe und Not über Wasser zu halten. Aber die Fähigkeit, solche Netze wechselseitiger Beziehungen aufzubauen und aufrechtzuerhalten, muss gefördert werden: Die Verherrlichung des Selbst durch die Erfolgreichen hat das Gegenteil getan.

Menschen kooperieren und konkurrieren – und jede dieser Fähigkeiten kann sowohl konstruktiv als auch destruktiv sein. Wir können in konstruktiver Weise miteinander kooperieren, um komplexe Netze sozialer und wirtschaftlicher Beziehungen zu knüpfen, die unser Konsumverhalten, unsere berufliche Leistungsfähigkeit und unsere Freizeitgestaltung verbessern, während sie uns in Krisenzeiten schützen. Wir können aber auch in destruktiver Weise miteinander kooperieren, um anderen Gruppen und Nationen unsere religiösen Überzeugungen, unsere politischen und wirtschaftlichen Werte aufzuerlegen und ihre Ressourcen zu stehlen. Wir können in konstruktiver Weise konkurrieren, um in der Wirtschaft und den Künsten Neues hervorzubringen und den Lebensstandard zu heben, oder in destruktiver Weise, um uns vorrangigen Zugang zu knappen Ressourcen zu verschaffen. Und in den letzten zweihundert Jahren haben Menschen all diese Dinge in einem beispiellosen Ausmaß getan.

Erfolgreiche Gesellschaften – also solche, die stabil sind, Wohlstand schaffen und die Bedürfnisse ihrer Bürger_innen befriedigen – brachten Institutionen hervor, die sowohl Kooperation als auch Konkurrenz in positive Kanäle lenken, um komplexe, dem Gemeinwohl dienliche Ziele zu verwirklichen. Sie sind pluralistisch, aber ihr Pluralismus ist diszipliniert. Um mit Obama zu sprechen: »Wenn wir erfolgreich sind, dann aufgrund unserer individuellen Initiative, aber auch deshalb, weil wir Dinge gemeinsam tun.«

In diesem Buch beschreiben wir zwei Stränge des individualistischen Denkens – einen, der von Ökonomen propagiert wird, und einen zweiten, der von Juristen vertreten wird. Das ökonomische Cluster geht von der Annahme aus, dass (individuelle) Ansprüche auf Eigentumsrechten gründen, die sich von eigenen Anstrengungen herleiten – der sogenannte *Besitzindividualismus*. Diese Überzeugung wird durch den *Marktfundamentalismus* ethisch gerechtfertigt – die Auffassung, dass Volkswirtschaften dann prosperieren, wenn man die Fähigkeit von Finanziers und Geschäftsleuten, frei über ihr Eigentum zu verfügen, möglichst wenigen Beschränkungen unterwirft. Diese Doktrinen waren ein Geschenk für diejenigen, die finanziell erfolgreich sind.

»Übrigens ist Gier völlig in Ordnung. Ich will, dass Sie das wissen. Ich halte Gier für gesund. Man kann gierig und trotzdem mit sich zufrieden sein.«[6] So sagte es der später wegen Insiderhandel verurteilte Ivan Boesky 1986 zu angehenden BWL-Student_innen an der Universität Berkeley. Im Jahr darauf paraphrasierte Hauptdarsteller Michael Douglas Boeskys Worte in dem Film *Wall Street* auf diese Weise: »Gier ist gut!« Aber was ist »gut«? In dieser Denkrichtung ist es das Kriterium, anhand dessen das gesellschaftliche Ergebnis beurteilt werden sollte: der *Nutzen für den Einzelnen*. Demnach wäre das Gemeinwohl schlicht die Summe der Einzelwohle aller Individuen.

Der juristische Strang individualistischer Ideen basiert auf der Einforderung von Ansprüchen: »meine Rechte!« – ein

Geschenk für diejenigen, die Vorrechte, aber keine Pflichten gegenüber anderen haben wollen. Die Amerikanische und die Französische Revolution betonten Rechte – die selbstverständlichen Wahrheiten der Unabhängigkeitserklärung, die Verkündung der Forderungen *liberté, égalité, fraternité*. Der Aufstieg der modernen Kultur der Rechte begann mit der Allgemeinen Erklärung der Menschenrechte der Vereinten Nationen von 1948. In jüngerer Vergangenheit wurden Rechte in einer zunehmend aggressiven Weise geltend gemacht. Eine selbstgerechte Aktivistin teilt mit dem ehemaligen US-Präsidenten einen ausgeprägten Hang zum *expressiven Individualismus* – der nachdrücklichen Geltendmachung des Selbst auf Kosten der Identifikation mit Familien, Nachbarinnen, Kollegen und Mitbürger_innen. Die einzigen Gemeinschaften, die diese Aktivisten und Aktivistinnen anerkennen, sind solche von Menschen wie sie selbst. Innerhalb dieser Gemeinschaften ist die Selbstdarstellung performativ – Protest und Empörung –, ihre Qualität wird nach der Heftigkeit der Leidenschaft, nicht der Tiefe des Wissens beurteilt. Es ist kaum zu glauben, aber sowohl »woke« Studierende an Eliteuniversitäten als auch der Ex-Präsident der Vereinigten Staaten verstehen sich selbst als Opfer – Erstere unterdrückt durch privilegierte weiße Männer, Letzterer schikaniert durch Hexenjagden, »Fake News« und versuchte Staatsstreiche.

Die insgesamt zahlreichen Stränge individualistischen Denkens hängen zwar miteinander zusammen, sind aber eigenständig, und es ist möglich – und sogar gang und gäbe – an einige, nicht aber andere zu glauben. Jeremy Bentham, einer der ersten und eloquentesten Vertreter des utilitaristischen Individualismus, hat natürliche Rechte als »Unsinn auf Stelzen« abgetan; umgekehrt neigt die Kultur der Rechte dazu, den Konsequentialismus abzulehnen – was sind die praktischen Folgen dieser Entscheidung? –, der von zentraler Bedeutung für den Utilitarismus ist.[7] Der Individualismus führt in viele verschiedene und manchmal miteinander unvereinbare Richtungen. Der Marktfundamentalist, der private Eigentumsrechte lauthals verteidigt und bei Kundgebungen der Republikaner den Song »I Built It« mitschmettert, hat nicht viel gemeinsam mit dem begeisterten Anhänger der Identitätspolitik, der unter dem Banner »Stolz darauf, schwul zu sein« marschiert. Aber beide stellen das Selbst in den Mittelpunkt, für beide geht es ausschließlich um *sie selbst*. Und manchmal tun sich jene, die zu einem bestimmten individualistischen Typus gehören, zusammen, um Forderungen gegen alle anderen zu erheben. Damit pervertieren sie die Gemeinschaftsidee, denn ihre Zusammenarbeit zielt darauf ab, anderen zu schaden. Die finanziell Erfolgreichen machen sich für Steuersenkungen stark; die Urenkel von Opfergruppen verlangen Reparationen.

Anders als Bentham verwerfen die Autoren dieses Buches keine dieser Denkrichtungen als grundsätzlich unvernünftig. Aber wenn die verschiedenen Richtungen des Individualismus ins Extrem getrieben werden, stützen sie die neue Betonung des Selbst. Ihre Schwächen werden destruktiv, in ihrer Weltanschauung verkümmert die Gesellschaft zu einer Gesamtheit von Individuen, die Rechte haben, und der Staat zu einem Gebilde, das Pflichten hat. Eine solche Weltanschauung unterschätzt den bedeutenden Beitrag freiwilliger kooperativer Aktivitäten zum Gesellschafts- und Wirtschaftsleben und erlegt dem Staat Lasten auf, die er nicht tragen kann.

Wir glauben nicht, dass freie Märkte die beste aller möglichen Welten hervorbringen, aber wir sind auch sicher, dass die staatliche Lenkung des Wirtschaftsgeschehens dies genauso wenig erreichen kann. Wir halten es für wichtig, dass grundlegende Freiheiten gesetzlich verankert werden, aber wir sind auch der Auffassung, dass Eigentumsrechte gesellschaftliche Konstrukte sind, keine aus einem Naturzustand abgeleiteten Ansprüche, und dass sie ebenso begründet wie bewahrt werden müssen. Wir sind der Meinung, dass es die Empathie und die Solidarität, von denen die Unterstützung für die Armen und Unterprivilegierten abhängt, untergräbt, wenn man erstrebenswerte soziale und wirtschaftliche Ziele als Menschenrechte beschreibt.

Menschen sollten für das, was sie als Einzelne und in Gemeinschaften vollbringen, anerkannt werden. Menschen sind gesellige Wesen, die sich zugehörig fühlen und von anderen wertgeschätzt werden wollen. Die moderne Evolutionsbiologie hat die Prämissen des Individualismus keineswegs bestätigt, sondern untergraben. Das menschliche Leben wird maßgeblich von Akteuren geprägt, die weder Individuen noch Amtsträger_innen sind: Familien, Freunden, Klubs und Vereinen – und von den Unternehmen, deren Produkte die Leute kaufen, und den Organisationen, in denen sie arbeiten.

Das Kommunikationsvermögen des Menschen geht weit über das aller anderen Spezies hinaus. Wir nutzen unsere Sprachfähigkeiten, um zu argumentieren und zu diskutieren, zu ermahnen und wechselseitige Verpflichtungen zu begründen. Wir sind einfallsreich. Dank dieser Vorstellungskraft können wir uns in andere hineinversetzen – sie ist die Grundlage unseres Einfühlungsvermögens. Unsere Vorstellungskraft ist zudem der Ursprung sowohl unserer ehrgeizigen Ziele als auch der Kreativität unserer Bemühungen, diese zu erreichen. Da unsere Ambitionen unser Wissen übersteigen, müssen wir mit Ungewissheit klarkommen. Menschen bewältigen diese Ungewissheit, indem sie voneinander lernen: Gemeinschaften häufen kollektives Wissen an, das ihren Mitgliedern Orientierung gibt. Dieser Wissensfundus wird zur Quelle vieler vernünftiger Entscheidungen und einiger Fehlentscheidungen.

Der Gründungsvater der Volkswirtschaftslehre, Adam Smith, erkannte, dass Menschen komplexe Bündel aus Egoismus und Empathie, Ehrgeiz und Einfallsreichtum, Rivalität und Kooperation sind und dass unser wirtschaftliches Handeln von all diesen Faktoren geprägt wird. Aber als spätere Ökonomengenerationen seine Ideen über Märkte weiterentwickelten, verloren sie seine Auffassung der menschlichen Natur aus den Augen. Tatsächlich gilt Smith nach einem verbreiteten modernen Bild

seiner Person als Prophet des eigennützigen Individualismus, als
der intellektuelle Wegbereiter der Anschauung, dass Gier gut
sei. Märkte gelten danach nicht als Mechanismen für wechselseitig vorteilhafte Tauschgeschäfte, sondern als Orte, wo Menschen sich gegenseitig eigennützig zu übervorteilen suchen.
Die politische Willensbildung wird nicht als ein Instrument
betrachtet, das zwischen gegensätzlichen Interessen vermittelt
und gute Ergebnisse für alle anstrebt, sondern als eine Arena,
in der die Bewohner verschiedener Echokammern, in denen
jeweils alle der gleichen Meinung sind, einander aus ihren fest
gefügten Räumen heraus anbrüllen.

Der moderne Individualismus behandelt Märkte und Politik
als voneinander getrennte Mechanismen, um individuelle Interessen miteinander in Einklang zu bringen. Und von daher ist
es verständlich, dass heute sowohl Märkte als auch Politik ver-
achtet werden. Gemeinschaften wurden tiefe Wunden geschlagen, und die dadurch entstandenen Narben zeigen sich in unserer Politik und in unseren Staaten. Die neue Politik manifestiert
sich in allen Industriestaaten. Sie nährt sich von sozialen Missständen, die teils tatsächlich existieren, teils eingebildet sind
oder erzeugt wurden; die Ressentiments und der Triumpha-
lismus dieser Politik haben Gesellschaften gespalten. Die neue
Elite von Aktivist_innen, die links- und rechtsgerichtete Parteien unter ihre Kontrolle brachten, wurde von den Ideologien
des Individualismus verführt; diese traten an die Stelle der politischen Agenda der Nachkriegszeit, die in pragmatischer Weise
darauf ausgerichtet war, Interessen der Arbeiterschaft durchzusetzen.

Wählerinnen und Wähler aus der Arbeiterschaft haben den
Glauben an die traditionellen Linksparteien verloren. Im Jahr
1945 wählten die britischen Arbeiter Attlee von der Labour
Party, und im Jahr 1948 wählten amerikanische Arbeiter den
Demokraten Truman. Im Jahr 2019 verlor Labour sowohl Don
Valley, einen typischen Arbeiter-Wahlbezirk in Nordengland,
der hundert Jahre lang immer einen Labour-Kandidaten ins

Unterhaus entsandt hatte, als auch Stoke-on-Trent North, wo noch nie ein Kandidat einer anderen Partei gewählt worden war, und dies sind nur einige von vielen ähnlichen Überraschungserfolgen. In den USA brachten die »Rostgürtel«-Staaten Ohio, Michigan und Pennsylvania mit ihren zahlreichen strukturschwachen Regionen Trump ins Weiße Haus.

Aber auch die alten Parteien der Rechten hatten und haben Probleme. In den 1980er-Jahren hatten sie im Marktfundamentalismus eine neue Ideologie gefunden, die jedoch bei den meisten Wähler_innen auf keine Resonanz stieß – und auch nicht bei traditionellen Konservativen, denen gesellschaftlicher Wandel widerstrebt und die an Institutionen wie den Kirchen und dem Militär hängen. Als diese Ideologie keinen Anklang fand, nutzten unkonventionelle neue Führungsfiguren mit Charisma und Kommunikationstalent die Gunst der Stunde, um die Tagesordnung neu festzusetzen. Einige, wie etwa Boris Johnson und Emmanuel Macron, sind kluge Köpfe, die aus ihrer Sicht notwendige gesellschaftliche Reformen anstoßen wollen. Aber es gab auch jemanden wie Donald Trump, dessen anfängliche Strategie, einen Wahlkampf zum Zweck der Werbung in eigener Sache zu nutzen, im Pyrrhussieg einer Macht ohne Wertebindung endete; und es gibt weiterhin illiberale Gestalten wie Viktor Orbán, Jarosław Kaczyński, Wladimir Putin und Matteo Salvini, die nur allzu eindeutige Ziele verfolgen.

Einige wenige moderne Philosoph_innen haben sich der Betonung des Individualismus im zeitgenössischen Denken widersetzt. Sie lehnen die These ab, dass Individuen von der jeweiligen Gesellschaft, in der sie leben, »losgelöste« Identitäten, Präferenzen, Rechte und Pflichten besitzen. Sie stehen in der Tradition der aristotelischen Anschauung, wonach der Einzelne erst in seinen Beziehungen zu anderen und seinem Beitrag zum Gemeinwohl seine Sinnerfüllung findet. Die moralischen Pflichten der Einzelnen und der Vereinigungen, die sie gründen, sind keine Bürde, sondern ein wesentlicher Teil sinnerfüllender Lebensgestaltung.

Aber diese kommunitaristischen Philosoph_innen misstrauen der Wirtschaft, sie sind überzeugt davon, die Werte
und Praktiken des Marktes schadeten dem Zusammenhalt
von Gemeinschaften. Wir beide sind Kommunitaristen und
Ökonomen, und in diesem Buch möchten wir den Nachweis
erbringen, dass es durchaus möglich ist, Gemeinwohl und
Wirtschaftsinteressen unter einen Hut zu bringen. Wir glauben, dass erfolgreiche Unternehmen zugleich gut funktionierende Gemeinschaften sind. Wir erkennen keinen grundlegenden Antagonismus zwischen Gemeinschaft und Markt: Märkte
können nur dann effizient funktionieren, wenn sie in ein Netzwerk sozialer Beziehungen eingebettet sind. Viele Unternehmen
legen allerdings lediglich Lippenbekenntnisse zu dieser Sicht des
Marktes als einer gesellschaftlichen Institution ab: »Jeder Mitarbeiter von Goldman Sachs ist ein Sachwalter unseres Erbes
an [hervorragendem] Kundendienst und unserer Reputation als
ein ethisches Unternehmen.«[8] Aber es gibt eine Kluft zwischen
gelegentlicher Rhetorik und der häufig anzutreffenden Reali-
tät, bei der man sich – wie im Falle von Goldman Sachs – am
Rande der Selbstparodie bewegt. Oder schon jenseits davon.

Im Jahr 2019 bereitete das von dem Fantasten Adam Neumann gegründete Unternehmen WeWork, ein Anbieter von
voll ausgestatteten Büroräumen, seinen Börsengang vor. Neumann behauptete, er werde die Arbeitswelt revolutionieren,
und er überredete seine japanischen und saudischen Finanziers dazu, das noch im Aufbau befindliche Unternehmen mit
erstaunlichen 47 Milliarden Dollar zu bewerten. Neumann *war*
WeWork: Im Börsenprospekt tauchte das Wort »Gemeinschaft«
150-mal auf, während Neumann selbst 169-mal erwähnt wurde.[9]
Aber WeWork war nicht Neumann. Er hatte vorgegeben, das
Markenzeichen »We« an das von ihm kontrollierte Unternehmen verkaufen zu wollen: Das Wort »Wir« gehörte mittlerweile anscheinend dem »Mir!«.[10] Wie sich zeigte, war das für die
Märkte nun doch der Habgier zu viel – das Angebot, Aktien an
neue Investor_innen auszugeben, wurde mit entsprechendem

Hohn aufgenommen. Neumann dagegen war es nicht zu viel Habgier: Seine zur Einsicht gelangten Finanziers zahlten ihm jetzt über eine Milliarde Dollar, um ihn loszuwerden.[11]* Die von Neumann betriebene Verknüpfung der scheinbar altruistischen Beschwörung des Gemeinschaftsgedankens mit ungezügelter Selbstvermarktung und persönlicher Bereicherung steht für eine Weltsicht, deren Zeit vorüber ist.

---

* Während wir dies schreiben, sieht es so aus, als würde Softbank ganz aus dem Projekt aussteigen.

TEIL I

Der Triumph des Individualismus

2
Ökonomischer Individualismus

»Die spontane Antwort des ›gesunden Menschenverstan-
des‹ auf die Frage ›Wie sieht eine von individueller Gier
angetriebene und von einer sehr großen Zahl verschiedener Akteure gesteuerte Wirtschaft wohl aus?‹ lautet vermutlich: In ihr wird es chaotisch zugehen … lange Zeit
hat jedoch eine ganz andere Antwort den Anspruch erho-
ben, wahr zu sein … In dem Bestreben, die Frage ›Könnte
sie wahr sein?‹ zu beantworten, erfahren wir eine Menge
darüber, unter welchen Bedingungen sie möglicherweise
nicht wahr ist.«

K. J. Arrow und F. H. Hahn, *General Competitive Analysis*, 1983

Die Wirtschaftswissenschaften haben Gier im Geschäftsleben
nicht von jeher als etwas Positives angesehen. Das Buch *Allgemeine Theorie der Beschäftigung, des Zinses und des Geldes,* das
John Maynard Keynes unter dem Eindruck der tragischen Auswirkungen der Weltwirtschaftskrise schrieb und 1936 veröffentlichte, hatte nach dem Zweiten Weltkrieg einen tiefgreifenden
Einfluss auf die Wirtschaftspolitik zahlreicher Regierungen.
Politische Entscheidungsträger wollten unbedingt verhindern,
dass sich die hohe Arbeitslosigkeit im Anschluss an den Ersten
Weltkrieg wiederholte. Die keynesianische Botschaft, wonach
Vollbeschäftigung von der aktiven Steuerung der Nachfrage
durch den Staat abhänge, passte gut zu dem allgemeinen hohen
Vertrauen in staatliche Lenkung nach dem Krieg.

Auch in der akademischen Welt wurden keynesianische
Ideen eine Zeit lang tonangebend. Robin Matthews, der als

Professor in Oxford lehrte, während wir dort als junge Ökonomen tätig waren, schrieb 1968 einen Aufsatz, in dem er die
Frage stellte: »Wieso hatte Großbritannien seit dem Krieg Vollbeschäftigung?« In seiner Antwort beglückwünschte er seine
Kolleg_innen im Schatzamt zu ihrem Geschick bei der Nachfragesteuerung. Der »Regulierer« – kein Aufseher, sondern eine
fiskalische Einrichtung – ermächtigte die Regierung, jederzeit
Steuern geringfügig zu erhöhen oder zu senken, um eine »Fein-
abstimmung« der Nachfrage vorzunehmen und einer hohen
Inflation beziehungsweise Arbeitslosigkeit vorzubeugen. Aber
Matthews' Aufsatz war bereits zum Zeitpunkt seiner Veröffentlichung veraltet.[1]

In den 1970er-Jahren enthüllten steigende Inflationsra-
ten und das wiederholte Hin und Her zwischen konjunktur-
belebenden und -dämpfenden Maßnahmen die Grenzen der
Nachfragesteuerung. Einige Ökonomieprofessor_innen, die
die keynesianischen Ideen von jeher abgelehnt hatten, hatten
bereits begonnen, die klassische Wirtschaftstheorie auf wissenschaftlich strengeren Grundlagen neu zu errichten, und aufgrund der wirtschaftspolitischen Fehler, deren Folgen nach
dem Ölschock von 1973 offenkundig wurden, schenkten Poli-
tiker_innen und Geschäftsleute ihren Argumenten bereitwillig Gehör. Zum ersten Mal gingen die größten intellektuellen Herausforderungen des herrschenden politischen Konsenses
nicht von der Linken, sondern von der Rechten aus. Für ein
Wirtschaftssystem, das auf freiem Austausch im Rahmen wohl-
definierter Eigentumsrechte basierte, wurden gewichtige neue
Argumente vorgebracht. Es gab einen ökonomischen Grund –
die Ergebnisse eines solchen Prozesses seien effizient. Und es
gab einen moralischen Grund – die Ergebnisse eines solchen
Prozesses seien gerecht.

Zusammen bildeten diese Argumente eine pragmatische und
eine philosophische Grundlage für eine Ideologie, die Gier als
die bestimmende menschliche Motivation hinnahm oder sogar
begrüßte, die glaubte, die meisten politischen Probleme hätten

marktbasierte Lösungen, und nur minimale staatliche Markt-
eingriffe befürwortete. Ab 1989 gewann diese Ideologie aufgrund des Zusammenbruchs der maßgeblichen intellektuellen Alternative, die die Linke anbot, an Stärke. Die Berliner
Mauer fiel, die Sowjetunion löste sich auf, und das ganze Ausmaß des gesellschaftlichen und wirtschaftlichen Scheiterns des
Kommunismus wurde offenbar. Als sich das 20. Jahrhundert
dem Ende zuneigte, waren die Voraussetzungen dafür geschaffen, dass der Marktfundamentalismus die Wirtschaftspolitik
dominierte.

Das praktische Arbeitspferd des Marktfundamentalismus ist
der Homo oeconomicus, ein unsympathisches Säugetier, das
nur auf finanzielle Anreize reagiert. Mit seiner Habgier, seinem
Egoismus und seiner potenziellen Faulheit verkörpert er den
Besitzindividualismus. Nicht zu vergessen seine Intelligenz: Er
weiß alles, was man wissen kann. Einige Ökonom_innen würden sagen, dass er »das Modell kennt«, das beschreibt, wie die
Welt funktioniert. Und das Modell zeigte, dass sich die Gier
des Einzelnen durch das Wunderwerk des Marktes dazu nutzen
ließ, die Leistungsfähigkeit der Wirtschaft zu maximieren. (Wir
erläutern seine Grundzüge ausführlicher im Anhang zu diesem
Kapitel.) Wie von Arrow und Hahn beschrieben, haben diese
Modelle, richtig verstanden, einen zweifachen Nutzen: Sie lehren uns etwas über die Grenzen von Märkten, aber auch über
ihre Stärken.

Für die politische Rechte lieferten diese Ideen eine intellektuelle Basis für jenes grundlegend neue »populistische« Poli-
tik- und Wirtschaftsverständnis, das sich mit dem Aufstieg
von Thatcher und Reagan allgemein durchsetzte. Selbstverständlich waren die meisten Verfechterinnen und Verfechter des Marktfundamentalismus nicht durch die gründliche
Lektüre der komplexen mathematischen Darlegungen von
Wirtschaftstheoretiker_innen und der wortreichen Abhand-
lungen von Rechtswissenschaftler_innen zu dieser Schlussfol-
gerung gelangt. Sie hatten schlichtweg erkannt, dass ihnen aus

der Anwendung der marktfundamentalistischen Doktrin selbst Vorteile erwachsen könnten. Dennoch näherte sich die wirtschaftswissenschaftliche Gemeinschaft – beziehungsweise Teile davon – stärker denn je der Geschäfts- und Finanzwelt an. Eine Gruppe reicher Männer verstand vielleicht zum ersten Mal, dass ihnen die Förderung der akademischen Forschung, die teilweise recht esoterischer Natur war, zum eigenen Vorteil gereichen könnte. Sie finanzierten neue Denkfabriken, also Organisationen, die bis dato überwiegend mit der politischen Linken identifiziert worden waren.* Das Institute of Economic Affairs propagierte in Großbritannien als Erstes marktwirtschaftliche Ideen, gefolgt in den USA von Einrichtungen wie dem American Enterprise Institute und der Heritage Foundation.

Die betreffenden Ökonomen, die finanziell immer großzügiger unterstützt wurden, machten entschlossen weiter und produzierten neue Einsichten. Nicht nur in ihrem *wirtschaftlichen* Verhalten waren Menschen angeblich egoistisch; vielmehr durchdringe, so hieß es, der Egoismus sämtliche Aspekte ihres Lebens. Für Gary Becker »kann alles menschliche Verhalten vielmehr so betrachtet werden, als habe man es mit Akteuren zu tun, die ihren Nutzen, bezogen auf ein stabiles Präferenzsystem, maximieren und sich in verschiedenen Märkten eine optimale Ausstattung an Information und anderen Faktoren schaffen. Trifft dieses Argument zu, dann bietet der ökonomische Ansatz einen einheitlichen Bezugsrahmen für die Analyse menschlichen Handelns, wie ihn Bentham, Comte, Marx und andere seit Langem gesucht, aber verfehlt haben.«[2] In der Tat ist dies eine sehr weitreichende, gewagte Behauptung. Die Ausweitung der Analyse auf

---

*   Die Fabian Society, die nach dem römischen General Fabius benannt ist, der langsamen, beharrlichen Störmanövern den Vorzug vor Frontalangriffen gab, wurde 1884 von berühmten Vertreter_innen des Frühsozialismus wie etwa Sydney und Beatrice Webb, Bernard Shaw und H. G. Wells gegründet. Der Begriff »Denkfabrik« (engl. *think tank*) scheint ursprünglich zur Bezeichnung unabhängiger Forschungsorganisationen wie der Rand Corporation erfunden worden zu sein, wird heute jedoch überwiegend in einem politischen Sinne verstanden.

sämtliche Aspekte des menschlichen Lebens führte zu einigen
erstaunlichen Erkenntnissen, wie etwa folgender Analyse des Aus-
tauschs von Weihnachtsgeschenken: Da die Geschenke den Käufer in der Regel mehr kosteten, als ihre Empfänger dafür zu zahlen bereit gewesen wären, sei das Schenken an Weihnachten ein
nutzenmindernder Anachronismus.[3] Im Jahr 1992 erhielt Becker
den Nobelpreis dafür, dass er »die mikroökonomische Analyse
auf ein breites Spektrum des Verhaltens und der Interaktionen
zwischen Menschen ausdehnte«.[4] Und das hatte er tatsächlich:
Bentham, Comte und Marx wären zweifellos beeindruckt gewesen. Auch wenn sie sich vielleicht gefragt hätten, wie sehr diese
Erweiterung das Verhalten und die Interaktionen zwischen Menschen tatsächlich *erhellte*.

Es gab nach wie vor eine Reihe von Dingen, die man
für Geld nicht kaufen konnte, und dieser Aspekt wurde zu
einem Schlachtfeld. Körperteile? Das Fehlen eines Marktes
dafür wurde von einigen marktfundamentalistischen Puristen
infrage gestellt. Wie stand es mit einem Markt für staatliche
Vergünstigungen? Maßnahmen, die darauf abzielen, das Entstehen dieses Marktes zu verhindern, sind einer der wesentlichen Unterschiede zwischen dysfunktionalen Gesellschaften, in denen man Geld überreichen muss, wenn man von
der Polizei angehalten wird, und funktionalen Gesellschaften, in denen man sofort verhaftet werden würde, wenn man
es versuchte. In den USA wurde im Jahr 1874 ein Vertrag über
die Bezahlung eines Lobbyisten zum Zweck der Beeinflus-
sung des Kongresses als ein derart illegitimer Zweck angesehen, dass der Oberste Gerichtshof dem Versuch des Lobbyisten, seine Bezahlung gerichtlich durchzusetzen, eine Abfuhr
erteilte. »Wenn eine der großen Kapitalgesellschaften des Landes Abenteurer einstellen würde, um die Verabschiedung eines
allgemeinen Gesetzes zu besorgen, in der Absicht, ihre Privat-
interessen zu fördern«, wetterte Richter Swayne, »würden vernünftige Menschen den Auftraggeber und den Auftragnehmer
als durch und durch korrupt und den Auftrag als anrüchig

kritisieren.«[5] Wie wir im nächsten Kapitel sehen werden, hatte sich im Jahr 2010 das Klima gewandelt und ebenso die Auffassung des Gerichts.

Aufstieg und Niedergang des Shareholder-Value-Konzepts

Die Annahme, Menschen seien von Natur aus »gierig, faul und egoistisch«, hatte unter anderem zur Folge, dass Führungskräfte in Wirtschaft und Politik mit einem Problem konfrontiert waren. Sie wussten, was ihre Mitarbeiter_innen tun sollten, da sie »das Modell kannten«, aber da die Personen, die sie einstellten, keinerlei intrinsische Motivation besaßen, sondern lediglich ihren Eigennutz maximierten, drückten sie sich, klauten oder leisteten sich Schlimmeres. Unternehmen gingen bei der darauffolgenden Entwicklung voran, und immer mehr Behörden zogen mit ähnlichen Modellen nach: eine gemeinsame Strategie, ihre Mitarbeiter_innen dazu zu motivieren, immer höhere messbare Zielvorgaben festzusetzen und zu erfüllen.

Wie konnte eine Firmenchefin so »renitentes Material« wie den Homo oeconomicus dazu bewegen, im Interesse des Unternehmens zu arbeiten? Wirtschaftswissenschaftler, von denen manche mit dem Nobelpreis ausgezeichnet wurden, entwickelten als Lösung die sogenannte Prinzipal-Agent-Theorie: Die Firmenchefin musste ein Überwachungssystem installieren, um das Verhalten ihrer Mitarbeiter_innen zu kontrollieren und es mit Anreizen und Sanktionen zu verknüpfen, die sie dazu bewegen sollten, sich in der gewünschten Weise zu verhalten. Die Überwachung der Anreizeffekte schloss die Mitarbeiter_innen in ein Netz der engmaschigen Kontrolle ein, das mit Belohnungen und Sanktionen verknüpft war.

Wenig überraschend hat der Finanzsektor diese »Lösung« für das Problem der Arbeitgeber am getreulichsten umgesetzt:

Einfache Bankangestellte erhielten Zielvorgaben für den Verkauf von Produkten, die weder sie selbst noch ihre Kund_innen verstanden; und noch immer ist die Bonussaison der Höhepunkt des Jahres für Investmentbanker. Anwältinnen und Wirtschaftsprüfer gaben ihr pedantisches Berufsethos auf, um ihre Einnahmen zu steigern. Grob gesagt, verdiente ein Vorstandschef ungefähr so viel wie drei Topanwältinnen, sieben Topwirtschaftsprüfer und rund 150 gewöhnliche Mitarbeiter_innen. Ein gängiges Entlohnungssystem, das sich an den angeblichen Gepflogenheiten in Jäger-und-Sammler-Gesellschaften orientiert, verfährt nach dem Grundsatz »Iss, was du erbeutet hast«. Aber die Verfechter dieser Maxime verkannten die Besonderheiten einer solchen Lebensweise. Reale Jäger-Sammler-Gesellschaften hatten gelernt, dass sie durch kooperatives Handeln nicht nur den ständigen Wechsel zwischen den Extremen Schlemmerei/Hunger, denen der einzelne Jäger ausgesetzt war, verringern konnten, indem sie die Beute teilten, sondern auch mehr erbeuteten. Jean-Jacques Rousseau, ein Zeitgenosse von Adam Smith, legt dies der Ausgangssituation seiner Parabel von der Hirschjagd zugrunde (auch wenn sich daraus in der Folge ein soziales Dilemma entwickelt, auf das hier aber nicht weiter eingegangen werden soll): Um mehr als jeweils nur einen Hasen zu erlegen, schließen sich Jäger zusammen, was es ihnen erlauben würde, einen Hirsch zur Strecke zu bringen.[6] Und sollten sie ihre ertragreichere Beute dann auch teilen, würde ihre Vereinbarung der gesamten Gruppe einen ökonomischen Vorteil verschaffen.

Wie brachten die Leute die Tatsache, dass große Unternehmen eine zentrale Rolle im modernen Leben spielen, mit der verkümmerten Sichtweise der Gesellschaft als eines Forums für Transaktionen zwischen selbstständigen Individuen in Einklang? Auf zwei – weitgehend miteinander unvereinbare – Weisen. Zum einen identifizierten sie selbst die größten Konzerne mit einer einzelnen Person. Während die bedeutenden Unternehmerpersönlichkeiten der Vorkriegszeit – wie Alfred

Sloan von General Motors oder Harry McGowan von Imperial Chemical Industries (ICI) – keine öffentlichen Personen gewesen waren, sollten die Wirtschaftskapitäne des ausgehenden 20. Jahrhunderts – Bill Gates und Jack Welch, Lee Iacocca und Richard Branson – Medienstars sein: Für die Wirtschaftspresse *war* Welch General Electric, und Gates *war* Microsoft.

Die zweite Methode bestand darin, Großunternehmen auf eine reduktionistische Weise zu betrachten: Der Konzern war lediglich eine Chiffre für die Interessen von Individuen. Im gewöhnlichen Verständnis war das Unternehmen lediglich eine Institution zur Wahrnehmung der individuellen Interessen ihrer Anteilseigner ohne moralische Verpflichtungen – »die gesellschaftliche Verantwortung eines Unternehmens besteht darin, seinen Gewinn zu maximieren«, um die berüchtigten Worte von Milton Friedman zu zitieren.[7] Von Fachwissenschaftler_innen wiederum wurde das Unternehmen auf einen »Nexus von Kontrakten« reduziert: lediglich eine bequeme rechtliche Fiktion, um einer Reihe privater Vereinbarungen zwischen einzelnen Investor_innen, Mitarbeiter_innen, Lieferanten und Kundschaft einen förmlichen Rahmen zu geben.

Der Marktfundamentalismus sagte vorher, dass die Maximierung des Shareholder-Value (des Nutzens für die Aktionäre) gut für die Gesellschaft insgesamt sei – dass die Wirtschaft nur so lange dem gesamtgesellschaftlichen Wohl förderlich sei, wie Unternehmen danach strebten, ihren Gewinn zu maximieren. Und diese Strategie der Unternehmensführung sollte selbstverständlich auch gut für die Aktionäre sein. Nicht gut dagegen war sie für die Person, die die operative Verantwortung für das Unternehmen trug – den eigennützigen Vorstandschef. Da dieser ebenso wenig wie seine Mitarbeiter und Mitarbeiterinnen ein altruistisches Interesse am Wohl des von ihm geleiteten Unternehmens hatte, brauchten die Aktionäre ein Mittel, um ihn zu motivieren. Die Lösung bestand darin, dem Vorstandschef durch eine weitere Anwendung der Prinzipal-Agent-

Theorie Anreize für das gewünschte Verhalten zu geben. Da es kaum möglich war, seine Arbeitsweise umfassend zu überwachen, konnte man seine Leistungsprämie zum Beispiel an dem Wert festmachen, den das Unternehmen unter seiner Leitung für die Aktionäre generierte, indem man ihm Aktienoptionen gewährte. Nur diese würden ihn dazu veranlassen, sich voll und ganz auf den Aktienkurs zu fokussieren. Es schuf die Voraussetzungen für den immensen Anstieg der Vergütung von Topmanager_innen in den folgenden dreißig Jahren. Dieser wurde zusätzlich angefacht von einer Armee von »Vergütungsberater_innen«, die langfristige Anreizpläne (LTIPs) erstellten. Wobei sie unter »langfristig« einen Zeitraum von bis zu drei Jahren verstanden.

Die meisten Leute außerhalb – und viele innerhalb – von Unternehmen finden diese Charakterisierung unternehmerischer Tätigkeit als ausschließlich gewinnmotiviert und die Vorstellung, individuelles Verhalten sei nur von Gier getrieben, verständlicherweise abstoßend. Wenn Unternehmen und Geschäftsleute tatsächlich so ticken, dann wollen viele Menschen nicht, dass Unternehmen oder Geschäftsleute irgendetwas mit ihren Schulen, Krankenhäusern oder auch ihrer Wasserversorgung zu tun haben – vielleicht lehnen sie sie sogar grundsätzlich ab. Soweit diese Charakterisierung auf Geschäftsleute zutrifft (und das tut sie manchmal), stimmten wir dem voll und ganz zu.

Behandlungsbedürftig

Die Pharmaindustrie schrieb eine der großen Erfolgsgeschichten des modernen Wirtschaftslebens. Antibiotika, Blutdrucksenker, Statine, Impfstoffe und viele andere Produkte haben Hunderte Millionen Leben gerettet und unser aller Lebensqualität verbessert. Und sie haben Investor_innen viel Geld eingebracht.

Der in New York City geborene George W. Merck, der von 1925 bis 1950 das Pharmaunternehmen leitete, das seine Familie im 19. Jahrhundert in Darmstadt gegründet hatte, schrieb: »Wir sind bestrebt, nie zu vergessen, dass Medikamente für Menschen da sind. Sie sind nicht dazu da, Gewinne zu machen. Gewinne ergeben sich dann von selbst, und wenn wir uns daran erinnert haben, sind sie nie ausgeblieben. Je besser wir uns daran erinnert haben, umso größer waren sie.«[8] Viele Jahre lang stand Merck im Wirtschaftsmagazin *Fortune* an der Spitze der Liste der fünfzig meistbewunderten Unternehmen. In *Built to Last*, Jim Collins' Klassiker aus dem Jahr 1994, war die Firma ein Musterbeispiel für eine erfolgreiche langfristige Unternehmensstrategie.

Johnson & Johnsons Unternehmenscredo aus 308 Wörtern, das von R. W. Johnson verfasst wurde, einem weiteren Mitglied einer Gründerfamilie, bringt eine ähnliche Einstellung zum Ausdruck wie George W. Merck. In einem klassischen betriebswirtschaftlichen Fallbeispiel zu dem Thema Ethik und betriebliche Reputation wandten Führungskräfte von J&J das Credo an, um einen zügigen Produktrückruf des Schmerzmittels Tylenol umzusetzen, des Verkaufsschlagers des Unternehmens, nachdem ein Geisteskranker Kapseln mit Zyanid versetzt hatte.

Die Pharmabranche hatte lange Zeit eine stillschweigende Vereinbarung mit der Öffentlichkeit und dem Staat. Man gestand ihr außerordentlich hohe Gewinne zu, sofern die Unternehmen im Gegenzug in mustergültiger Weise sozial verantwortlich handelten. Aber diese Zeiten sind schon lange vorbei.

Pharmaunternehmen wurden von der Wall Street unter Druck gesetzt, sich zum Shareholder-Value-Ansatz zu bekennen. Marketing zahlt sich sofort aus, Forschung zahlt sich erst mit Verzögerung aus, und die Branche richtete ihre Strategie entsprechend aus. Merck strauchelte – das Unternehmen sollte in einem späteren Buch von Collins, *How the Mighty Fall* (2009), wieder auftauchen. Es bewarb ein neues Schmerzmit-

tel, Vioxx, nicht nur für die Minderheit von Patient_innen,
die einen einzigartigen Nutzen daraus zogen, sondern auch für
viele, die genauso gut eine Aspirin-Tablette hätten einnehmen
können, wenngleich dies für die Pharmaindustrie weniger einträglich gewesen wäre. Nach US-amerikanischer Rechtslage ist
es zulässig, verschreibungspflichtige Medikamente direkt gegenüber Patient_innen zu bewerben, und eine Zeit lang war Vioxx
das am intensivsten beworbene Produkt in dieser Kategorie.
Dann wurde seine Einnahme bei einigen Patient_innen mit
Herzerkrankungen in Verbindung gebracht. Merck zog das Produkt zurück, als Schuldvorwürfe laut wurden und Klagen ange-
strengt wurden. Selbst der angesehene Pharmakonzern Johnson
& Johnson sah seine Reputation getrübt, als die Aufsichtsbe-
hörde bei McNeil Consumer Healthcare, der Konzernsparte
für frei verkäufliche Gesundheitsprodukte, Regelverstöße – und
fragwürdige Reaktionen der Unternehmensführung darauf –
entdeckte.

Dennoch blieben Merck und Johnson & Johnson verdientermaßen angesehene Unternehmen – auf der jüngsten *Fortune*-Liste steht J&J an 26. und Merck an 49. Stelle.[9] Aber sie
sind damit mittlerweile Ausreißer in ihrer Branche. Als Michael
Pearson im Jahr 2008 zum Vorstandschef von Valeant Pharmaceuticals berufen wurde, führte er eine neue Strategie ein. Schon
andere in der Branche hatten sich dieser Strategie vorsichtig
angenähert, aber Pearson bekannte sich erstmals offen dazu.
Valeant kaufte etablierte Pharmahersteller, stellte Forschung
und Entwicklung ein, fokussierte sich auf das Marketing und
nahm deutliche Preiserhöhungen bei den bewährten Produkten
vor, deren Rechte man erworben hatte. Eine Zeit lang stiegen
daraufhin die Gewinne und der Aktienkurs des Unternehmens,
und Pearson und andere Führungskräfte belohnten sich selbst
entsprechend. Einige leitende Angestellte schwelgten so sehr
in der Atmosphäre entfesselter Gier, dass sie nicht einmal vor
Betrug zurückschreckten.[10] Als dies aufgedeckt wurde, zwang
man Pearson zum Rücktritt, und der Aktienkurs brach ein;

das Unternehmen nannte sich anschließend in Bausch Health um, wobei es den Namen des angesehenen Brillenherstellers annahm, den es gekauft hatte. Valeants Vorgehensweise fand allerdings Nachahmer. Mylan erwarb die Rechte an EpiPen – das Menschen mit schweren Allergien umgehend Linderung verschafft – und erhöhte den Preis um 600 Prozent.[11] Martin Shkreli verfolgte bei Turing Pharmaceuticals eine noch extremere Strategie des Wuchers: Er erhöhte den Preis für Daraprim, das seit 1953 auf dem Markt ist, von 13,50 Dollar auf 750 Dollar pro Tablette.

Am ungeheuerlichsten aber war die aggressive Vermarktung süchtig machender Medikamente. Purdue Pharmaceuticals, das sich im Privatbesitz der Familie Sackler befand, ist heute berüchtigt dafür, dass es die amerikanische Provinz förmlich mit Opioiden überschwemmte. Aber selbst Johnson & Johnson wurde für seine – relativ geringfügige – Rolle bei »Todesfällen aus Verzweiflung« zu einer Geldstrafe von 572 Millionen Dollar verurteilt.[12] Die Grenzen wurden immer weiter hinausgeschoben. Insys hatte ein Opioid für unheilbar kranke Krebspatient_innen entwickelt, für die es unerheblich war, dass das Medikament stark suchterzeugend war. Aber dieser Markt war doppelt begrenzt: Nur die Todkranken waren Kund_innen, und sie waren es auch nur für kurze Zeit. Der Vertriebsleiter von Insys, Alec Burlakoff, engagierte eine Stripperin, um Ärzte dazu zu bringen, auch bei Nichtsterbenskranken für das Medikament zu werben und es ihnen zu verschreiben. Sobald sie solche Patient_innen »an der Angel hatten«, waren diese echte Melkkühe. In einem Interview mit der *Financial Times* gab Burlakoff unumwunden zu, dass für ihn »Moral, Ethik und Werte« Fremdwörter seien.[13] Er schilderte, was ihm durch den Kopf gegangen war, sobald er erkannte, dass er sich wahrscheinlich strafrechtlich verantworten müsste: »Nicht genug damit, dass das Unternehmen mit einer Geldstrafe in astronomischer Höhe belegt werden wird – etwas, das ich unzählige Male gesehen habe –, schlimmstenfalls würde man mir auch mein Privatvermögen wegnehmen, was mir noch nie passiert war.« Burlakoff und seine Vorstandskollegen wurden auf der Grundlage eines US-Bundesgesetzes gegen Organisierte Kriminalität belangt und verbüßen gegenwärtig Haftstrafen. Eine Pharmabranche, die ehedem als Musterbeispiel für eine konstruktive Beziehung zwischen Privatwirtschaft und öffentlichem Nutzen stand, wird heute weithin und zu Recht verabscheut.

Aber der Schaden erstreckt sich nicht nur auf die Legitimität des Unternehmens in den Augen seiner Kunden und Kundinnen, sondern auf das Unternehmen selbst. Eine Organisation, deren einziger Zweck darin besteht, den Wert des Aktionärsvermögens in die Höhe zu treiben, hat ihren Mitarbeiter_innen außer Gehaltsschecks wenig zu bieten. Es ist kaum vorstellbar, dass selbst die engagierteste Vorstandschefin jeden Morgen aus dem Bett springt, begeistert von der Aussicht darauf, noch mehr Wert für die Aktionäre zu schaffen. Valeant, Turing, Purdue und Insys wurden durch die Gier ihrer eigenen Mitarbeiter_innen größtenteils unwiederbringlich zugrunde gerichtet.

Institutionen, die auf der Grundlage der Annahme konzipiert wurden, Individuen seien egoistisch und habgierig, stellen fest, dass sich diese Annahme von selbst bewahrheitet. Die Mitarbeiter_innen, die sie anziehen, sind wahrscheinlich egoistisch und habgierig, und falls sie es nicht sind, stellen sie fest, dass jede andere Verhaltensweise nur Nachteile hat. Nur der verkommenste Mensch könnte Befriedigung daraus ziehen, im Rahmen seiner Berufstätigkeit die Opioidsucht zu fördern. Und es dürfte auch niemanden besonders befriedigen, Collateralized Debt Obligations aus der Kategorie der forderungsbesicherten Wertpapiere zu verkaufen oder als Neuling in einer Anwaltskanzlei oder einer Investmentbank achtzehn Stunden am Tag mit belanglosen Besorgungen zu verbringen.

Die reduktionistischen Betrachtungsweisen von Unternehmen verkannten völlig, wie erfolgreiche und beständige moderne Firmen – etwa Johnson & Johnson und Merck – tatsächlich funktionieren, aber die Rhetorik war einflussreich. Und zerstörerisch: Das, was Unternehmen taten, galt als ethisch verachtenswert – und sie wollten sich nicht einmal dafür rechtfertigen. Reduktionistisches Denken verwarf die einzige Grundlage, auf der Unternehmen in einer demokratischen Gesellschaft Anspruch auf Legitimität erheben können – dass sie die Güter und Dienstleistungen bereitstellen, die Menschen brauchen, und dass sie befriedigende und einträgliche Arbeitsplätze für viele schaffen. Ohne eine solche Rechtfertigung gibt es keine angemessene Antwort auf die Frage der Legitimität, die durch Friedmans Behauptung aufgeworfen wurde, dass die gesellschaftliche Verantwortung von Unternehmen darin bestehe, der Gemeinschaft möglichst viel Geld aus der Tasche zu ziehen – »warum sollten wir ihnen das erlauben?«.

Zielvorgaben in der Staatsverwaltung

Wenn die gesellschaftliche Verantwortung von Unternehmen darin bestand, Gewinne zu maximieren, bestand die gesellschaftliche Verantwortung des Staates vielleicht darin, die Summe der Einkommen zu maximieren – das Bruttoinlandsprodukt (BIP).* Die britische Mitte-rechts-Regierung konzentrierte sich auf nachhaltiges Wachstum. George Osborne – Schatzkanzler von 2010 bis 2016 – verwies stolz darauf, dass Großbritannien aufgrund seiner Sparpolitik und der Unternehmenssteuersenkungen das höchste BIP-Wachstum innerhalb der G-7 aufweise. Allerdings warf die Bemerkung eines Wählers aus dem Norden Großbritanniens, der sich abgehängt fühlte – »das ist *euer* BIP«[14] –, einen Schatten auf diesen Triumph. Auch die Mitte-links-Parteien, die mittlerweile von den Vorzügen des Marktes überzeugt waren, akzeptierten, dass Wachstum das Ziel

---

* Das BIP ist tatsächlich nicht gleich der Summe der Einkommen, aber es entspricht annähernd dieser Größe, und diese technischen Fragen sind hier nicht weiter von Belang.

war, solange dessen Früchte allen zugutekamen. Folglich waren
die drei obersten Prioritäten von Tony Blair »Bildung, Bildung,
Bildung«. Der Weg zur Gleichheit bestand darin, dass jeder
eine Chance haben sollte, durch Leistung gesellschaftlich aufzusteigen.

Regierungen, die für öffentliche Dienstleistungen verantwortlich sind, schienen vor dem gleichen Problem zu stehen
wie Unternehmen. Die Leiter_innen öffentlicher Einrichtungen wussten, was ihre Mitarbeiter_innen tun sollten, aber
warum sollte es eine Belegschaft tun, die aus Homo oeconomicus bestand? Im Rahmen herkömmlicher Ideen gab es nur
eine Lösung, und Amtsträgerinnen und Amtsträger machten
sich diese zunehmend zu eigen. Aktivitäten, die in öffentlicher
Zuständigkeit verblieben waren, wie Gesundheits-, Bildungs-
und Sozialwesen, wurden in der Regel von Mitarbeiter_innen
ausgeführt, die ein hohes Maß an intrinsischer Motivation besaßen, deren Leistung aber schwer zu überwachen war. Und so
wurden öffentliche Bedienstete zunehmend als »Automaten«
betrachtet, die überwacht und durch Anreize motiviert werden
mussten, und nicht länger als Menschen, deren Urteil man vertrauen konnte. Überall waren Zielvorgaben gesetzt. 95 Prozent
der medizinischen Notfälle in Großbritannien sollten innerhalb
von vier Stunden (!) behandelt werden, 90 Prozent der Notarzt-
wagen sollten innerhalb von acht Minuten eintreffen. Wenn
die Vorgaben erreicht wurden, dann hatte dies seinen Preis:
Ihrer Selbstbestimmung beraubt, verloren Mitarbeiter_innen
nur allzu oft ihre Motivation, oder sie tricksten das Anreizsystem aus, indem sie sich nur noch bemühten, in den Dingen
gute Leistungen zu erbringen, die gemessen wurden.

Aber vielleicht sollte man besser die Führungskräfte öffentlicher Institutionen selbst motivieren. So wurde etwa vor-
geschlagen, der Gouverneur der neuseeländischen Zentralbank
solle einen Bonus erhalten, dessen Höhe sich danach bestimme,
wie niedrig die Inflationsrate sei.[15] Einer von uns Autoren erinnert sich daran, dass er an einem Abendessen für die Leiter_

innen von elf nationalen europäischen Verwaltungsbehörden
teilnahm, bei dem der Vorsitzende des öffentlichen Dienstes
in Großbritannien stolz erklärte, dass nicht nur im gesamten
Staatsdienst »überwachte Anreize« eingeführt würden, sondern
auch seine eigene Vergütung erfolgsabhängig sei, wobei der Premierminister darüber befinde, ob er seine Zielvorgaben erreicht
habe. Vielleicht arbeitete der Leiter des britischen Staatsdienstes
härter und effektiver, als er es ohne überwachte Anreize getan
hätte. Wir bezweifeln dies allerdings, und wir bezweifeln auch,
dass jemand, der durch solche Maßnahmen motiviert werden
musste, die richtige Person war, um an der Spitze der britischen Beamtenschaft zu stehen. Als der Bundesinnenminister –
als Dienstherr der Bundesbeamten in Deutschland – gefragt
wurde, ob er ebenfalls erfolgsabhängig vergütet werde, antwor-
tete er nur lakonisch: »Natürlich nicht.«

Utilitaristischer Individualismus und der Aufstieg des globalen »Weltretter«-Ethos

Vielleicht sollten Regierungen nicht die Summe der Einkommen, sondern die Summe der Nutzen maximieren. Der uti-
litaristische Individualismus geht auf die englischen Philosophen John Stuart Mill und Jeremy Bentham im 19. Jahrhundert
zurück. In den Worten Benthams: »Der größte Nutzen der
größten Zahl von Menschen ist das Maß von Richtig und
Falsch.«[16] Diese Sichtweise bildet seither die Grundlage einer
bedeutenden Richtung der Ethik. Das Gemeinwohl ist demnach die Summe des Wohls der Einzelnen. Der *Handlungsutilitarismus* – jede Handlung wird danach beurteilt, wie sie sich
auf dieses Gemeinwohl auswirkt – wird gemeinhin vom *Regelutilitarismus* unterschieden: Wir suchen die Gesellschaftsordnung, die das Gemeinwohl verwirklicht. Eine Lüge, die eine
nützliche Konsequenz hat, wird vom Handlungs-, nicht aber
vom Regelutilitarismus gutgeheißen. Und der Regelutilitaris-

mus weist eine Wahlverwandtschaft zu den oben beschriebenen Wirtschaftsmodellen auf. Individuen maximieren ihren Nutzen, und Regierungen sollten die Summe dieser individuellen Nutzen maximieren.

Aber es gibt einige Dinge, die der Markt nach einhelliger Auffassung nicht leisten kann. Einige Güter, etwa Landesverteidigung, müssen vom Staat bereitgestellt werden. Manche Menschen sind nicht in der Lage, ihren Lebensunterhalt zu verdienen: Wie kann man sie unterstützen? Sowohl öffentliche Güter als auch Transferleistungen an die Bedürftigen müssen durch Steuern finanziert werden, aber welchen Umfang sollten diese Leistungen haben, und wer sollte dafür zahlen? Um derartige Fragen in einer Welt ansonsten selbstbestimmter Individuen zu beantworten, schien der Staat eine Methode zu benötigen, um die Präferenzen von Individuen für öffentliche Güter und Transferleistungen zu addieren. Andere Autoren beschrieben in der Nachkriegszeit, wie sich aus der Summe individueller Präferenzen eine »soziale Wohlfahrtsfunktion« zusammensetzen lässt. Ein »Unmöglichkeitstheorem« erbrachte den – leicht beunruhigenden – Nachweis, dass es keine Methode der Aggregierung gab, die eine Reihe scheinbar wohlbegründeter Bedingungen erfüllte.[17]

Wessen Präferenzen sollten einbezogen werden? Für den selbstbewusstesten modernen Utilitaristen, Peter Singer, »macht es – ethisch betrachtet – keinen Unterschied, ob die Person, der ich helfen kann, ein zehn Meter von mir entfernt lebendes Kind eines Nachbarn oder ein Bengale ist, der 15 000 Kilometer weit weg lebt und dessen Namen ich nie kennen werde«.[18] Oder auch jemanden, der noch nicht geboren ist. Der viktorianische Utilitarist Henry Sidgwick fragte: »Wie weit sollten wir die Interessen der Nachwelt berücksichtigen, wenn sie scheinbar im Widerspruch zu denjenigen heute lebender Menschen stehen? Es dürfte jedoch klar sein, dass die Zeit, zu der ein Mensch lebt, von einem universellen Standpunkt aus betrachtet keinen Einfluss auf den Wert seiner Lebenszufriedenheit haben sollte und dass die Interessen der Nachwelt einen Utilitaristen in gleicher Weise angehen sollten wie die Interessen seiner Zeitgenossen.«[19] Für Frank Ramsey, Keynes' bedeutenden Kollegen und Zeitgenossen, war die Gleichgültigkeit gegenüber der Zukunft »eine Praktik, die ethisch nicht vertretbar ist und lediglich auf die Unzulänglichkeit unserer Vorstellungskraft zurückzuführen ist«.[20] Später behauptete Singer dann, das Wohl der Tiere müsse ebenfalls berücksichtigt werden. Die Kategorie gegenwärtiger und zukünftiger Lebewesen, für die wir nach Ansicht strenger Utilitaristen wohl Opfer bringen sollten, wird so unendlich groß.

Eine Antwort auf die Frage, was der Staat maximieren sollte, lautete: die Summe der Nutzen aller Menschen, die womöglich zu einem beliebigen Zeitpunkt in der Zukunft irgendwo auf dem Planeten geboren werden könnten. Das waren selbstverständlich potenziell eine ganze Menge. Bei der Bewertung der Folgen des Klimawandels wurden allen Ernstes derartige Berechnungen durchgeführt.

Das globale »Weltretter«-Ethos begann die praktische Politik zu beeinflussen. Zwischen Staatsbürger_innen und Nichtstaatsbürger_innen wurde in Bezug auf die Pflicht zur Nutzenmaximierung kein Unterschied mehr gemacht, und führende Staatsbeamte waren der Auffassung, dass Zuwanderung den gesamtgesellschaftlichen Nutzen steigere. Ein hoher Beamter im britischen Finanzministerium meinte zu einem von uns: »Es wäre hilfreich, wenn Sie sagen würden, dass alle von Zuwanderung profitieren – es muss selbstverständlich nicht wahr sein.«

David Goodhart zufolge sagte ihm der ranghöchste Staatsbeamte Großbritanniens: »Ich halte es für meine Pflicht, das globale Wohl – nicht nur das nationale Wohl – zu fördern«, und dann wandte er sich zum Generaldirektor der BBC um, der ihm zustimmte.[21] Wir bezweifeln allerdings, dass er bei gewöhnlichen britischen Bürger_innen auf vergleichbare Zustimmung gestoßen wäre. Viele Menschen würden an der

Not des Bengalen, der 15 000 Kilometer weit weg lebt, Anteil nehmen und sogar eine bescheidene Summe spenden, um die dortige Hungersnot zu lindern; aber viele derselben Personen würden die Vorstellung, das Nachbarskind habe keinen stärkeren Anspruch auf ihre Fürsorge, als lächerlich ansehen. Und nicht nur Menschen in Großbritannien, sondern auch in Bengalen: Wir alle machen bei unseren Verpflichtungen gegenüber anderen Menschen Unterschiede, und wir geben denjenigen den Vorrang, zu denen wir in einer Beziehung erklärter Wechselseitigkeit stehen. Am bereitwilligsten und am großzügigsten helfen wir unserem Freundeskreis und unseren Verwandten, und dann, in bescheidenerem Umfang, unseren Nachbarn und weiteren Menschen aus unserem Umfeld. Unser Pflichtgefühl verringert sich mit räumlicher und zeitlicher Distanz und dem Kategorienwechsel von anerkannter Wechselseitigkeit zu unerwidertem Altruismus. Dieses Gefühl der wechselseitigen Verpflichtung – nicht der Wille, »die ganze Menschheit zu retten« – macht die Prosozialität aus, die der Natur des Menschen entspricht.

Und entsprechend standen Staatsbeamte und Politiker_innen, die sich zum »Weltretter«-Ethos bekannten, vor einem Problem. Politiker_innen sind ihren Wählern und Wählerinnen verpflichtet, und diesen sind ihre eigenen Interessen und die ihrer Familien und Nachbarn wichtiger als die Belange potenzieller Einwanderer und der noch ungeborenen Urenkel des Bengalen, dessen Namen sie nie kennen werden. Die Errettung der ganzen Menschheit war nichts, wofür sie stimmen würden. Und sie würden keine Politik in Bezug auf Auslandshilfe, Einwanderung und Klimawandel unterstützen, die auf dieser Annahme beruhte. Als gewöhnliche Wähler und Wählerinnen zu ahnen begannen, dass ihre Regierungen andere ethische Prioritäten hatten als sie selbst, schwand ihr Vertrauen in den Staat nach und nach dahin. Wenn führende Innenpolitiker und Entscheidungsträgerinnen der BBC bereitwillig das nationale Wohlergehen dem globalen Wohlergehen opferten, wenn hohe Beamte des Schatzamtes es für in Ordnung hielten, für ihre Anliegen zu lügen, war die anschließende Empörung wenig überraschend.

Anhang: Marktfundamentalismus als das vorherrschende Wirtschaftsmodell

Seit dem Zweiten Weltkrieg beruhten die meisten Wirtschaftsmodelle auf der Annahme, dass Individuen entsprechend ihrer persönlichen Präferenzen rationale Entscheidungen treffen. Die vollständigste Ausarbeitung dieser Theorie stammt von Paul Samuelson, und Friedman und Savage haben sie auf Entscheidungen unter Ungewissheit erweitert. Diese Konzepte bildeten die Grundlage für das Modell des Gleichgewichts auf effizienten Wettbewerbsmärkten, das von Arrow und Debreu beschrieben wurde.[22] Diese sorgfältige mathematische Analyse wies nach, dass unkoordinierte Entscheidungen von Individuen, aufs Ganze gesehen, kohärente Ergebnisse hervorbringen können – eine Entdeckung, die vielleicht die tiefgründigste Erkenntnis der Wirtschaftswissenschaften ist.

Ursprünglich bedeutete rationale Entscheidung nichts anderes als Konsistenz bei der Anwendung dieser Präferenzen – wenn ich heute in meinem Lieblingsrestaurant ein Pfeffersteak auswähle, werde ich mich wahrscheinlich abermals dafür entscheiden, sollte ich nächste Woche wiederkommen. Konsistenz ermöglicht auch Altruismus, wenn auch auf eine etwas einfältige Weise: Das warme Gefühl, das meine Großzügigkeit in mir auslöst, maximiert meinen Nutzen. Da dieses Argument mehr oder minder jede Verhaltensweise erklären kann, ist es weitgehend inhaltsleer: Selbst wenn ich im Restaurant ein anderes Gericht auswählen sollte, müsste dies darauf zurückzuführen sein, dass ich die Abwechslung schätze; wenn ich der Wohltätigkeitsorganisation keine weitere Geldspende zukommen lasse, dann erfahren wir dadurch einfach mehr über meine Präferenzen – insbesondere den abnehmenden Grenzertrag meiner Großzügigkeit.

Offensichtlich kann die Behauptung, dass das, was ich getan habe, meinen Nutzen maximieren muss, da ich es andernfalls nicht getan hätte, nicht erklären, was ich getan habe, geschweige denn vorhersagen, was ich in Zukunft vielleicht tun werde. In der praktischen Umsetzung bedeutet Nutzenmaximierung heute freilich etwas Spezifischeres – nämlich die Tatsache, dass Menschen auf finanzielle Anreize reagieren. Auftritt des *Besitzindividualismus:* Der Homo oeconomicus war habgierig und egoistisch. Und faul. Jegliche Anstrengung verringerte seinen Nutzen.

In diesem System gab es keinen Platz für freiwillige kooperative Vereinbarungen: Sämtliche Beziehungen waren interessenbasiert. Aber Arrow und Hahn hatten erkannt, dass, während die Welt des Egoismus einer entmutigenden Dystopie Tür und Tor öffnete, die Analyse der Funktionsweise eines solchen Wirtschaftssystems zum entgegengesetzten Schluss gelangte. Die ökonomische Analyse des über Märkte vermittelten Egoismus wies nach, dass (vorausgesetzt dass man genügend Annahmen machte, von denen einige unplausibel und einige irreal waren) die Gier des Einzelnen zu effizienten Ergebnissen führte.

Das gesamte produktive Potenzial einer Volkswirtschaft würde verwirklicht werden, sodass es unmöglich wäre, jemanden besserzustellen, ohne dass ein anderer schlechtergestellt würde. Gier war also gut, weil sie Menschen dazu trieb, dieses Potenzial maximal auszuschöpfen. Prämissen der rationalen Entscheidung gingen in die Beschreibung der Kapitalgesellschaft ein, die von Finanzökonomen wie Jensen und Meckling und Juristen wie Easterbrook und Fischel vorgelegt wurde.[23] Man kann das Ausmaß des Einflusses dieser Familie von Modellen auf die Wirtschafts- und Politikwissenschaften in den letzten fünfzig Jahren kaum überschätzen.

Der Homo oeconomicus musste zwar noch immer mit der Ungewissheit einer komplexen Welt klarkommen. Aber dafür gab es jetzt eine Behelfslösung. Alles ist entweder erkennbar oder unerkennbar. Der Homo oeconomicus wusste alles, was erkennbar war; daher würde er keine systematischen Fehler begehen, sondern hegte »rationale Erwartungen«. Er »kannte das Modell«. Wie Thomas Sargent, der zu den Mitbegründern dieser Theorie gehört, erklärte: »Es gibt einen Kommunismus der Modelle. Alle Akteure innerhalb des Modells, der Ökonometriker und Gott benutzen das gleiche Modell.«[24] Jeder wusste alles, was man überhaupt wissen konnte.

Obwohl der Homo oeconomicus »das Modell kannte«, konnte er hin und wieder durch das Unerkennbare zum Scheitern gebracht werden: durch »Umbrüche« oder »Schocks« – Ereignisse, die vergleichbar sind mit dem Asteroideneinschlag, der den Dinosauriern den Garaus machte, oder mit den Bankenzusammenbrüchen in der Weltfinanzkrise 2008. Das Modell funktionierte gut, außer dann, wenn es das nicht tat, und in diesen Fällen wusste man, dass die Wirtschaft Umbrüchen oder Schocks zum Opfer gefallen war. So schwer vorstellbar es für Nichtökonomen sein mag, wurden Nobelpreise für diese Entdeckung verliehen, und ähnliche Modelle werden noch immer gelehrt und entwickelt. Und da alles, was man nicht wusste, nicht erkennbar war, versuchten wir nicht nur, unseren Eigennutz zu maximieren, vielmehr wussten wir auch, wie wir das tun konnten. Das Modell sagte uns, dass diese Entscheidungen in ihrer Gesamtheit die gesamtgesellschaftliche Wohlfahrt maximierten. Wir würden nicht nur die globale Wohlfahrt maximieren, wir wussten auch, wie man dies tun könnte. Bis zum nächsten Schock.

Die verheerenden Folgen der Annahme »Wir kennen das Modell« haben einigen seiner Anhänger_innen verspätete Bescheidenheit gelehrt. »Ich machte einen Fehler, als ich annahm, Unternehmen, insbesondere Banken, seien aufgrund ihres Eigeninteresses am besten dazu befähigt, die Belange der Aktionäre und das in den Unternehmen gebundene Eigenkapital zu schützen … Ich entdeckte einen Fehler in dem Modell, von dem ich annahm, dass es die Funktionsweise der Wirtschaft zutreffend beschreiben würde.«[25] So sprach ein reumütiger Alan Greenspan als Präsident der US-Notenbank, aber ein bisschen zu spät. Immerhin gab Greenspan seine Fehleinschätzung zu. Andere stellten die Krise einfach als einen »Schock« hin und hielten es nicht für nötig, um Verzeihung zu bitten, weil sie die Folgen des explosiven Wachstums im Handel mit unzureichend verstandenen verbrieften Produkten nicht vorhergesehen hatten. Der Marktfundamentalismus war eine so hermetische Idee, dass er sogar die Weltfinanzkrise überlebte. Es war nie gänzlich klar, ob seine Anhänger_innen die Krise vorhergesagt oder aber nachgewiesen hatten, dass derartige Dinge nicht vorhergesagt werden konnten, wobei die allgemeine Meinung Letzteres zu befürworten schien.

Die Theoreme über die Markteffizienz, die durch die Aktivitäten des Homo oeconomicus erreicht wird, erklären im Grunde die Bedingungen, unter denen eine Gesellschaft von Soziopathen funktionieren könnte. Da diese Bedingungen nur selten erfüllt sind – Arrow und Hahn haben zu Recht darauf hingewiesen, dass wir diesen Modellen auch entnehmen können, unter welchen Voraussetzungen Märkte nicht gut funktionieren –, hat das Effizienz-Paradies, das die Analyse des Wettbewerbsgleichgewichts postulierte, nie existiert, und es konnte dies auch gar nicht. Aber glücklicherweise sind wir nicht auf diese Bedingungen angewiesen, da die meisten Menschen keine Soziopathen sind.

3
Rechte

»Der Begriff der Pflicht steht über dem des
Rechtes, der ihm untergeordnet und von ihm
abhängig ist.«

Simone Weil, *Die Verwurzelung. Vorspiel zu einer Erklärung
der Pflichten dem Menschen gegenüber*, 1943

Als die Sowjetunion implodierte und der Sozialismus kollabierte – während der Kapitalismus dies partout nicht tun wollte –, fand die politische Linke in ihren eigenen individualistischen Denkweisen Trost. Die aufstrebende Schicht der Nutznießer der Meritokratie machte sich die Begriffe der Individualrechte und der persönlichen Identität zu eigen, während sie sich aus der Sprache der gesellschaftlichen Solidarität zurückzog. Politiker_innen und Entscheidungsträger im gesamten politischen Spektrum sahen in Individuen und im Staat die wichtigsten wirtschaftlichen Akteure: Uneinig war man sich über ihre relative Macht. Beide Lager hielten die Definition und Aufrechterhaltung von Rechten für die wichtigste Aufgabe des Staates und den Geltungsbereich dieser Rechte für den Schwerpunkt der politischen Auseinandersetzung. Für das eine Lager waren Eigentumsrechte von zentraler Bedeutung; das andere legte mehr Gewicht auf Menschen- und soziale Rechte.

Eine Theorie der Gerechtigkeit von John Rawls, veröffentlicht im Jahr 1971, ist das einflussreichste Werk der politischen Philosophie in den letzten fünfzig Jahren. Inspiriert von der klassischen Theorie des Gesellschaftsvertrags, wie sie von Hobbes und Locke ausgearbeitet wurde, stellte Rawls die Frage, welchen wirtschaftlichen und politischen Vereinbarungen eigennützige Individuen zustimmen würden, wenn sie nicht wüssten, welche Stellung sie selbst in der daraus hervorgehenden Gesellschaftsordnung einnähmen. Rawls lehnt den Utilitarismus ab, weil dieser die »Verschiedenheit der einzelnen Menschen nicht ernst nimmt«.[1] »Jeder Mensch besitzt eine aus der Gerechtigkeit entspringende Unverletzlichkeit, die auch im Namen des Wohles der ganzen Gesellschaft nicht aufgehoben werden kann. Daher lässt es die Gerechtigkeit nicht zu, dass der Verlust der Freiheit bei einigen durch ein größeres Wohl für andere wettgemacht wird.«[2] Die Welt, die er beschreibt, besteht aus Individuen und dem Staat als Ordnungsmacht. Rawls glaubte, ein egalitäres Ergebnis würde von Menschen befürwortet werden, die befürchteten, sich selbst in einer benachteiligten Position wiederzufinden. Als US-Präsident Bill Clinton Rawls 1999 die National Humanities Medal verlieh, erklärte er, der Philosoph habe »einer ganzen Generation gebildeter Amerikaner geholfen, ihrem Glauben an die Demokratie neues Leben einzuhauchen«.[3] Rawls schien Fairness mit Individualismus zu versöhnen, Gerechtigkeit mit Freiheit.

Wenn Rawls der politische Philosoph der demokratischen Linken war, dann war sein Harvard-Kollege Robert Nozick der politische Philosoph der libertären Rechten. In dem 1974 erschienenen Werk *Anarchie – Staat – Utopia* behauptete er, der freie Austausch von Gütern und Dienstleistungen zwischen Individuen sei notwendigerweise fair. Die im vorigen Kapitel beschriebenen Wirtschaftsmodelle lieferten in Nozicks Interpretation ein Effizienz-Argument für den Marktfundamentalismus. Jetzt brachte Nozick ein weiteres Argument für den Marktfundamentalismus vor, das sich auf die Gerechtigkeit stützte. Fairness in der anfänglichen Verteilung der Eigentumsrechte stellt in Verbindung mit dem freiwilligen Austausch (dieser Rechte) die Gerechtigkeit des Marktergebnisses sicher. Die hohen Einkünfte von Wilt Chamberlain (der führende amerikanische Basketballspieler zu der Zeit, als

Nozick schrieb) waren gerecht, weil es angesichts der fairen anfänglichen Verteilung jeder für angemessen hielt, für das Privileg, mitanzusehen, wie Chamberlain seine Würfe verwandelte, sein Scherflein beizutragen. Nozick bestritt ausdrücklich, dass es jenseits des Individuums eine Handlungsmacht gebe: »Doch es gibt kein *Wesen Gesellschaft*, das um seines eigenen Wohles willen ein Opfer auf sich nähme. Es gibt nur die verschiedenen Einzelmenschen mit je ihrem eigenen Leben.«[4] Die Anklänge an Margaret Thatchers späteres Diktum »So etwas wie die Gesellschaft gibt es nicht« sind unüberhörbar. Friedmans Aussage, »die gesellschaftliche Verantwortung von Unternehmen besteht darin, ihren Gewinn zu maximieren«, beruht, vielleicht überraschenderweise, nicht auf einem wirtschaftlichen Argument, wonach ein derartiges Verhalten aufgrund seiner Auswirkung auf die Effizienz von Unternehmen dem Gemeinwohl dienlich sei, sondern auf einem moralischen Argument, das sich auf die angeblichen Verfügungsrechte der Aktionäre als Eigentümer stützt. Der Marktfundamentalismus hat daher seinen Ursprung im Besitzindividualismus, und er behauptete, seine Kraft sowohl aus dem utilitaristischen Individualismus als auch aus dem rechtebasierten Individualismus zu schöpfen. Uneingeschränkte Märkte würden nicht nur den größten Nutzen der größten Zahl fördern, vielmehr würde ein solches System – und nur ein solches System – gerechte Ansprüche schützen.

Die Ursprünge von Eigentumsrechten

Nozicks Theorie der Gerechtigkeit basiert auf historischen Ansprüchen, die von rechtmäßigem Erwerb, rechtmäßiger Übertragung durch nicht erzwungene Verfügung oder freiwilligen Austausch beziehungsweise, im Falle unrechtmäßiger Übertragung, Rückerstattung herrühren. Aber was bedeutet »rechtmäßiger Erwerb«? Dazu hat Nozick wenig zu sagen.

Anders Rousseau: »Der erste, der ein Stück Land eingezäunt hatte und auf den Gedanken kam zu sagen: ›Das ist mein‹, und der Leute fand, die einfältig genug waren, ihm zu glauben, war der wahre Begründer der zivilen Gesellschaft. Wie viele Verbrechen, Kriege, Morde, wie viele Leiden und Schrecken hätte nicht derjenige dem Menschengeschlecht erspart, der die Pfähle herausgerissen … hätte.«[5] Gemeint sind »Leiden und Schrecken« des Besitzindividualismus.

Aber Rousseaus Angriff auf das Recht, einen Bauernhof zu besitzen, stand auf wackligen Füßen. Territorialität ist keine Erfindung des modernen Menschen, und der Schutz territorialer Rechte sowohl von Individuen als auch von Gruppen ist nichts, was erst der neuzeitliche Staat eingeführt hätte. Viele Säugetiere und Vögel zeigen ein solches Territorialverhalten und verteidigen entweder einzeln oder als Gruppe ihre »Rechte« auf Gebiete. Das moderne Wirtschaftsleben zeichnen nun allerdings keine Landbesitzansprüche aus, sondern die Vielfalt ökonomischer Rechte, die die Gesellschaft jenseits des Territorialen erschaffen hat. Was macht, abgesehen von der physischen Einzäunung, einen »rechtmäßigen Erwerb« aus?

Jeff Bezos ist deshalb der reichste Mann auf dem Planeten, weil das Gesellschaftsrecht dem Gründer eines Unternehmens erlaubt, einen Anteil an dessen zukünftigen Einnahmen zu beanspruchen, nicht nur jetzt, sondern auf unbestimmte Zeit, und weil es Institutionen bereitstellt und schützt, die den Verkauf dieser Rechte an Investor_innen ermöglichen. Diese Regelungen sind nicht offensichtlich gerecht. Aber sie sind die Quelle des Reichtums nicht nur von Bezos, sondern der meisten Personen, die auf den gängigen Listen der reichsten Menschen der Welt auftauchen: Es sind Unternehmensgründer wie Bernard Arnault, Mark Zuckerberg oder die Kinder von Sam Walton. Die Familien Grosvenor und Cadogan, deren Vorfahren Grundstücke einzäunten, auf denen aufgrund einer glücklichen Fügung später einmal die Londoner Stadtteile Mayfair und Belgravia errichtet werden sollten, sind die Ausnahmen, nicht die Regel.

Diese Beschreibung des Ursprungs von Reichtum gilt für
Großbritannien und die Vereinigten Staaten sowie für Teile
Westeuropas und Asiens. Weniger für andere Regionen. In ehemaligen kommunistischen Staaten wurden mit der Privatisierung von Staatseigentum riesige Vermögen gemacht. Und es
gibt Menschen, die in einem Gebiet oder auf einem Stück Land
lebten, die wenig verheißungsvoll zu sein schienen – Wüste, Per-
mafrostboden, Steppe –, während andere dort später unter der
Oberfläche Erdöl oder Gold oder eine andere wertvolle Ressource entdeckten. Die Erkenntnis, dass sich kleine Prozent-
sätze von sehr großen Summen zu großen Summen addieren,
machte einige reich – die Verladegebühren für Kohle in den
Cardiff Docks ließ die Familie Bute zu einer der reichsten im
Großbritannien des 19. Jahrhunderts werden; Lizenzgebühren
für das Betriebssystem MS-DOS katapultierten Bill Gates in
die Liga der Superreichen; Beratungsdienstleistungen bei Fir-
menübernahmen im Volumen von mehreren Milliarden Dollar
erlaubten es Investmentbankern, sich vorzeitig in einen Ruhestand im Luxus zu verabschieden.

Geistiges Eigentum stellt heute eine weitere lukrative Kategorie von Eigentumsrechten dar, mit einer beinahe zufälligen
Verteilung von Erträgen – während MS-DOS urheberrecht-
lich geschützt war, galt dies nicht für die grafische Benutzer-
oberfläche; Ulkustherapeutika waren und sind eines der profi-
tabelsten Produkte der Pharmaindustrie, aber die Entdeckung,
dass viele Magengeschwüre durch eine hohe Dosis Antibiotika
schnell und dauerhaft geheilt werden können, brachte denjenigen, die daran beteiligt waren, zwar einen Nobelpreis, aber
ansonsten keine nennenswerte finanzielle Belohnung ein. Und
der Wert der Marke »Wir« war größer als die finanzielle Belohnung, die dem Erfinder der Relativitätstheorie oder den Wissenschaftlern, die das Rätsel der DNA knackten beziehungsweise
das Internet erfanden, zukam. Lobbyismus und Rechtsstreits
um geistiges Eigentum sind, nicht überraschend, zu einem eigenen Geschäftszweig geworden.

Die meisten Eigentumsrechte sind soziale Konstrukte; ihre Ausgestaltung und ihr Schutz gehören zu den Hauptaufgaben eines jeden politischen Systems, und ihre Effektivität ist von zentraler Bedeutung für den wirtschaftlichen Wohlstand. Garrett Hardin beschrieb bekanntermaßen »die Tragik der Allmende« in der Zeit vor der Einzäunung, vor Rousseaus Pfählen im Boden, in der die Verfolgung ungezügelter Eigeninteressen zur Zerstörung von Gemeinschaftseigentum für alle führte.[6] Aber Elinor Ostrom erhielt verdientermaßen den Nobelpreis dafür, dass sie zeigte, wie einfallsreich historische und traditionelle Gesellschaften bei der Konstruktion sozialer Normen und Regeln waren, um diese Probleme abzuwenden.

Sichere und legitime Eigentumsrechte – und ohne Legitimität kann es keine echte Sicherheit geben – sind für das reibungslose Funktionieren prosperierender Volkswirtschaften unabdingbar. Aber es gibt viele mögliche Systeme von Eigentumsrechten, und nicht alle sind gleich, unabhängig davon, ob man sie nach Kriterien der Gerechtigkeit oder der Effizienz beurteilt. Das System, das moderne Gesellschaften entwickelt haben, scheint historischen Zufällen und Konzernlobbyismus mehr zu verdanken als diesen grundlegenden Kriterien. Ein Urheberrecht, das aus dem Wunsch der Obrigkeit hervorging, aufrührerische Schriften zu kontrollieren, eignet sich nicht unbedingt für die Entwickler_innen von Smartphone-Apps. Und die Verlängerung der urheberrechtlichen Schutzfrist auf siebzig Jahre nach dem Todesjahr des Autors erhöhte – jedenfalls nach unseren eigenen Erfahrungen zu urteilen – nicht unbedingt die Anreize für literarische Kreativität, während sie der Disney Corporation ermöglicht, ihr Micky-Maus-Franchise weiterhin gewinnbringend zu verwerten. Es gibt viele mögliche Ausgestaltungen des Gesellschaftsrechts und zahlreiche verschiedene Finanzmarktordnungen oder auch Weisen, Abbaugebühren für Erze zu verteilen. Diejenigen, die Einkommens- und Vermögensungleichheiten kritisieren, sollten den grundlegenden Ursachen der Ungleichheiten, auf die sie verweisen, mehr Beachtung schenken.

Die Menschenrechtsrevolution

Die Allgemeine Erklärung der Menschenrechte der Vereinten Nationen wurde unmittelbar nach dem Zweiten Weltkrieg verkündet und war ein von Eleanor Roosevelt begeistert unterstützter löblicher Versuch, eine menschlichere Welt zu schaffen. Sie postuliert und definiert dreißig »Grundrechte«.[7] Die ersten 21 sind Bürger- und politische Rechte. Es handelt sich überwiegend um negative Rechte – wie etwa jenes, nicht willkürlich festgenommen oder inhaftiert zu werden. Die übrigen neun sind soziale und wirtschaftliche Rechte. Artikel 25 (Abs. 1) lautet: »Jeder hat das Recht auf einen Lebensstandard, der seine und seiner Familie Gesundheit und Wohl gewährleistet, einschließlich Nahrung, Kleidung, Wohnung, ärztliche Versorgung und notwendige soziale Leistungen, sowie das Recht auf Sicherheit im Falle von Arbeitslosigkeit, Krankheit, Invalidität oder Verwitwung, im Alter sowie bei anderweitigem Verlust seiner Unterhaltsmittel durch unverschuldete Umstände.« In Artikel 26 (Abs. 1) heißt es: »Jeder hat das Recht auf Bildung. Die Bildung ist unentgeltlich, zum Mindesten der Grundschulunterricht und die grundlegende Bildung. Der Grundschulunterricht ist obligatorisch. Fach- und Berufsschulunterricht müssen allgemein verfügbar gemacht werden, und der Hochschulunterricht muss allen gleichermaßen entsprechend ihren Fähigkeiten offenstehen.«

Diese UN-Erklärung übte einen großen Einfluss auf Politik und Philosophie aus, allerdings nicht zur Gänze in einer Weise, die wünschenswert beziehungsweise zum damaligen Zeitpunkt absehbar war. Rechte für einige haben nur dann praktische Bedeutung, wenn sie anderen Pflichten auferlegen. Die Bürger- und politischen Rechte in der Erklärung sind in erster Linie *Individual*rechte gegen den *Staat* und sollten dies auch sein. Die Erklärung verlangt von den staatlichen Institutionen, keine politische Zensur vorzunehmen und gegen niemanden ohne faires Gerichtsverfahren eine Freiheitsstrafe zu verhängen.

Aber wie steht es mit den wirtschaftlichen Rechten, den positiven Rechten? Wenn es ein Recht auf unentgeltliche Bildung gibt, wer soll diese unentgeltliche Bildung dann anbieten – und dafür zahlen? Die Antwort auf diese Frage kann nur »der Staat« lauten. Die Verfasser_innen der Menschenrechtserklärung hatten offensichtlich nicht die Absicht, mich zu ermächtigen, an die Tür eines Freundes zu klopfen, geschweige denn eines Fremden, und zu sagen, ich sei gekommen, um mein Recht auf eine Wohnung auszuüben. Und wenn sie dies beabsichtigt hätten, dann hätten sie schnell entdeckt, dass es für ein solches Recht kaum politische Rückendeckung gegeben und seine Geltendmachung die Bereitschaft vieler Menschen untergraben hätte, Freunde in Not freiwillig bei sich aufzunehmen.

Die Forderung nach Gewährung individueller Rechtsansprüche untergräbt die Solidarität; die Existenz gesetzlich verankerter Rechte – unabhängig davon, ob diese Rechte tatsächlich respektiert werden – verringert die Bindungskraft moralischer Verpflichtungen. »Das ist Aufgabe des Staates.« – »Warum unternimmt das Sozialamt nichts?« Solche Äußerungen unterhöhlen den Gemeinschaftsgeist und vermindern die Handlungsbereitschaft anderer Akteure als Individuum und Staat. Dabei haben sich in der Vergangenheit zahlreiche solcher Akteure an der Bereitstellung von Bildungsangeboten, medizinischer Versorgung, Wohnungen und vielen der anderen wirtschaftlichen Zielen, die in der Erklärung aufgelistet sind, beteiligt. Dies ist heute in geringerem Maße der Fall. Der Staat ist notwendig: Er spielt eine wichtige Rolle bei der Befriedigung sozialer Bedürfnisse. Aber wenn es um die Bereitstellung anderer Güter geht, sollte er das nicht selbst übernehmen, sondern ergänzend tätig werden und gegebenenfalls regulieren.

Der Unterschied zwischen Menschenrechten und Eigentumsrechten wurde verwischt. In dem Fall *Citizens United* erklärte der Oberste Gerichtshof der USA jegliche Einschränkung des Rechts juristischer Personen, politische Organisationen finanziell zu unterstützen, für verfassungswidrig. Die Redefreiheit umfasst demnach auch das Recht, seine Meinung an den Höchstbietenden zu verkaufen. Und sie gewährt dem Höchstbietenden das Recht, sie zu kaufen. Vielleicht wäre der Grundsatz, wonach jede Stimme bei Wahlen das gleiche Gewicht haben sollte (»one man, one vote«), durch den Grundsatz zu ersetzen, dass jeder Dollar das gleiche Gewicht haben sollte (»one dollar, one vote«). Es gab nichts mehr, was nicht käuflich war – anders als es Richter Swayne im Jahr 1874 geglaubt hatte, als es die Beatles im Jahr 1964 besungen hatten und als es der Moralphilosoph Michael Sandel, auf dessen Arbeit wir noch zurückkommen werden, nach wie vor behauptet.

Es bedurfte der #MeToo-Bewegung, um Selbstverständlichkeiten in Erinnerung zu rufen. Das Recht, nicht sexuell belästigt zu werden, war das Recht, nicht sexuell belästigt zu werden. Punkt. Es war kein handelbares Gut, kein Recht, einen angemessenen geldlichen oder nicht geldlichen Schadensersatz für erlittene sexuelle Belästigung zu erhalten.

Rechte sprechen

Der Ausdruck »Rechte sprechen« wurde von der Rechtswissenschaftlerin Mary Ann Glendon popularisiert. Der Untertitel ihres gleichnamigen Buches – »Die Verarmung des politischen Diskurses« – betont eine andere Konsequenz. Rechte mögen nie absolut sein – wie es etwa in der berühmten Verweigerung des Rechts, in einem voll besetzten Theater »Feuer!« zu rufen, durch Oliver Wendell Holmes, einst Richter am Obersten Gerichtshof der USA, zum Ausdruck kam (der entsprechende Fall *Schenck v. United States* aus dem Jahr 1919 ist deshalb berüchtigt, weil die Verweigerung des Rechts auf freie Meinungsäußerung durch das Gericht sehr viel weitreichender war als Holmes' Einlassung).[8] Aber auch wenn Rechte nicht absolut sind, sollen sie doch eine starke Vermutung begründen – Rechte sind Trümpfe, wie es der Rechtsphilosoph Ronald Dworkin formulierte.[9]

Aber woher wissen wir, ob es ein solches Recht gibt? Die ersten Erklärungen von »natürlichen« Rechten fanden in der Amerikanischen und der Französischen Revolution statt. Ein grundlegendes Problem wurde schnell offenkundig – die Rechte von Männern, die für Jefferson, Franklin und Adams selbstverständlich waren, waren für Frauen, König George III. oder Sklaven beziehungsweise Sklavenhalter nicht unbedingt selbstverständlich. So wie Bentham natürliche Rechte als »Unsinn auf Stelzen« bezeichnet hatte, so verglich Alasdair MacIntyre, auf dessen Denken wir ebenfalls zurückkommen werden, den Glauben an natürliche Rechte mit dem Glauben an Hexen und Einhörner.[10] Man verhandelt nicht über ein Recht, man macht ein Recht geltend. Wenn das Recht verweigert oder bestritten wird, schreit man lauter danach – oder man reagiert, wie in der Amerikanischen und der Französischen Revolution und im Amerikanischen Bürgerkrieg, mit Waffengewalt.

Was ist, wenn Rechte einander widerstreiten? Die konfliktreichen Gerichtsverfahren in der angelsächsischen Welt sind ihrem Wesen nach binär. Es gibt einen Gewinner und einen Verlierer: Entweder es gibt einen rechtlichen Anspruch oder nicht. In den Vereinigten Staaten stehen sich in der Debatte über die Abtreibung die Anhänger_innen des »Rechts auf Leben« und die Verfechter_innen des »Rechts auf Wahlfreiheit« unversöhnlich gegenüber. Glendon ist eine konservative Katholikin, für die das »Recht auf Leben« absoluten Vorrang hat – eine Position, die Trump gefiel, der sie zur Vorsitzenden einer Kommission über internationale Menschenrechte berief, was viele Amerikaner_innen verärgerte. Aber auf welcher Grundlage sollen Kollisionen zwischen Rechten, etwa zwischen dem auf Leben und dem auf Wahlfreiheit, aufgelöst werden? In Abhängigkeit davon, so sollte es scheinen, wer das Recht mit überzeugenderen Argumenten geltend macht. Bei der Abtreibungsdebatte in den USA artete das gegenseitige Niederschreien manchmal zu echten Gewalttätigkeiten aus. Fünfzig Jahre nachdem der Oberste Gerichtshof in seinem Urteil in dem Fall *Roe v. Wade* aus einem neu entdeckten Recht auf Schutz der *Privatsphäre* auf wenig glaubwürdige Weise ein Recht auf Wahlfreiheit ableitete, tobt diese Debatte noch immer. Man vergleiche dies mit der Lage in den meisten europäischen Ländern, wo man sich auf Kompromisse verständigt hat, die sich breiter öffentlicher Akzeptanz erfreuen.

Beinhaltet das Recht, Waffen zu tragen, das Recht, ein automatisches Gewehr bei sich zu führen? Inwieweit ist das Recht auf Redefreiheit ein Recht, das gegenüber privaten Institutionen wie der *Daily Mail*, Universitäten, Facebook und Twitter durchgesetzt werden kann? Wie kann das Recht auf Freiheit von willkürlicher Inhaftierung mit der Notwendigkeit, die Öffentlichkeit vor radikalisierten Individuen mit böswilligen Absichten zu beschützen, in Einklang gebracht werden? Wann ist eine Festnahme oder Inhaftierung *willkürlich?* All dies sind Fragen, die nicht ohne Berücksichtigung ihres praktischen Kontextes beantwortet werden können. Es sind Fragen, bei denen unterschiedliche Auffassungen sowohl bezüglich der Konsequenzen als auch im Hinblick auf die Schlussfolgerungen, die daraus zu ziehen sind, legitim sein können. Und es sind Fragen, bei denen sich eine demokratische Gesellschaft um ein erhebliches Maß an Übereinstimmung bemühen sollte und dieses auch durchaus erreichen dürfte. Allerdings ist es unwahrscheinlich, dass dieser Konsens alle vollauf zufriedenstellen wird. Und ein solcher Prozess der Verhandlung und Mediation lässt sich aufgrund der Aggressivität des extremen Individualismus auch nur schwer in geordnete Bahnen lenken.

4
Von Bürgerrechten zum Ausdruck der eigenen Identität

>»Wir sind CEOs unserer eigenen Unternehmen. Me Inc ...
> unsere wichtigste Aufgabe besteht darin, leitender Ver-
> markter für die Marke namens ICH zu werden.«
>
> Tom Peters, *Fast Company*, 1997

Die Bürgerrechtsbewegung, die die Vereinigten Staaten in der Nachkriegszeit ergriff, erhob die Forderung nach Anerkennung eines gleichen Bürgerstatus für alle. Die Redekunst eines Martin Luther Kings, die Tapferkeit zahlreicher – schwarzer und weißer – Menschen, die sich Fällen von Machtmissbrauch entgegenstellten, und das politische Talent eines Lyndon B. Johnson setzten eine gesellschaftliche Revolution in den USA in Gang. Während diese keineswegs den Rassismus beendete, gipfelte sie im Jahr 2008 in der Wahl des ersten schwarzen Präsidenten der Vereinigten Staaten. Es konnte keinen überzeugenderen Beweis dafür geben, dass alle Amerikaner_innen als Staatsbürger und Staatsbürgerinnen gleich sind. Die Bewegung war der letzte Akt in dem Prozess der Umformung der US-Gesellschaft zu einer echten Gemeinschaft, nicht der erste Akt des Individualismus.

Aber diese Gemeinschaft geriet durch viele andere Entwicklungen unter Druck. In einem bemerkenswerten, vielfach zitierten Abschnitt des Urteils in der Sache *Planned Parenthood v. Casey* beteuerte der Richter am Obersten Gerichtshof der USA Anthony Kennedy: »Im Zentrum der Freiheit steht das Recht, für sich selbst zu definieren, was man unter Existenz, Sinn,

Universum und dem Rätsel des menschlichen Lebens versteht.«[1]
Diese Sichtweise wirkt vordergründig verlockend. Aber sie steht
für das Gegenteil der Zugehörigkeit zu einer Gemeinschaft, die
Ablehnung der Idee, dass Individuen ihre Identität im Rahmen
der Gesellschaft ausbilden, in der sie leben: der »dichten Kultur«, die Michael Walzer beschrieben hat;[2] des »eingebetteten
Selbst« von Michael Sandel – Denker und Konzepte, auf die
wir wie gesagt zurückkommen werden.

Im Jahr 1963 prägte der politische Philosoph Kenneth
Minogue die Metapher »Sankt Georg im Ruhestand«.[3] Nachdem der Heilige den furchterregenden Drachen, der Menschen-
opfer verlangte und das Leben der jungen Prinzessin bedrohte,
erschlagen hatte, beschloss er, sein Schwert nicht niederzule-
gen, sondern sich auf die Suche nach immer kleineren Drachen zu machen, die er ebenfalls erschlagen wollte. Minogue
erahnte mit sicherem Gespür die langfristigen Konsequenzen
der bedeutenden anfänglichen »sozialstaatlichen« Errungenschaften in der Nachkriegszeit.

Insbesondere der Erfolg der Bürgerrechtskampagne diente
dann als ein Modell für Verfechter aufeinanderfolgender Wellen des sozialen Liberalismus – für Feminist_innen und Vor-
kämpfer_innen für die Rechte von Menschen mit Behinderungen, Schwulen und Lesben. Rechte standen im Zentrum
ihrer Forderungen. Aber die Analogie war unverkennbar über-
strapaziert. Diese sozialen Bewegungen bemühten sich, traditionelle Geschlechterrollen neu zu definieren, einen besseren
Zugang zu Einrichtungen für Menschen mit Behinderungen
sicherzustellen und die allgemeine Akzeptanz für eine Vielfalt an sexuellen Präferenzen zu erreichen. Sie hatten ganz und
gar bewundernswerte Ziele – aber die Formulierung dessen,
was sie erreichen wollten, in der Sprache der Rechte ging mit
einer unangemessenen Schärfe einher, die das Ethos der Solidarität untergrub.

Afroamerikanische Menschen waren Bürger_innen, deren
staatsbürgerliche Grundrechte unterdrückt worden waren:

Die Rechte, die sie einforderten, waren untrennbar verbunden mit ihrem Status als Staatsbürger und Staatsbürgerinnen. Wenn wir dagegen einer blinden Person helfen, einen Zug zu besteigen, tun wir dies nicht, weil sie ein Recht darauf hätte und wir eine entsprechende Pflicht, sondern deshalb, weil sich jeder lautere Mensch so verhalten würde (und wir wissen – wenngleich dies nicht unser ausdrücklicher Grund für dieses Verhalten ist –, dass die meisten unserer Mitbürger_innen das Gleiche für uns machen würden, wenn wir blind wären). Aber wenn die blinde Person auf dem Bahnsteig stünde und ihre Rechte einforderte, würden wir vermutlich anders reagieren.

Widerstreitende Einforderungen von Rechten

St. Georg kostete viele weitere Drachen das Leben, als das 20. Jahrhundert ins 21. überging. Das Hinzufügen von Buchstaben zu dem LGBTQ-Alphabet endete mit dem Zeichen +, um die Möglichkeit zahlreicher weiterer Einforderungen von Rechten zum Ausdruck zu bringen. Aber wie schon erwähnt, stößt der Rechtediskurs auf Schwierigkeiten, wenn miteinander unvereinbare Rechte reklamiert werden.

Es ist heute nur noch schwer vorstellbar, aber von 1974 bis 1984 machte die Paedophile Information Exchange (PIE) in Großbritannien offen Werbung und verkündete das »Recht« von Kindern, Sex zu haben – auch mit viel älteren Männern. Die PIE war eng verbunden mit dem National Council for Civil Liberties sowie mit anderen Organisationen, die sich für sozialliberale Anliegen einsetzten. Wie praktisch jeder Mensch im Jahr 2020 verabscheuen auch wir Pädophilie. Wir bestreiten das »Recht« von Kindern auf Sex, weil wir die überwältigenden Belege für die schädlichen Auswirkungen sexuellen Missbrauchs junger Menschen auf ihre langfristige psychische Gesundheit kennen und weil wir wissen, dass Kinder nicht rechtswirksam

Bitten von Erwachsenen zustimmen können, die darauf aus sind, sie zum Zweck ihrer eigenen Befriedigung zu sexuellen Handlungen zu überreden.

Das heutige Schlachtfeld ist eines, auf dem beispielsweise die von Frauen eingeforderten Rechte unvereinbar zu sein scheinen mit von Transgender reklamierten Rechten. Solche Streitigkeiten lassen sich nicht im Rahmen einer »Dialektik von Rechten« beilegen. Die gleichen Argumente, die Skepsis gegenüber dem »Recht« von Kindern begründen, in sexuelle Handlungen einzuwilligen, rechtfertigen auch die Skepsis gegenüber dem »Recht« von Kindern, ihre Geschlechtsidentität selbst zu wählen. Wir werden später darlegen, dass praktisch alle Gesellschaften ein förmliches Ritual kennen, um den Moment zu markieren, an dem Heranwachsende als geeignet angesehen werden, in die Rechte und Pflichten erwachsener Bürger_innen einzutreten.

Die Wohltätigkeitsorganisation Mermaids behauptet: »Gemäß dem Gleichberechtigungsgesetz von 2010 hat jeder junge Mensch das Recht, unabhängig von einer Diagnose oder einem medizinischen Eingriff und unbeschadet seines Alters in seiner wahren Geschlechtsidentität angesprochen zu werden. Mermaids kann Ihrer Schule helfen, bei der Gender-Transition eines Kindes behilflich zu sein.«[4] Wahre Geschlechtsidentität scheint gleichbedeutend zu sein mit dem, was sich ein Kind wünscht. Wir bezweifeln nicht, dass es Situationen gibt, in denen Kindern geholfen werden sollte, ihr Gender zu ändern, und es ist denkbar, dass in einigen davon die Erfahrungen von Mermaids nützlich sein könnten. Aber um ein Beispiel zu nehmen: Paul hat eine junge Tochter, die unlängst eine Phase durchmachte, in der sie darauf bestand, in der Schule Jungenkleidung zu tragen – womit ihre Eltern ohne Weiteres einverstanden waren. Aber zu Hause blieb sie bei den typischen Beschäftigungen eines Mädchens, und sie trägt jetzt in der Schule wieder einen Rock. Die Zukunft zeichnet sich durch radikale Ungewissheit aus: Wer weiß, was sie mit achtzehn Jahren will? Aber wir sind der Meinung, dass sie sich glücklich schätzen kann, dass keine Lehrerin sie ermunterte, bei Mermaids Rat zu suchen. Schwierige Beurteilungen der Frage, ob eine Geschlechtsdysphorie – also die Geltendmachung einer nicht dem biologischen Geschlecht entsprechenden Geschlechtsidentität – zu behandeln sei, sollten sich an den Erkenntnissen über die langfristigen Auswirkungen auf die körperliche und geistige Gesundheit von medizinisch behandelten Personen orientieren, und zwar in einem Alter, in dem junge Menschen nach allgemeiner Auffassung fähig sind, in anderen wichtigen Angelegenheiten, die sie betreffen, eigenverantwortlich zu entscheiden, und nicht an konkurrierenden Einforderungen von »Rechten«.

Der »Diskurs der Rechte« führt zu einer Verarmung der politischen Debatte, weil er schroffe Unversöhnlichkeit gegenüber Pragmatismus und Kompromissbereitschaft begünstigt. Er gibt zu verstehen, dass die richtige Vorgehensweise zur Förderung eines – ökonomischen oder gesellschaftlichen – Anliegens darin bestehe, einen »Rechtsanspruch« darauf zu »entdecken«. In den letzten Jahrzehnten haben viele Menschen und Gruppen solche »Rechte« entdeckt. Es ist absurd, den Obersten Gerichtshof der Vereinigten Staaten anzurufen, damit er sich zu der Frage äußert, ob ein christlicher Bäcker, der sich weigerte, eine Torte für die Hochzeit eines schwulen Paares herzustellen, sein Recht auf Religionsfreiheit ausübte oder gegen das Recht des Paares verstieß, aufgrund seiner sexuellen Orientierung nicht diskriminiert zu werden – wobei auch noch die Meinungsfreiheit mit hineinspielte. Das Gericht beschloss, keine dieser Streitfragen zu klären, urteilte aber aufgrund spezifischer verfahrensrechtlicher Gründe zugunsten des Bäckers, was zur Folge hatte, dass der ganz ähnlich gelagerte Fall von Barronelle Stutzman, einer Floristin, die sich weigerte, den Blumenschmuck für eine andere Homosexuellenehe zu liefern, ebenfalls die hervorragendsten Juristen der USA beschäftigen wird.

Und – dies ist der zentrale Punkt – die bloße Existenz eines solchen Gerichtsverfahrens, in dem sich hier die Alliance Defending Freedom und die American Civil Liberties Union gegenüberstanden, ist symptomatisch für eine Gesellschaft, die zwischen verabsolutierten Standpunkten so polarisiert ist, dass die Provokation eines Rechtsstreits als ein geeignetes Mittel zur Förderung eines Anliegens erscheint. Warum konnte der Bäcker nicht einfach die Torte backen? Oder das Paar die Torte nicht einfach bei einem anderen Bäcker kaufen? Wir wünschen uns eine Gesellschaft, in der Menschen ihren gemeinsamen Bürgerstatus anerkennen und triviale Streitigkeiten ohne Anrufung von Gerichten beilegen.

Aktivismus

Im September 2011 errichtete eine Gruppe von Demonstrant_innen im Zuccotti Park in Lower Manhattan, unweit der Wall Street, ein Zeltlager. Die Occupy-Bewegung verbreitete sich um die ganze Welt. In London versuchten Aktivist_innen, die Börse zu blockieren, wurden jedoch von der Polizei daran gehindert und ließen sich im nahen St. Paul's Churchyard nieder.

Damals schrieb John an einem Regierungsbericht über verschiedene Aspekte des Finanzdienstleistungssektors und plante ein Buch über diese Branche. Nachdem er den Morgen in der Börse verbracht hatte, hielt er es für angemessen, ähnlich viel Zeit für die Demonstrant_innen aufzubringen, und so machte er einen Spaziergang durch das Zeltdorf. Es herrschte eine quirlige Atmosphäre, aber zugleich war die Wut unverkennbar. Und im Gefolge der Weltfinanzkrise von 2008 gab es tatsächlich viel, worüber man berechtigterweise wütend sein konnte.

Aber sein Versuch, jenseits der zur Schau gestellten Empörung konkrete Forderungen und Vorschläge in Erfahrung zu bringen, blieb erfolglos. Als er die Demonstrant_innen fragte, was sie über konkrete aktuelle Fragen dächten, wie etwa Pläne, das Privatkundengeschäft von Banken rechtlich zu verselbstständigen, oder den Niedergang der Märkte für börsennotierte Wertpapiere zugunsten von Private Equity, stieß er nur auf Fassungslosigkeit. Über einem Zelt flatterte ein Spruchband mit der Aufschrift »Verbietet den Hochfrequenzhandel«, und John begab sich in der Erwartung dort hin, jemanden mit gewissen Fachkenntnissen oder einem Verständnis der Branche zu finden. Aber man sagte ihm, derjenige, der dies geschrieben habe, sei gerade nicht da, werde aber vielleicht später vorbeikommen.

Zu Beginn der Proteste hatten die Aktivist_innen der Londoner Kampagne eine »erste Erklärung« veröffentlicht: »Das gegenwärtige System ist nicht nachhaltig. Es ist undemokratisch und ungerecht. Wir brauchen Alternativen; von hier aus arbeiten wir darauf hin.«[5] Aber der Prozess des »Daraufhinarbeitens« hatte ganz offenkundig nicht stattgefunden. Die Besetzung war ein performativer Akt; der Zweck des Protests war es zu protestieren. Die New Yorker Polizei räumte den Zuccotti Park im November 2011, die Polizei der City of London St. Paul's Churchyard Anfang 2012.

Der Slogan von Occupy lautete: »Wir sind die 99 Prozent.« Auf diese Weise wurde der Gegensatz zwischen dem 1 Prozent, das vom Wachstum des Finanzsektors und den massiven Erhöhungen der Vergütung von Führungskräften profitiert hatte, und dem Rest hervorgehoben. Aber wenngleich die Demonstrant_innen nicht aus dem 1 Prozent stammten, waren sie auch nicht gerade repräsentativ für die 99 Prozent. Eine Umfrage unter den New Yorker Teilnehmer_innen ergab, dass unter ihnen unverhältnismäßig viele gut ausgebildete und wohlhabende weiße Männer waren.[6] Es waren nicht die Menschen, deren Häuser zwangsversteigert worden waren oder die infolge der Krise und der staatlichen Rettungspakete ihre Arbeitsplätze verloren hatten.

Die Occupy-Bewegung verlief im Sande. Aber sie ebnete den Weg für eine neue Art von Aktivismus, die das anschließende Jahrzehnt prägen sollte, der Bernie Sanders und Jeremy Corbyn ihre plötzliche Berühmtheit verdankten und die im weiteren Verlauf des Jahrzehnts zu Extinction Rebellion führen sollte. Es war ein Aktivismus, bei dem die Intensität des Gefühls wichtiger war als echtes Wissen.

Lange vor Extinction Rebellion haben sich Aktivist_innen für Umweltschutz eingesetzt. Die Grünen in Deutschland sind zu einer ernsten Bedrohung der beiden bisherigen Volksparteien geworden, die verzweifelt versuchen, ihnen durch Zugeständnisse den Wind aus den Segeln zu nehmen. Als in Japan 2011 ein Tsunami ein Kernkraftwerk überflutete, das törichterweise an einer überaus ungünstigen Stelle erbaut worden war, und massive Schäden verursachte, gewannen die Grünen bei Umfragen sofort massiv an Zustimmung. Dabei besteht in Deutschland kein Tsunami-Risiko, und die dortigen Kernkraftwerke wurden mit deutscher Gründlichkeit gewartet. Bundeskanzlerin Merkel, selbst gelernte Physikerin, beschloss, den Grünen in die Parade zu fahren und die Öffentlichkeit zu beruhigen, indem sie die Stilllegung sämtlicher deutscher Kernkraftwerke verkündete. Seinen Strombedarf deckt Deutschland seither zu einem Großteil aus Braunkohle, der kohlenstoffreichsten und umweltschädlichsten Energiequelle. Obwohl mittlerweile der Kohleausstieg bis 2038 beschlossen wurde, ging im Mai 2020 das letzte Steinkohlekraftwerk in Betrieb, und Deutschland emittiert heute mehr Kohlenstoff pro Kopf als praktisch jedes andere Land in Europa.[7] Seine Bürger_innen sind heute kein bisschen sicherer als vor der schrittweise praktizierten Stilllegung der Kernkraftwerke, aber der zusätzliche Kohlenstoff, den Deutschland ausstößt, wird handfeste Folgen für Afrika haben. Dort sind die Auswirkungen des Klimawandels bereits deutlich zu spüren, und die Bewohner dieses Kontinents sind schlecht gerüstet, um damit klarzukommen. Der

Aktivismus der Grünen verringerte ein eingebildetes Risiko, das sie stark aufbauschten, und der Preis dafür ist die Verschärfung eines nur allzu realen Risikos für eine Milliarde Afrikaner_innen.

Selbstgerechter Narzissmus

Die modernen Aktivisten und Aktivistinnen, die »Bernie unterstützen«, tun mithin nichts, um soziale Probleme zu lösen, ganz egal was dieses Etikett nahelegen mag. Das ist kein neues Phänomen. Eine der denkwürdigsten Karikaturen von Charles Dickens ist Mrs. Jellyby in *Bleak House*. Mrs. Jellyby praktiziert das, was der Romancier »Fernphilanthropie« nennt – sie liebt die Menschheit im Allgemeinen, aber nicht im Besonderen. Sie vernachlässigt ihre Familie, interessiert sich nicht für das verletzte Kind an ihrer Tür, sondern verbringt ihre Tage damit, Bittschriften im Namen der Eingeborenen von Borriobula-Gha am linken Nigerufer einzureichen. Der hauptsächliche, ja der einzige Nutzen dieser Tätigkeit ist die wohlige Wärme der Selbstzufriedenheit, die sie in Mrs. Jellyby erzeugt. Während sie diejenigen, die sich für andere Belange einsetzten, zurückwies, »zauberte der Tunnelblick auf Borriobula-Gha ein Lächeln in ihr Gesicht«. Paul hat ein Großteil seines Lebens mit dem Versuch verbracht, Afrika dabei zu helfen, den Anschluss an reichere Länder zu finden, und er hat wohlsituierte Menschen in diesen reichen Ländern eindringlich gebeten, mehr zu tun. Aber nicht als neue Mrs. Jellybys: Wir brauchen praktische Maßnahmen, etwa gegen Londoner Anwaltssozietäten, die Mantelgesellschaften anmelden, deren Verschwiegenheit Korruption fördert.

Potenzielle Kandidat_innen für die Erhebung in den Status der modernen Mrs. Jellyby gibt es mehr als genug. Hollywoodstars haben entdeckt, dass die Verknüpfung ihrer Namen mit einem »woken« Anliegen sie für ihr vorwiegend jugendliches

Publikum noch attraktiver macht. Da es ihnen kommerziell nützt, gibt es heute einen eigenen Berufsstand von Berater_innen, die Prominenten zur Seite stehen und ihnen sagen, welches Anliegen für ihre Selbstvermarktung am besten geeignet wäre. Als das Problem der Genderdysphorie woke wurde, zog es daher zwangsläufig das Interesse der Prominenten auf sich. Und tatsächlich wählten in der Neujahrssondersendung 2020 der BBC zwei Hollywoodstars Mermaids für die 5000 Pfund aus, die der Sender der Wohltätigkeitsorganisation ihrer Wahl versprochen hatte. Da die Spenden aus der Rundfunkgebühr bezahlt wurden, die ein Festbetrag pro Haushalt ist, wurden sie überwiegend von Familien aus der britischen Provinz bezahlt.

Von Prominenten werden wie gesagt vor allem solche Anliegen ausgewählt, die ihr Ansehen bei ihrem jugendlichen Publikum steigern, nicht solche, in denen sich Bedürfnisse der Gemeinschaften um sie herum widerspiegeln. Sie fliegen in Privatjets ein, um vor dem Klimawandel zu warnen und für den Schutz der Orang-Utans auf Sumatra zu werben. In der Tat lobenswerte Ziele. Aber »Todesfälle aus Verzweiflung« haben überall in den Vereinigten Staaten stark zugenommen. Und der Bundesstaat, in dem sich Hollywood befindet, ist zum Epizentrum der Schande geworden: Obwohl Kalifornien einer der reichsten Bundesstaaten der USA ist, hat es ein großes Problem mit Obdachlosigkeit, ein beklagenswertes öffentliches Schulsystem und sehr hohe Inhaftierungsquoten, die vor allem Minderheiten betreffen. Kalifornien ist der Bundesstaat von Proposition 13, des berüchtigten Gesetzes, das verhinderte, dass die explodierenden Immobilienpreise herangezogen wurden, um einen Beitrag zur Finanzierung des Staatshaushaltes zu leisten. Aber es ist nicht woke, diese Dinge zu ändern.

Erst im Nachhinein entdeckt Mrs. Jellyby, dass der König von Borriobula-Gha seine Schützlinge in die Sklaverei verkauft. Wie der ihre beruht auch der moderne Aktivismus nicht auf Vertrautheit mit den Themen, für die man sich engagiert, ganz gleich, ob es sich um Vergehen des Finanzsektors, den Klimawandel oder die Gesundheit von Transgender-Kindern handelt. Beiträge zur öffentlichen Debatte sollten nach der Triftigkeit der vorgebrachten Argumente und nicht danach beurteilt werden, wie vehement und demonstrativ sie geäußert werden.

Konstruktiver Aktivismus

Die größten Protestbewegungen der Vergangenheit – die Chartisten, die Suffragetten, Teilnehmer des Veteranenmarschs, die Bürgerrechtsbewegung – wurden von Menschen angeführt, die Klagen über Ungerechtigkeiten, die *sie selbst* erlitten, Ausdruck gaben. Die neuen aktivistischen Anliegen sind abstrakter, und ihre Forderungen sind sehr allgemein formuliert. Schlimmstenfalls sind sie nicht mehr als performative Gelegenheiten, seine Gefühle auf dramatische Weise zur Schau zu stellen.

Im Gegensatz zu Mrs. Jellyby haben in Dickens Ära Menschen mit einer konstruktiveren sozialen Gesinnung Zeit darauf verwendet, sich in ihrer lokalen Gemeinschaft nützlich zu machen. Sie gründeten kommunale Unternehmen, um Gasbeleuchtung und sanitäre Anlagen in Städte und Dörfer zu bringen, sie bauten erschwingliche Wohnungen, manchmal für ihre eigenen Mitarbeiter und manchmal für eine größere Bevölkerungsgruppe. Sir Titus Salt, der größte Fabrikant von Bradford, Vertreter der Stadt im Parlament und Bürgermeister, stiftete sein gesamtes Vermögen für gemeinnützige Zwecke. Während seiner Amtszeit als Bürgermeister wurde die Stadt im Jahr 1849 von der Cholera heimgesucht: Seine Arbeiter und die Bürger und Bürgerinnen starben in großer Zahl. Vielleicht war die Erfahrung für ihn ein auslösendes Ereignis, vergleichbar mit dem Brief, den Bill Gates von seiner krebskranken Mutter erhielt, die ihn an die große

Verantwortung derjenigen erinnerte, die viel Glück im Leben hatten. Salts praktische Philanthropie erstreckte sich auch auf die Bereitstellung bedürfnisgerechter Unterkünfte für seine Arbeiter – so entstand die Siedlung Saltaire, die heute Weltkulturerbe ist. Mit sicherem unternehmerischem Gespür erkannte Salt eine Lösung für einen Missstand, die hinreichend profitabel war, um langfristig tragfähig zu sein. Die wissenschaftlich fundierten Bemühungen von Bill und Melinda Gates, die Malaria auszurotten, sind die moderne Spielart einer langen Tradition.

Andere Menschen mit Gemeinsinn arbeiteten daran, Koalitionen für die Unterstützung realistischer politischer Vorhaben zu schmieden – auf diese Weise erreichten William Wilberforce und seine Mitstreiter im Jahr 1807 die Abschaffung des Sklavenhandels im britischen Empire. Im Verlauf der nächsten fünfzig Jahre setzte sich der Earl of Shaftesbury erfolgreich für Reformen ein, die die Sklaverei gänzlich abschafften, die Behandlung von Geisteskranken verbesserten und Kinderarbeit einschränkten. In den 1960er-Jahren brachte eine Gruppe von Parlamentariern mit Unterstützung des damaligen Innenministers Roy Jenkins eine Reihe von Sozialreformen durch, die die Todesstrafe abschafften und die Kriminalisierung von Abtreibung und Homosexualität beendeten.

Aber man muss nicht Titus Salt, Shaftesbury oder Bill Gates sein, um einen konstruktiven Aktivismus zu praktizieren. Innerhalb jeder Gemeinschaft gibt es eine erstaunliche Fähigkeit für solche Initiativen, und es existieren bereits viele Tausend davon. Während Paul dies schreibt, erinnert er sich an eine seit Langem verstorbene Tante, die in der Mitte ihres Lebens ihren Ehemann verlor. Das Dasein als Witwe erschien ihr beschwerlich, und ihre mitfühlende Vorstellungskraft sagte ihr, dass sich viele andere Verwitwete genauso fühlen mussten. Daraufhin gründete sie einen »Minus-One Club«: ein Name, ein Treffpunkt und eine Uhrzeit. Er stieß auf große Resonanz: Verwitwete machten die Erfahrung, dass sie, statt vor der Alternative zwischen Einsamkeit und asymmetrischen Einladungen durch Paare zu stehen, auf der Basis gemeinsamer Erfahrungen neue Freunde finden konnten. Jahre später schrieb ein Pastor aus der Gegend Pauls Tante, um ihr für all das Gute zu danken, das sie getan hatte. Diese bescheidene Anerkennung bedeutete ihr sehr viel, nicht aus Stolz, sondern als Bestärkung: Sie bestätigte ihr, dass sie ein »liebenswerter« Mensch war (auch wenn sie selbst die Liebe nicht mehr fand).

Die Texanerin Wendy Kopp studierte im Jahr 1988 an der Universität Princeton. So wie sie es beschreibt, »schien mir etwas an diesem ›Generation Ich‹-Etikett falsch zu sein. Die meisten Menschen, die ich kannte, stürzten sich nicht auf diese zweijährigen Praktika [bei Investmentbanken oder Beratungsunternehmen], weil sie unbedingt viel Kohle machen wollten.«[8] Sie verglich ihren eigenen Schulbesuch in dem wohlhabenden Außenbezirk Highland Park von Dallas mit den Erfahrungen einiger ihrer Kommilitoninnen, die auf weniger begünstigte öffentliche Schulen gegangen waren und denen es schwerfiel, die Erwartungen in Princeton zu erfüllen. Und so schrieb sie eine Abschlussarbeit, in der sie ein nach dem Vorbild des Peace Corps gestaltetes Programm beschrieb, demzufolge Topabsolventen zwei Jahre lang in Schulen in sozial benachteiligten Gebieten im ganzen Land unterrichten sollten.

Begeistert begann Kopp, Gelder einzuwerben, und nachdem sie kleine Spenden von Union Carbide und Mobil erhalten hatte, verschafften ihr beharrliche Briefe an den Milliardär Ross Perot in Dallas ein Treffen mit ihm. Kopp verließ Perots Büro mit einem Scheck in Höhe von 500 000 Dollar, und das Ergebnis war die Organisation Teach for America, die bislang mehr als 50 000 junge Hochschulabsolventen an Schulen überall in den USA vermittelte.

Teach for America diente als Inspirationsquelle für die Bildungsinitiative Teach First, die ein Faktor hinter den jüngsten

bemerkenswerten Leistungsverbesserungen von Schüler_innen
in innerstädtischen Londoner Schulen war und mittlerweile
Ableger in vierzig Ländern hat.* Die von der ehemaligen
Financial-Times-Kolumnistin Lucy Kellaway, die sich einen
Namen damit machte, dass sie die Hohlheit des prätentiösen
»Management-Sprechs« entlarvte, gegründete Initiative Now
Teach ermöglicht es Menschen wie ihr selbst, die in anderen
Bereichen erfolgreich Karriere machten, am Ende ihres Berufs-
lebens wieder in die Schule zurückzukehren.

Und selbst in London, dem Epizentrum des ungezügelten
Individualismus, wo, wie Sie sehen werden, die höchsten Einkommen des Landes den größten Existenzängsten und dem
niedrigsten Wohlbefinden gegenüberstehen, hat die natürliche
Empathie zwischen Familien einen konstruktiven Aktivismus
inspiriert. Little Village macht sich diese Empathie zunutze,
um Familien miteinander zu vernetzen, damit kein Kind, insbesondere in Zeiten der Not, ohne eine Grundausstattung an
Kleidung, Spielzeug und Geräten aufwachsen muss. Ange-
trieben von 400 Freiwilligen, von denen viele selbst Eltern
mit kleinen Kindern sind, sammeln die Aktivist_innen entsprechende Spenden für Babys und Kinder unter fünf Jahren
und verteilen sie an Familien vor Ort, die mit herausfordern-
den Umständen klarkommen müssen – etwa Obdachlosigkeit,
Arbeitslosigkeit, niedrigen Löhnen und häuslicher Gewalt.
Zum Teil werden die Familien von Fachkräften – wie zum
Beispiel Gesundheitsbeauftragten und Hebammen –, zum Teil
von religiösen Organisationen, anderen Wohltätigkeitsorgani-
sationen und anderen Familien in das Programm eingeführt.
Little Village fördert dadurch, dass es Familien zu erreichen
versucht, den Zusammenhalt und das Gemeinschaftsgefühl,
während es gleichzeitig materielle Armut lindert. In den mehreren über die ganze Stadt verteilten Zentren können Fami-

---

* Wenn auch nicht in Schottland, wo die Lehrergewerkschaften die Bedrohung
erfolgreich abwehrten.

lien die Artikel, die sie benötigen, auswählen, während ihre Kinder spielen.*

Funktioniert individualistische Selbstverwirklichung?

Der Individualismus tritt in verschiedenen Formen in Erscheinung. Jede davon schlägt einen je eigenen Weg zur Selbstverwirklichung vor, aber dabei geht es immer ums »Ich«. Der erste – und banalste – Weg ist mein Konsum, und tatsächlich sehen uns die Wirtschaftsmodelle genau so: als Konsument_innen. Aber für die meisten erfolgreichen Menschen ist das Leistungsprinzip schon seit Langem an die Stelle des Konsums getreten: Wir verwirklichen uns durch unseren Erfolg. Dies wiederum wird heute von den Versprechungen der Selbstdarstellung herausgefordert: Ich bin einzigartig!

Die Erforschung des Wohlbefindens lässt Zweifel an all diesen Wegen zur Selbsterfüllung aufkommen. Jenseits eines bescheidenen Niveaus verschafft der Konsum nur einen kurzen Moment der Euphorie, wie man am Beispiel von Lotteriegewinnern ersehen kann.[9] Was den beruflichen Erfolg anlangt, sind die Befunde sogar ernüchternder: Jenseits einer Schwelle von etwa 70 000 Euro scheint mehr Geld das Wohlbefinden tatsächlich zu *verringern*.[10] Eine aktuelle britische Erhebung kam zu dem Ergebnis, dass Menschen, die mehr als umgerechnet rund 120 000 Euro im Jahr verdienen, mit ihrem Leben *weniger* zufrieden sind als der Rest der Bevölkerung.[11] Falls diese Schwelle zu niedrig sein sollte, wie steht es dann mit Partnern und Partnerinnen in US-amerikanischen Anwaltssozietäten, die in der Regel eine siebenstellige Summe pro Jahr verdienen? Nun, die Depressionsrate beläuft sich auf überaus

---

* Wir möchten Lisa Harker von der Nuffield Foundation dafür danken, dass sie uns von Little Village erzählt hat.

bemerkenswerte 30 Prozent, und Drogensucht ist weitverbreitet.[12]

Bleibt also die Selbstverwirklichung des expressiven Individualismus. Historisch betrachtet, war das Ende der Adoleszenz gekennzeichnet durch die Aufnahme in die Gemeinschaft. Die jungen Männer Athens legten den Ephebeneid in voller Rüstung ab, ehe sie das volle Bürgerrecht erlangten. In neuerer Zeit hat Neil MacGregor den »Übergangsritus« beschrieben: wie Jugendliche in ihre Rolle innerhalb der Gesellschaft eingeführt werden.[13] Auf Vanuatu lassen Kinder ihr Haar wachsen, und in dem Maße, wie ihre Erziehung Fortschritte macht, werden immer mehr Knoten eingeflochten, um dadurch zum Ausdruck zu bringen, wie viel Wissen sie angehäuft haben: Das Abschneiden der Haare markiert ihren Übergangsritus. Die Töchter englischer Oberschichtsfamilien wurden bei einem Debütantinnenball in die »Gesellschaft« eingeführt. Oft hatten und haben diese Zeremonien ein religiöses Gepräge – die jüdische Bar-Mizwa und die anglikanische Konfirmation. Militärische Akademien hatten »schikanierende« Aufnahmerituale, die Mafia Initiationen in ihre »Familien«.

MacGregor weist darauf hin, dass mit dem Aufstieg des Individualismus die Wertschätzung für das erworbene Wissen der Gemeinschaft zurückging. Großbritannien hat den Schulabschlussball importiert, der nicht den Eintritt in, sondern die Befreiung aus Gemeinschaftsbindungen feiert. Heute haben wir das radikale kulturelle Experiment der Selbsterfindung begonnen: Jugendliche initiieren sich wechselseitig in ihre selbst geschaffenen Erwachsenenwelten. Aber kein Kind kann das Narrativ der Thora mit eigenen Ausschmückungen versehen oder sich das Wissen, das es braucht, selbst ins Haar flechten. Selbstverwirklichung läuft auf Verwirklichung »zum Selbermachen« hinaus. Die Ergebnisse sind entsprechend enttäuschend. Seitdem das Konzept der Selbstverwirklichung die Jugendkultur prägt, ist die Anzahl der depressiven Teenager in die Höhe geschnellt und ebenso die gravierendste messbare Folge von Depressionen: Suizide.*

Wie ein hochgejubeltes Produkt sieht der Individualismus so lange wunderbar aus, bis man ihn ausprobiert. Titus Salt und Wendy Kopp deuten auf eine bessere Alternative hin. Wir werden in Teil III darauf zurückkommen. Aber zuerst wenden wir uns den Folgen des Aufstiegs von Individualismus und Aktivismus für Staat und Politik zu.

---

* In den USA erhöhte sich die Anzahl der Suizide zwischen 2000 und 2017 um 40 Prozent (National Center of Health Statistics [2018]), und die Anzahl der Fälle von schwerer Depression stieg zwischen 2005 und 2017 um 52 Prozent (J.M. Twenge et al. [2019]). In Großbritannien stieg in der Altersgruppe zwischen 15 und 19 die Suizidrate zwischen 1981 und 2018 um 40 Prozent (die längste verfügbare Datenreihe des Office for National Statistics [3. Sept. 2019], Tabelle 8).

TEIL II

Der Staat: Krisensymptome

5
Aufstieg und Fall von Vater Staat

»Die Verstaatlichung von Monopolbetrieben
erscheint nicht länger als das Allheilmittel,
als das es früher einmal galt.«

Anthony Crosland, *The Future of Socialism*, 1956

Der Zweite Weltkrieg hatte Großbritannien einen selbstbewussten Staat hinterlassen. Der Krieg hatte die nationale Solidarität gestärkt, und der Staat hatte eine Planwirtschaft eingeführt, die nur einem Ziel diente: dem Sieg. Man konnte leicht glauben, die neue nationale Solidarität könnte im Verein mit der staatlichen Wirtschaftslenkung die Gesellschaft von Grund auf verändern, Wohlfahrt für alle und beständiges Wirtschaftswachstum schaffen. Die etatistische Ausrichtung der Nachkriegspolitik war eine Reaktion, die voll und ganz verständlich war.

Aber zunächst aufgrund dieser übersteigerten Erwartungen an die zentrale Planung und später aufgrund des Aufstiegs des Individualismus wurde dem Staat zu viel zugemutet. Die zentrale Planung, der es gelungen war, zügig Ressourcen für den Krieg zu mobilisieren, war nicht in der Lage, die zunehmend komplexen und sich wandelnden Ansprüche einer modernen Gesellschaft zu erfüllen. Diese Unfähigkeit lag im Sowjetimperium klar zutage; es konnte zwar eine Wasserstoffbombe bauen und einen Menschen ins All schießen, aber keine Qualitätsautos produzieren oder pharmazeutische Innovationen fördern oder Personal Computer erfinden. Der Staat verirrte sich in Aufgaben, in denen er nicht gut war. Als er sich seinen neuen Aufgaben nicht gewachsen zeigte, löste sich die Solidarität, die während des Krieges entstanden war, nach und nach auf: Menschen neigen dazu, sich nicht mit etwas zu identifizieren, was versagt. Die Herausbildung einer neuen Kultur der Rechte schmückte die Gesellschaft mit einer breiten Palette neuer Rechtsansprüche, und da der Einzelne ebenso wie Gruppen jeglicher (moralischer) Verpflichtungen enthoben waren, wurde der Staat zu ihrem kümmerlichen Vermächtnisnehmer. Da die Ansprüche an ihn den Staat in zunehmendem Maße zur Übernahme von Aufgaben bewog, die ungeeignet für eine zentralistische Steuerung waren, und da sein Versagen in diesen Aufgaben Enttäuschung hervorrief, verringerten die Schwächung der nationalen Solidarität und der damit einhergehende Aufstieg des Individualismus die Unterstützung für den Staat. US-Politiker verwiesen auf die »welfare queens«, Sozialhilfeabzockerinnen, und in Großbritannien war im Jahr 2014 die Serie *Benefits Street*, die in einer Gegend in Birmingham spielte, in der die Mehrzahl der Einwohner_innen von Sozialhilfe lebte, die meistgesehene Fernsehserie auf Channel Four. Die Bereitschaft der Steuerzahler zur Lastenteilung nahm ab. Und in dem Maße, wie die Frustration staatlicher Verantwortungsträger_innen über ihre Unfähigkeit, komplexe Aufgaben erfolgreich zu bewältigen, wuchs, führten sie Techniken ein, die auf den Homo oeconomicus zugeschnitten waren. Dies trug kaum dazu bei, die öffentliche Wertschätzung des Staates zu verbessern.

Seine daraus resultierende Unfähigkeit, die hohen Erwartungen zu erfüllen, die in ihn gesetzt wurden, schwächten das Vertrauen in die Regierung – ein Prozess, von dem alle großen westlichen Demokratien betroffen sind. Die Ziele von Politiker_innen und hochrangigen Staatsbeamten, die eine Kombination aus »Weltretter«-Ethos und dem Wunsch waren, erfolgreich zu sein beziehungsweise die eigenen Spitzenpositionen zu behalten, hatten nur wenig mit den Lebensrealitäten und Interessen ihrer Wählerinnen und Bürger zu tun.

Verstaatlichung

Heute werden die Wörter »Verstaatlichung« und »Privatisierung« häufig so verwendet, als wären es Gegenbegriffe, aber dieser Sprachgebrauch verschmilzt zwei grundverschiedene Probleme miteinander: Eigentum und Zentralisierung.

Unter der Labour-Regierung der Nachkriegszeit bedeutete Verstaatlichung Zentralisierung unter Whitehall – Gesetze schufen einen National Health Service, ein National Coal Board, den National Insurance Fund, das National Assistance Board und eine Central Electricity Authority. Die British Transport Commission fasste nicht nur die vier privaten Eisenbahngesellschaften unter einem Dach zusammen, sondern sie besaß und verwaltete auch die Güterkraftverkehrs- und die Fernbusdienste. Die Verstaatlichung brachte nicht nur private Bergbauunternehmen unter zentrale staatliche Kontrolle, sie *unterwarf dieser auch Körperschaften, die sich bereits in öffentlichem Eigentum befanden* – kommunale Gas- und Stromversorger, wohltätige Stiftungen, die Krankenhäuser betrieben, und gemeinnützige Vereine – manchmal von Gewerkschaften geführt –, die Wohlfahrtsleistungen erbrachten. Die Verstaatlichung war weniger eine Kritik an den Motiven privaten Unternehmertums als ein Misstrauen gegenüber *jeglicher* Aktivität, die nicht zentral koordiniert wurde. Der Architekt eines Großteils dieses Programms war Herbert Morrison, der seinen Ruf der Tatsache verdankte, dass er die zahlreichen lokalen Bus- und U-Bahn-Systeme, die bereits überwiegend öffentlich kontrolliert wurden, zu einem einheitlichen London Transport verschmolz.

Morrison folgerte aus seinen Erfahrungen in London und dem Erfolg der plangestützten Kriegswirtschaft, dass Zentralisierung immer die Effizienz steigere. Aber weder er noch andere begriffen, dass solche Rahmenbedingungen untypisch sind. Wie die meisten Politiker der Linken, die in ein Amt gewählt wurden, setzte Morrison das in der 4. Klausel der

Satzung der Labour Party formulierte Ziel – »für manuelle Arbeiter ebenso wie für Geistesarbeiter sämtliche Früchte ihres Fleißes und die gerechteste Verteilung derselben, die auf der Basis des Gemeineigentums an den Produktions-, Distributions- und Tauschmitteln möglich ist, zu sichern« – mit *zentraler staatlicher Kontrolle* gleich. Aber wie Crosland, der scharfsinnigste Stratege von Labour, sehr schnell erkannt hatte, war dieser Glaube an die Überlegenheit staatlicher Monopole unbegründet. Die Vorteile einer zentralen Koordinierung, die es einem erlauben, mühelos von der Bakerloo zur Central Line zu wechseln oder ein nationales Stromnetz aufzubauen, das es ermöglicht, rund um die Uhr Strom aus den am kostengünstigsten produzierenden Kraftwerken landesweit zu verteilen (beide Maßnahmen waren vor 1939 umgesetzt worden), erstrecken sich nicht auf die Kontrolle jeder Kohlegrube, jedes Stahlwerks oder jedes Krankenhauses aus derselben Zentrale. Nur wenige Branchen weisen Netzwerkeffekte auf, die von Monopolbildung profitieren.

Der größte Erfolg der verstaatlichten britischen Industrien war vermutlich in den 1960er-Jahren der Bau eines – neuen – nationalen Gasnetzes, das es ermöglichte, Zentralheizungen in den meisten britischen Haushalten mit Gas aus der Nordsee zu betreiben. Aber es gibt nur wenige weitere Lichtblicke.

Die Planwirtschaft begann mit einer Farce. Der Erdnuss-Plan war ein gut gemeinter Plan zur Ernährung der Briten in der Nachkriegszeit und zum Erwirtschaften von Devisen durch ein großes mechanisiertes Projekt zur Produktion von Pflanzenölen in Afrika. Ehemalige Soldaten wurden für die »Erdnussarmee« rekrutiert. Vor-Ort-Berichte offenbarten jedoch schon bald, dass der Plan undurchführbar war, aber Politiker in London hielten sie unter Verschluss und engagierten sich sogar noch stärker für den Plan, bis das schmähliche Scheitern nicht mehr kaschiert werden konnte.[1] Dieses Fiasko enthüllte von Anfang an die Schwächen staatlicher Wirtschaftslenkung, die später immer wieder zutage treten sollten – unangemessene

Expansion statt begrenztem Experiment und anschließend die fehlende Bereitschaft, Hiobsbotschaften zur Kenntnis zu nehmen oder daraus zu lernen. Es fehlte sowohl an Vielfalt als auch an Disziplin.

Neu gegründete öffentlich-rechtliche Körperschaften verfügten zunächst über eine erhebliche finanzielle Eigenständigkeit einschließlich Befugnissen zur Kreditaufnahme. Die Morrison'sche Konzeption der öffentlich-rechtlichen Körperschaft stellte hohe Erwartungen an ihre Führungskräfte – sie sollten, um Morrison zu zitieren, »hochgesinnte Treuhänder des öffentlichen Interesses« sein.[2] Aber insbesondere die verstaatlichte Eisenbahnindustrie erwies sich schon bald als ein Fass ohne Boden für öffentliche Gelder. Das Gleisnetz war während des Krieges übermäßig beansprucht und unzureichend gewartet worden. Mehr und mehr private Haushalte kauften sich Pkws, während der Lkw-Transport auf einem immer besseren Straßennetz, gefördert durch die Umstellung auf Container, zur Verlagerung des Frachttransports weg von der Schiene führte. Daraufhin schlug die British Transport Commission ein ehrgeiziges »Modernisierungsprogramm« vor, dessen Kosten im Jahr 1955 auf 1,2 Milliarden Pfund (was heute rund 30 Milliarden Pfund entspräche) veranschlagt wurden.[3]

In dem Maße, wie sich Verluste anhäuften, übernahm das Finanzministerium mehr und mehr die direkte Kontrolle über die Finanzen dieser und anderer verstaatlichter Wirtschaftszweige. Eine Führungskraft des Chemieunternehmens ICI, Richard Beeching, wurde zum Vorsitzenden des neu geschaffenen British Railways Board, der staatlichen Eisenbahngesellschaft, ernannt und setzte ein weitreichendes Kostensenkungsprogramm um. Dabei wurden viele Nebenstrecken, die lediglich eine Handvoll Passagiere anlockten, stillgelegt. Bis auf den heutigen Tag ist der Name Beeching ein rotes Tuch für die große Bruderschaft der Bahnliebhaber. Aber auch das verbliebene Netz wurde immer weniger genutzt, bis es nach 1995, zeitgleich mit einer Bahnprivatisierung, die noch unpopulärer war als die heftig geschmähte verstaatlichte Bahngesellschaft, die ihr voranging, zu einer deutlichen Trendumkehr kam.

Aber nichts reicht an das Ausmaß der Vergeudung bei der Stromproduktion heran. Die Stromerzeugungskapazitäten hatten sich in dem außergewöhnlich kalten Winter von 1963 als unzureichend erwiesen, und massive Investitionen in die Stromerzeugung passten gut zum Programm der Labour-Regierung, die im Jahr darauf gewählt wurde und versprach, das Potenzial der technologischen Revolution zum Wohle des Landes auszuschöpfen. Das Programm sah den Bau mehrerer gigantischer 2000-Megawatt-Kohlekraftwerke vor – während unserer gesamten akademischen Laufbahn in Oxford kamen wir bei jeder Zugfahrt nach London an dem Kohlemeiler bei Didcot vorbei, einer Bausünde, die eine ausgedehnte pittoreske Landschaft verschandelte. Aber die größte Dummheit war die Bestellung von fünf (später erhöht auf sieben) gasgekühlten Kernkraftwerken in einem unverwechselbaren britischen Design, befeuert von hohen Erwartungen in Bezug auf ihr Exportpotenzial. Aber Exporte fanden keine statt, und es sollte mehr als zwanzig Jahre dauern, bis die Kraftwerke ordnungsgemäß funktionierten. Letztendlich wurden sie zu einem Bruchteil ihrer Kosten an den staatlichen französischen Stromversorger EDF verkauft, wobei sich die britische Regierung verpflichtete, sämtliche Verbindlichkeiten im Zusammenhang mit der Stilllegung zu tragen. Ein Großteil der neu installierten Kapazitäten funktionierte nie richtig, aber das machte im Grunde nichts, weil sie eigentlich nicht benötigt wurden. Der Bedarf blieb hinter den Prognosen zurück. Und diese Wahrheit kam – in einem Verhalten, das zu einem Muster wurde – nur häppchenweise und Jahrzehnte später heraus. Auch hier fehlte es an Vielfalt und Disziplin.

Der Kohlebergbau, der historisch von sehr angespannten Arbeitgeber-Arbeitnehmer-Beziehungen geprägt war – man denke nur an den Konflikt von 1926, der zum Generalstreik im selben Jahr führte –, war die verstaatlichte Industrie par excellence. Aber die Beziehungen zwischen Arbeitgebern und Arbeitnehmern blieben konfliktträchtig. Der streitbare Arthur Scargill war Anführer der Streiks in den Wintern 1971–72 und 1973–74, wobei letzterer zum Sturz der konservativen Regierung von Edward Heath führte und die Voraussetzungen für den Aufstieg von Margaret Thatcher als Vorsitzende einer Partei schuf, die entschlossen war, die Macht der Gewerkschaften im öffentlichen Sektor zu brechen. In den Jahren 1984–85 erreichte die Regierung genau dies mithilfe einer gut geplanten Abwehrstrategie gegen die Gewerkschaften im Bergbau. Das folgende Jahrzehnt brachte de facto das Ende der britischen Kohleindustrie, da Kohle in Kraftwerken und Häusern durch Erdgas ersetzt wurde.

Im Gegensatz zu einer weitverbreiteten Ansicht war die Privatisierung kein zentraler Punkt in den anfänglichen Plänen der Regierung Thatcher. Der Wendepunkt kam 1984, nach ihrem zweiten Wahlsieg. Das Telefonnetz benötigte erhebliche Investitionen in digitale Vermittlungsanlagen, doch der hohe Finanzmittelbedarf war unvereinbar mit der makroökonomischen Strategie der Regierung in Bezug auf die öffentliche Kreditaufnahme. Die Idee, eine fünfzigprozentige Beteiligung an dem Unternehmen zu verkaufen, war nicht ideologisch motiviert, sondern ein Trick, um den Staatshaushalt nicht mit der Kreditaufnahme für diese Investitionen zu belasten. Aber die Unterbewertung der Aktien und eine umfangreiche Werbekampagne führten dazu, dass die Aktienemission auf eine sehr große Resonanz stieß, zumindest bei einem – überwiegend den Konservativen zuneigenden – Teil der Bevölkerung. Und die Aussicht auf eine viel höhere Vergütung und die Freiheit von der Bevormundung durch Whitehall weckte die Begeisterung anfänglich skeptischer Manager im öffentlichen Dienst. Im Lauf des folgenden Jahrzehnts wurde die Privatisierung auf einen Großteil des ehemals staatlich kontrollierten industriellen Sektors ausgeweitet, auch auf einige Aktivitäten – wie etwa Wasser und Bahn –, für welche diese Organisationsform eindeutig weniger geeignet war. Am Ende der achtzehnjährigen Regierungszeit der Konservativen im Jahr 1997 war auch die Ära der Morrison'-schen öffentlich-rechtlichen Körperschaft mehr oder minder am Ende.

Staat und Industrie

Im Anschluss an die Verstaatlichungen der Nachkriegsjahre unter der Regierung Attlee errichteten die Labour-Regierungen der 1960er- und 1970er-Jahre zuerst die Industrial Reorganization Corporation (IRC) und dann das National Enterprise Board, dessen Name etwas leicht Oxymoronhaftes hat. Die drei herausragenden Leistungen der IRC waren die Fusion aller verbliebenen größeren Autohersteller zu British Leyland, der Zusammenschluss aller britischen Computerfirmen zu ICL und die Verschmelzung der großen Elektronikunternehmen zur General Electric Company (GEC). Die Antwort auf industrielle Probleme war Größe.

Wie erging es diesen Megakonzernen? Der Vorzeigeautobauer British Leyland, der 1974 zusammenbrach, wurde anschließend verstaatlicht und dann zerschlagen. Das Computer-Flaggschiff ICL machte 1981 pleite und wurde nach und nach von dem japanischen Hersteller Fujitsu aufgekauft. Das Elektronik-Flaggschiff GEC ging 2001 bankrott.

Das National Enterprise Board war kaum erfolgreicher. Neben einem gescheiterten Investitions- und Expansionsplan für British Leyland förderte es nationale Champions im Werkzeugmaschinenbau (Alfred Herbert, insolvent 1983), bei Halbleitern (Inmos, 1989 an STMicroelectronics verkauft, einen französisch-italienischen Staatskonzern) und in der Unterhaltungselektronik (Sinclair Radionics, insolvent 1980). Nur das Unternehmen Rolls-Royce, das 1971 im Anschluss an die gravierenden Kostenüberschreitungen bei der Entwicklung der Triebwerke der Baureihe RB211 verstaatlicht worden war, überlebte als erfolgreiches Unternehmen. Seine ikonische Automobilmarke gehört heute BMW, und die (später privatisierte) Sparte Flugzeugtriebwerke ist einer der drei größten Hersteller weltweit.

Mit alldem wollen wir keineswegs sagen, dass der Staat bei der Wirtschafts- und Innovationsförderung keine nützliche Rolle spielen kann, und wir werden zu der Frage zurückkehren, worin diese Rolle bestehen sollte. Aber Erfahrungen mit der Verschmelzung von Unternehmen zu nationalen Monolithen – ob in Privat- oder öffentlichem Eigentum – durch die britische Regierung verdeutlichen, was sie *nicht* sein sollte. Die Saga von überehrgeizigen Plänen, die in großem Maßstab umgesetzt wurden, gefolgt von der fehlenden Bereitschaft, ihr Scheitern zuzugeben, geschweige denn selbst aufzudecken, hat sich immer wieder bewahrheitet.

Gesundheitsversorgung

Es ist eine Saga, die sich selbst im Kapitel über das Juwel in der Krone des Vermächtnisses, das die Regierung Attlee hinterlassen hatte, wiederholte: das nationale Gesundheitswesen. Im Jahr 2002 stellte die Regierung von New Labour einen weitreichenden Plan zur Zentralisierung aller Krankenakten in einem einzigen IT-System vor. Geplant als das weltweit größte IT-System, wurden seine Kosten auf 2,3 Milliarden Pfund veranschlagt.[4] Wieder einmal war der Plan zu ehrgeizig und die Rückmeldungen über seine Fortschritte unaufrichtig. Im Jahr 2006 schrieben 23 Informatiker einen öffentlichen Brief, in dem sie vor einem Scheitern warnten und beklagten, Belege für dieses Scheitern würden unter den Teppich gekehrt; im Jahr 2009 warnte ein Parlamentsausschuss vor gigantischen Kostenüberschreitungen, die damals auf 12 Milliarden Pfund geschätzt wurden.[5] Das Programm wurde nach und nach heruntergefahren und im Jahr 2013 schließlich eingestellt.

Aber diese instinktive Neigung zu übermäßiger Zentralisierung ist nach wie vor stark ausgeprägt. Zu Beginn der Coronakrise reagierten die politischen Entscheidungsträger_innen reflexartig wieder mit dem Bestreben, alles zentral zu steuern. Großbritannien war eines der ersten Länder, die einen Test entwickelten, aber sämtliche Tests wurden zentral in einer Einrichtung in Colindale in Nordwestlondon ausgewertet, die ihrerseits von Public Health England (nicht zu verwechseln mit dem National Health Service England, sondern ein eigenes nationales Monopol) gemanagt wurde. Ein Wissenschaftler kommentierte dies mit den Worten: »Wenn ich ein Labor betreibe, wo jede Probe mit einem wirklich interessanten neuen Krankheitserreger zu mir kommen muss, um getestet zu werden, dann kontrolliere ich die Daten. In dieser Situation ist es wenig glaubhaft, wenn man sagt: ›Es spielt keine Rolle, wo die Tests gemacht werden, solange alle Daten zusammengeführt werden.‹«[6] Colindale wollte andere Labore an Universitäten und bei Privatfirmen keine Tests vornehmen lassen, weil der beste Test aus Sicht von Naturwissenschaftler_innen derjenige ist, von dem sie wissen, dass er hundertprozentig genaue Ergebnisse liefert, und dies ist eine anspruchsvolle Aufgabe. Zu dem Zeitpunkt, zu dem wir diese Zeilen niederschreiben, ist es britischen Universitäten, die in der Lage und auch bereit wären, an ihren Standorten Massentests vorzunehmen, noch immer untersagt, dies zu tun. Für die Politik dagegen zählten Schnelligkeit und Masse: Falsch-positive Ergebnisse fielen weniger stark ins Gewicht als falsch-negative. Großbritannien hatte verspätet die Testkapazitäten auf rund 125 000 Menschen pro Woche erhöht, aber Deutschland testete da bereits rund 500 000 Menschen pro Woche und plante, diese Zahl zu verdreifachen. Christian Drosten, der Leiter des Labors, das Deutschlands ersten Test entwickelte, sagte: »Wir haben hier in Deutschland keine Kultur, die ein zentrales diagnostisches System unterstützen würde. Also hat Deutschland auch kein nationales medizi-

nisches Labor, das andere Labore davon abhalten würde, die
Tests durchzuführen.«[7] Die wiederholte übermäßige Zentralisierung des britischen Gesundheitswesens ist manchmal
nicht nur kostspielig, wie bei der gescheiterten Digitalisie-
rung, sondern auch gefährlich.

Während der Coronakrise standen Millionen von uns vor
der Haustür und klopften auf Töpfe, um Mitarbeiter_innen
des Nationalen Gesundheitsdienstes für ihren Einsatz zu danken. Das Ideal eines allgemeinen öffentlichen Gesundheitswesens, das eine kostenlose Grundversorgung gewährleistet,
spricht die Autoren genauso an wie die meisten unserer Mitbürgerinnen und Mitbürger. Wir brauchen ein gutes nationales Gesundheitssystem, das sich auf qualifizierte und engagierte
Mitarbeiter_innen stützt, aber es ist keineswegs offensichtlich,
dass seine zentrale Verwaltung über eine riesige Organisation
der beste Weg ist, um dies zu erreichen. Das gigantische IT-
System der Organisation wäre das größte der Welt gewesen: Es
funktionierte nicht. Und das Testmonopol der Organisation in
Colindale brachte nicht das beste Testsystem der Welt hervor,
sondern eines, das überfordert war.

Diese Probleme sind symptomatisch: Die Diagnose ist
nicht zweifelhaft. Der britische Nationale Gesundheitsdienst
ist – hinter Walmart und der chinesischen Volksbefreiungsar-
mee – der drittgrößte Arbeitgeber weltweit. In unserem mono-
polistischen Gesundheitssystem stecken Tausende engagierter
Menschen fest, die über die Kompetenzen und die Motivation
verfügen, mit denen sie hervorragend geeignet wären, dezentrale Entscheidungen zu treffen. Stattdessen müssen sie einen
Großteil ihrer Zeit mit dem Ausfüllen von Formularen verbringen, weil die hierarchischen Aufsichtsstrukturen dies verlangen. Die Gesundheitsversorgung lässt sich mühelos dezentral organisieren, und es gibt keinen Widerspruch zwischen
Dezentralisierung und allgemeinem Zugang zu Gesundheits-
leistungen, der in fast allen Industriestaaten (wenn auch nicht
im größten) durch Kooperation und Wettbewerb, die durch

disziplinierten Pluralismus eingeschränkt werden, erreicht wird. Unser monopolistisches Gesundheitssystem ist eine Folge der Tatsache, dass Großbritannien in der Nachkriegszeit eine übermäßige Zentralisierung betrieb. Nicht nur das Gesundheitswesen, sondern auch kommunale Dienstleistungen und die Industriepolitik wurden zentral von Whitehall aus gesteuert. Mittlerweile ist die Liste von Misserfolgen so lang, dass es an der Zeit ist, sich dies klarzumachen.

Hochschulbildung

In den fünfzig Jahren nach dem Zweiten Weltkrieg wurden nach und nach immer mehr Hochschulen verstaatlicht. Oxford, Cambridge und die vier altehrwürdigen schottischen Universitäten existieren seit Jahrhunderten; aber John Owens, ein Industrieller aus Manchester, war der Erste, der erkannte, dass eine Hochschule wichtige Beiträge zum sozialen Zusammenhalt und wirtschaftlichen Wohlergehen der umliegenden Stadt leisten konnte. Das Owens College öffnete seine Pforten 1851, und am Ende des Jahrhunderts folgten Städte überall in England diesem Beispiel. All diese neuen Institutionen waren, wie Manchester, das Ergebnis von Initiativen örtlicher Geschäftsleute. Joseph Chamberlain, dessen Unternehmen Nettlefold ein Quasimonopol für die Schraubenfabrikation in England besaß und der dann eine politische Karriere eingeschlagen hatte, die sein Sohn Neville fortsetzte, gründete die Universität Birmingham. Die Familie Wills, Tabakmagnaten, tat das Gleiche in Bristol. Die Universität Sheffield war 1905 gegründet worden: Mark Firth, ein lokaler Stahlmagnat, hatte ihr Hauptgebäude finanziert, und die Universität tat sich auf natürliche Weise in den Fachgebieten hervor, die für die lokale Wirtschaft von Bedeutung waren. Die Universität Nottingham wurde 1948 mithilfe von Spendengeldern von Jesse Boot gegründet, einem bedeutenden lokalen Geschäfts-

mann, der die nach ihm benannte bekannteste Apotheken-
kette Großbritanniens gründete.

Die Industriellen von Stoke-on-Trent hielten eine eigene
Universität nie für notwendig, aber nach dem Zweiten Weltkrieg änderte der von Labour beherrschte Gemeinderat seinen
Standpunkt. Er bewilligte Gelder, und mit finanzieller Unterstützung durch A. D. Lindsay, den Rektor des Balliol College,
Oxford, wurde das University College of North Staffordshire
gegründet. Bezeichnenderweise wurde die neue Universität
nicht im schmuddligen Stoke, sondern auf dem grünen Land-
gut Keele acht Kilometer außerhalb erbaut.

Die staatliche Hochschulfinanzierung hatte vor dem Ersten Weltkrieg begonnen, als immer mehr Universitäten in
Städten gegründet wurden, aber das Gros ihrer Einnahmen
stammte nach wie vor aus Studiengebühren, Stiftungen und
von der jeweiligen Kommune. Im Jahr 1945 hatte die Regierung Attlee das University Grants Committee gegründet, den
Ausschuss für die Vergabe von Fördergeldern an Hochschulen, und Staatsgelder machten einen immer höheren Prozentsatz der Gesamtbudgets aus. Aber im Jahr 1963 befürwortete
der Robbins Report eine nationale Strategie des massiven Aus-
baus der Hochschulen. Der Bericht gilt weithin als ein Wendepunkt in der britischen Hochschulpolitik, tatsächlich aber seg-
nete er hauptsächlich einen Prozess ab, der bereits größtenteils
im Gange war.

Alteingesessene Universitäten wurden gefördert, um mehr
Studierende aufzunehmen. Fachhochschulen, die in erster Linie
gemäß dem Bedarf der örtlichen Wirtschaft ausbildeten, erhielten Hochschulstatus, und zahlreiche neue Universitäten wurden
gegründet. Diese neuen Hochschulen wurden auf der grünen
Wiese errichtet. Der Campus der Universität Essex befindet sich
in der Nähe – aber außerhalb – von Colchester, dem Zentrum
des Countys, der Campus der Universität Sussex in der Nähe –
aber außerhalb – des großstädtischen Seebads Brighton. Der
Campus der Universität Warwick liegt näher bei der Industrie-

stadt Coventry als bei der idyllischen Kleinstadt, deren Namen sie trägt, aber sie ist weder von der einen noch von der anderen Stadt aus fußläufig erreichbar. Das Modell war jetzt eines von Campus-Hochschulen mit Wohnheimen, die nur noch locker mit den Kommunen verbunden waren, in denen sie ansässig waren. Diese Distanz von der Gemeinde hatte weitreichende soziale, wirtschaftliche und industrielle Folgen.

In den 1960er-Jahren hat sich die Zahl der Hochschulabsolven_tinnen mehr als verdoppelt, und die staatlichen Ausgaben für die Hochschulen stiegen sogar noch weitaus stärker. Das staatliche Engagement gegenüber einzelnen Institutionen durch das University Grants Committee war anfänglich von Großzügigkeit und geringer Kontrolle geprägt. Aber dieses goldene Zeitalter frei fließender Gelder und weitgehender Selbstbestimmung war nicht von Dauer. Die öffentlichen Ausgaben gerieten nach 1975 unter Druck, und Margaret Thatcher waren die ihres Erachtens immer weiter nach links rückenden Institutionen ein Dorn im Auge. Eine Hotline nach Whitehall sollte das Adressbuch lokaler Granden auf dem Schreibtisch des Rektors ersetzen. Im Jahr 1992 wurde die Zentralisierung der Hochschulbildung abgeschlossen; damals wurden Polytechnika, die sich auf die Berufsausbildung in den Gemeinden, in denen sie ansässig waren, konzentriert hatten, in Universitäten umgewandelt.

Beide großen Parteien trieben die Zentralisierung gleichermaßen voran. Die Beschneidung der Kompetenzen der Gebietskörperschaften wurde zu einem politischen Ziel der Konservativen: Die Übertragung der Aufsicht über die kommunalen Finanzen auf das Schatzamt begann unter Thatcher und ging unter Osborne weiter. Labours Hang zur Zentralisierung war auch im Jahr 2019 noch ungebrochen. In ihrem Wahlprogramm bekundete die Partei ihre Absicht, einen National Education Service, eine National Energy Agency, eine National Care Agency, eine National Food Commission, einen National Youth Service, eine National Investment

Bank, eine National Women's Commission und einen National Refuge Fund zu schaffen.

Märkte und Dezentralisierung

Eine vermutlich erfundene Geschichte berichtet von einem sowjetischen Offiziellen, der in die Vereinigten Staaten entsandt wird, um zu verstehen, wie der Kapitalismus dort funktioniert. »Und wer ist für die Versorgung von New York mit Brot zuständig?«, fragt er. Die Antwort lautet selbstverständlich: »Niemand.« Oder vielleicht auch »jeder« – googeln Sie »Brotversorgung von New York«, und Sie werden seitenweise Auflistungen erhalten. Die Versorgung New Yorks mit Brot erfolgt vollkommen dezentral, und das Ergebnis ist eine viel verlässlichere Versorgung, als sie die sowjetische zentrale Planungsbehörde zustande brachte. Die Koordinierung erfolgt nicht durch zentrale Planung, sondern durch dezentralen Wettbewerb innerhalb eines Marktes.

Wie wir in Kapitel 2 sahen, ist diese Fähigkeit dezentraler Märkte, koordinierte Ergebnisse zu erreichen, die vielleicht bedeutendste wirtschaftswissenschaftliche Erkenntnis, und sie ist gänzlich kontraintuitiv: Aber zweifellos bedarf es doch einer zentralen Koordinierung, um Verlässlichkeit sicherzustellen, und die Beseitigung von Doppelarbeit steigert doch die Effizienz? Diese Überlegungen scheinen (und schienen) selbstverständlich zu sein – nicht nur für gewöhnliche Leute, die sich auf den gesunden Menschenverstand verlassen, oder für sowjetische Kommissare, die eine groß angelegte Industrialisierung planten, sondern auch für westliche Geschäftsleute. Von John D. Rockefeller im 19. Jahrhundert, der gesagt haben soll: »Wettbewerb ist eine Sünde, wir müssen ihn zerstören«, bis Mike Coupe im Jahr 2018, den glücklosen Chef der britischen Supermarktkette Sainsbury's, der offensichtlich nicht bemerkte, dass ihn Kameras aufnahmen, während er sang: »Jetzt haben wir Geld wie Heu«, als er sich anschickte, die Fusion seines Unternehmens mit der Mitbewerberin Asda anzukündigen, die dem amerikanischen Walmart-Konzern gehört.*

Aber wir leben in einer komplexen Welt, die wir nur zum Teil verstehen. Ministerinnen, Beamte, Regulierer und Sachwalterinnen des öffentlichen Interesses besitzen nicht das Wissen, das man braucht, um eine Central Electricity Authority oder die British Transport Commission zu leiten, und die Personen, die das Gegenteil glauben, gehören zu den Leuten, denen man unter keinen Umständen die Leitung dieser oder irgendwelcher anderer Organisationen anvertrauen sollte. Weil wir mehr als eine Supermarktkette haben, lernen wir, wie man Supermärkte betreibt, entdeckt die Käuferschaft, was sie in Supermärkten will und was nicht, und können Manager die Bedürfnisse ihrer Kunden und Kundinnen richtig interpretieren. Das relativ einfache Geschäftsmodell von Walmart, dem größten privaten Arbeitgeber der Welt, stellt hohe Anforderungen an die Fähigkeiten der besten Manager der Welt. Aber selbst Walmart hat nur einen Anteil von 25 Prozent am US-amerikanischen Lebensmitteleinzelhandel, und der Konzern hatte Mühe, außerhalb der Vereinigten Staaten Fuß zu fassen (aus diesem Grund hatte er gehofft, Asda an Sainsbury's veräußern zu können). Die etwas weniger talentierten Manager, die die konkurrierenden Forderungen von Politiker_innen, Ärzt_innen und Patient_innen hinnehmen müssen, tun sich verständlicherweise schwer mit der viel komplexeren Aufgabe, ein monopolistisches nationales Gesundheitssystem zu betreiben.

Wenn es einen einzigen Nationalen Brotdienst gäbe, würde jeder anerkennen, dass seine Funktion – die Bereitstellung von

---

* Der Vorfall hat die Wettbewerbs- und Marktbehörde nicht unbedingt dazu ermuntert, die behaupteten Vorteile des Deals anzuerkennen; die Behörde widersprach der aberwitzigen Behauptung, der fusionierte Konzern würde die Preise um 10 Prozent senken, und blockierte die Transaktion.

qualitativ hochwertigem und erschwinglichem Brot im ganzen Land – lebenswichtig wäre; der Daseinszweck der Organisation würde wertgeschätzt werden. Aber wie wir aus Erfahrungen mit Planwirtschaften wissen, käme es zu wiederholten Versorgungsengpässen mit Brot, weil die Führungskräfte in der »Brotzentrale« nicht den Bedarf an Sandwiches für den Schulausflug in Stornoway oder die plötzliche Zunahme der Popularität von Focaccia in Faversham vorhergesehen hätten. Was wäre die gängigste Erklärung für anhaltende Versorgungsprobleme? Dass die staatliche Organisation mehr Geld bräuchte, und diese Behauptung würde scheinbar bestätigt werden, wenn die rasche Erhöhung der Finanzmittel die Lage tatsächlich verbesserte. Die richtige Antwort, dass Brot nicht von einem Monopol bereitgestellt werden sollte und dass die beste Methode, eine verlässliche Brotversorgung sicherzustellen, darin besteht, den Entscheidungsprozess an zahlreiche Lieferanten zu delegieren, die die lokalen Bedarfe gut einschätzen können, ist nicht die naheliegende.

In Kapitel 2 haben wir die Argumente von Marktfundamentalisten geprüft und verworfen – die Behauptung, dass es so freier Märkte wie möglich bedürfe, um die unauslöschliche Macht der menschlichen Gier für das Gemeinwohl einzuspannen. Die Marktwirtschaft ist nicht deshalb überall auf der Welt das einzige System, das langfristig nachhaltigen Wohlstand schafft, weil die reichen Länder am individualistischsten wären. Vielmehr kommt das Gegenteil der Wahrheit näher: Reiche Länder zeichnen sich durch ein hohes Maß an Vertrauen, Kooperation und sozialem Zusammenhalt aus. Marktwirtschaften sind deshalb erfolgreich, weil sie ihrem Wesen nach pluralistisch sind. Sie ermöglichen nicht nur Experimente, sie fördern und erleichtern diese auch. Aber ihr Pluralismus ist diszipliniert. Wenn Experimente scheitern – und das tun die meisten –, gibt ein marktwirtschaftliches System unverzüglich Feedback. Misserfolge werden aufgegeben, Erfolge werden nachgeahmt. Die wiederholte Erfahrung zentralistischer staatlicher Kontrolle im Westen wie auch im kommunistischen Ostblock war, dass man nur widerwillig experimentierte, dass Experimente, so sie denn gemacht wurden, in einem übertrieben großen Maßstab stattfanden und dass es lange dauerte, bis Misserfolge als solche anerkannt wurden und darauf reagiert wurde. Es fehlte sowohl an Pluralismus als auch an Disziplin. Von Erdnüssen über Stromerzeugung bis zur Computerisierung des National Health Service.

Wir brauchen einen leistungsfähigen Staat, der Dinge tut, die Einzelne und Gemeinschaften nicht gut erledigen können, der sich jedoch nicht um Dinge kümmert, von denen er nichts versteht. Im besten Falle greifen unsere politischen Parteien unsere Anliegen auf und verwandeln sie in erreichbare gemeinsame Ziele. Aber nur wenige dieser Ziele lassen sich am besten durch nationale Monopole erreichen. Deren Wertschätzung geht auf zwei Fehlschlüsse zurück. Einer ist die technokratische Illusion derjenigen, die glauben, »das Modell zu kennen«: die Überzeugung, eine straffe hierarchische Kontrolle sei effizienter als dezentrale Entscheidungsfindung. Der zweite Denkfehler besteht darin zu glauben, nur der Staat könne das Gemeinwohl verwirklichen: dass keine anderen gesellschaftlichen Institutionen das nötige moralische Gewicht besäßen und imstande wären, den Egoismus der Einzelnen zugunsten des Gemeinwohls zu überwinden. Die Ergebnisse sind wiederholt hinter dem zurückgeblieben, was sich die Bürger_innen erwarteten; das hat den Glauben nicht nur an die Kompetenz, sondern auch an die Integrität von Regierungen untergraben. Laut dem jährlichen Edelman Survey haben die meisten Menschen im Jahr 2019 ihren Regierungen in keiner der beiden Dimensionen vertraut.[8]

Vertrauen in den Staat und Vertrauen in die Politik sind zwangsläufig eng miteinander verknüpft. In der frühen Nachkriegsära waren sie gemeinsam erfolgreich. Heute hat der Staat Aufgaben übernommen, für die weniger zentralistische Organisationen besser geeignet sind, und da die vielfältigen Kräfte des Individualismus die Gemeinwohlorientierung schwächen, scheitern sie gemeinsam. Wir haben das schwindende Vertrauen in den Staat beschrieben; jetzt wenden wir uns dem schwinden-den Vertrauen in politische Parteien zu.

6
Umbrüche in der Parteienlandschaft

»An Roastbeef und Apple-Pie wurden alle
sozialistischen Utopien zuschanden.«

Werner Sombart, *Warum gibt es in den
Vereinigten Staaten keinen Sozialismus?*, 1906

Im Jahr 2020 war der Schwund des Vertrauens in die traditionellen Parteien ein beinahe universelles Phänomen in allen westlichen Gesellschaften. Unerwartete Wahlausgänge waren ein absehbares Ergebnis. Aber diese Überraschungserfolge nahmen eine Reihe unterschiedlicher Formen an. Bei den französischen Präsidentschaftswahlen im Jahr 2017 landeten die Kandidat_innen der etablierten linken und rechten Parteien weit abgeschlagen hinter den Kandidat_innen der extremen Linken und Rechten, was dem Zentristen Macron, dessen Bewegung En Marche! erst ein Jahr alt war, den Durchmarsch durch die Mitte ermöglichte. Doch schon im Jahr darauf war er mit der Protestbewegung der »Gelbwesten« konfrontiert. In Deutschland haben im selben Jahr CDU und SPD zusammen kaum 50 Prozent der Wählerstimmen auf sich vereinigt; mit einiger Verzögerung bildeten sie eine Große Koalition, die mit schwindender Unterstützung für beide Parteien immer instabiler wurde. Die beiden deutschen Volksparteien haben in dieser Zeit kurz hintereinander drei neue Vorsitzende gekürt, weil die jeweiligen Amtsinhaber_innen aufgrund von Wahlniederlagen und teilweise auch glücklosem Agieren zurücktraten.

In den Vereinigten Staaten wurde im Jahr 2016 Donald Trump, ein Populist ohne politische Vorgeschichte oder Erfahrung, als republikanischer Kandidat zum Präsidenten gewählt, und trotz seiner erratischen Verlautbarungen gelang es ihm, einen Großteil der Führungskräfte und Mitglieder der Basis dieser Partei hinter sich zu scharen. In Italien wurde 2018 eine fragile Regierung gebildet, die auch als die erste komplett populistische Regierung beschrieben wurde: eine Koalition aus zwei Protestparteien ohne nennenswerte ideologische oder philosophische Basis, die erwartungsgemäß im Jahr darauf zerbrach und von einer genauso instabilen Koalition ersetzt wurde.

Das Ergebnis des Brexitreferendums im Jahr 2016 stellte das politische System Großbritanniens auf den Kopf. Und im Dezember 2019 verlor Labour mehr als fünfzig Sitze an die Konservativen, fast alle in Arbeiterbezirken wie Stoke und Don Valley, die traditionelle Labour-Hochburgen gewesen waren.

Aber in diesen Ereignissen manifestierten sich sehr viel längerfristige Trends. Hundert Jahre lang war die europäische Politik in ideologischer Hinsicht durch den Widerstreit von Kapitalismus und Sozialismus geprägt, und das Wahlverhalten wurde weitgehend von der gesellschaftlichen Schicht, der man angehörte, bestimmt. Die Begriffe »Kapitalist« und »Sozialist« – und mit ihnen der der Links-rechts-Achse – haben jedoch nach und nach an definitorischer Klarheit eingebüßt. Politische Positionen und Gruppierungen werden heute mit neuen Begriffen – »progressiv«, »aktivistisch« oder »populistisch« – bezeichnet. Monothematische Interessengruppen, von Greenpeace bis zur Brexit Party, von den Mermaids bis zu Pegida, gewannen an Stärke, während traditionelle Parteien unter einem deutlichen Mitgliederschwund litten.* Und der historisch enge Zusammenhang zwischen sozialer Schicht und Abstimmungsverhalten hat sich vollständig aufgelöst.

---

* In den meisten – wenn auch nicht in allen – europäischen Ländern sind auch die Stimmenanteile dieser traditionellen Parteien rückläufig. Großbritannien, dessen Wahlsystem für kleinere Parteien besonders ungünstig ist, stellt eine bemerkenswerte Ausnahme dar.

Die politische Landschaft der Vereinigten Staaten ist inso-
fern eine Ausnahme, als es dort nie eine sozialistische Partei oder
Bewegung gab, die über nennenswerten Rückhalt in der Bevölkerung verfügte. Die Tatsache, dass sich Bernie Sanders und Alexandria Ocasio-Cortez selbst als Sozialisten bezeichnen, ist nur
ein weiterer Beleg dafür, wie weit sich der politische Wortschatz
verschoben hat: Ihre politischen Positionen haben nichts mit
dem Sozialismus eines Clement Attlee oder François Hollande,
geschweige denn eines Marx oder Lenin gemein. Einer der Autoren erinnert sich daran, dass er im Jahr 1968 einen Essay über das
Thema »Warum ist die europäische Politik so viel ideologischer
als die der Vereinigten Staaten?« geschrieben hat. Dies war fast
der letzte Zeitpunkt, zu dem man dieses Thema sinnvollerweise
in einem Aufsatz abhandeln konnte. Im Jahr 2020 scheint das
Gegenteil der Fall zu sein, auch wenn es zutreffender wäre, die
US-Politik statt ideologisch tribalistisch zu nennen: Joe Biden ist
kein Ideologe, ebenso wenig wie Donald Trump.

Der Aufstieg der Mitte

Die Begriffe »links« und »rechts« haben 1789 Einzug in die
Politik gehalten; damals saßen in der französischen Assem-
blée Nationale Gegner des Königs links vom Vorsitzenden
und Royalisten rechts von ihm. Die Verwendung der Aus-
drücke zur Beschreibung politischer Parteien geht auf die
Dritte Republik in Frankreich zurück, deren Gruppierungen
sich selbst als Mitte-rechts, Mitte-links, extreme Linke und so
weiter bezeichneten. In dem Maße, wie das Wahlrecht erweitert wurde, wuchs die Unterstützung für linke Parteien, und
die Spaltung zwischen links und rechts polarisierte Europa in
den 1930er-Jahren und führte zu dem verheerendsten Krieg
seiner Geschichte.

Im Jahr 1945 war der Sozialismus in Europa bei der Arbeiterschaft sehr populär, während er in den Vereinigten Staaten

weiterhin keinen nennenswerten Zuspruch fand. Während Roosevelts mutige Politik in den Jahren vor dem Krieg den Kapitalismus in den USA gerettet hatte, hatten sich europäische Regierungen in eine verheerende Kombination aus Nationalismus und wirtschaftspolitischem Konservatismus zurückgezogen: Nach 1945 wollten Europas Wählerinnen und Wähler etwas anderes. Das kommunistische Russland hatte Deutschland militärisch bezwungen, und die meisten osteuropäischen Staaten sollten bis 1989 unter sowjetischer Vorherrschaft bleiben. Die UdSSR testete 1953 eine Wasserstoffbombe und schoss 1957 einen Sputnik-Satelliten ins Weltall. Noch weitere zwanzig Jahre lang wurden wirtschaftliche und technische Errungenschaften kommunistischer Staaten auf breiter Front übertrieben positiv beurteilt.

Die Politik der Nachkriegszeit wurde also weiterhin in Kategorien der überkommenen Links-rechts-Achse beschrieben, auch wenn die Bandbreite des Dissenses viel schmaler war als in der Zwischenkriegszeit. Die britische Labour-Regierung schuf in den Jahren 1945–51 einen Wohlfahrtsstaat, der zu einem Großteil während des Krieges von einem Liberalen entworfen worden war. Die Konservativen, die ab 1951 wieder die Regierung stellten, ließen dieses Erbe mehr oder minder unangetastet. Es gab keine nennenswerten praktischen Unterschiede zwischen den großen Parteien: Ende der 1950er-Jahre wurde dieser breite Konsens nach dem Konservativen Rab Butler und dem Labour-Abgeordneten Hugh Gaitskell als »Butskellism« bezeichnet.

In Westdeutschland regierte die konservative CDU unter Führung von Konrad Adenauer in einer Koalition mit den liberalen Freien Demokraten, bevor sie 1966 in eine Große Koalition mit der gemäßigt linken SPD eintrat. Auf der Iberischen Halbinsel beendete der Tod von Franco in Spanien beziehungsweise Salazar in Portugal die Verstrickungen, auf die Europa sich im 20. Jahrhundert mit rechtsextremen Autoritaristen eingelassen hatte. In beiden Ländern erfolgte durch gemäßigte

Parteien der Linken und Rechten die Wiederherstellung einer demokratischen politischen Ordnung.

Die Vierte Republik in Frankreich (1946–58) zeichnete sich durch instabile Koalitionsregierungen moderater Parteien aus. Die Algerienkrise und die Gefahr eines Militärputschs brachten General de Gaulle, der während des Krieges die Streitkräfte für ein freies Frankreich angeführt hatte, zurück an die Macht. Als Führungsfigur in Friedenszeiten erwies sich de Gaulle als jemand, der großen Wert darauf legte, das Ansehen seines Amtes und seines Landes zu heben, bei der Interpretation dessen, was dies bedeutete, aber Pragmatismus bewies. In der italienischen Politik tummelten sich viele Parteien, und das Einzige, was die Regierungen einte, war ihre Unfähigkeit und Korruption.

Wohlstand für die Massen

Diese nicht ideologische Politik ermöglichte – und förderte vielleicht auch – eine beispiellose Transformation zum Massenwohlstand. Deutschland erholte sich von den Verwüstungen von 1945 und wurde wieder zu einer bedeutenden Wirtschaftsmacht. In Frankreich werden diese Jahre noch immer die »Trente Glorieuses« – die »dreißig glorreichen Jahre« – genannt. Großbritannien verzeichnete hohe Wachstumsraten und eine bis dahin unvorstellbar niedrige Arbeitslosigkeit. Der konservative Premierminister Harold Macmillan brachte dies 1959 angeblich in dem Slogan »Euch ist es noch nie so gut gegangen« auf den Punkt.*

Der deutsche Soziologe Werner Sombart hatte in einem 1906 erschienenen Buch gefragt: »Warum gibt es in den Ver-

---

* Tatsächlich stammt das Zitat aus einer Rede bei einer Wahlkampfveranstaltung der Konservativen im Jahr 1957, auf der Macmillan, der sechs Monate zuvor Premierminister geworden war, zu seinen Anhänger_innen sagte, dass »viele unserer Bürger es noch nie so gut gehabt haben«.

einigten Staaten keinen Sozialismus?«, und diese Frage mit Verweis auf die Fähigkeit des riesigen Kontinents, seine Bevölkerung gut zu ernähren, beantwortet. In ähnlicher Weise ist der Sozialismus im Europa der Nachkriegszeit an den massenproduzierten Pkws, Fernsehgeräten und Zentralheizungen zuschanden geworden. Die meisten Haushalte erstanden nicht nur diese Güter, sondern auch Waschmaschinen, Staubsauger, Kühlschränke und Telefone. Im Anschluss an die schwere Schlappe von Labour bei den Wahlen von 1987 brachte es Ron Todd, der Generalsekretär der größten Gewerkschaft Großbritanniens, haarscharf auf den Punkt: »Was sagt man zu einem Hafenarbeiter, der 400 Pfund pro Woche verdient, ein Haus, ein neues Auto, eine Mikrowelle und einen Videorekorder sowie eine kleine Wohnung in der Nähe von Marbella sein Eigen nennt? Man sagt *nicht:* ›Lass mich dich aus deinem Elend herausholen, Bruder.‹«[1]

Haushalte hatten mehr verfügbares Einkommen, sodass sie sich diese neuen Konsumgüter leisten konnten. Neuartige Kreditverträge, wie etwa Ratenkredite – das »Auf-abstottern-Kaufen« –, machten diese langlebigen Konsumgüter aber selbst für die erschwinglich, für die das nicht galt, und der Nachfrageschub brachte Größenvorteile mit sich, die zu erheblichen Preissenkungen führten. All dies folgte auf ein Jahrhundert, das den meisten Haushalten Innentoiletten und fließendes Wasser, elektrisches Licht und so viel Wohnraum verschafft hatte, dass Ehepaare jetzt erstmals ein eigenes Schlafzimmer hatten. Ein Jahrhundert, in dem Fortschritte im öffentlichen Gesundheitswesen und in der Medizin zahlreiche Infektionskrankheiten heilbar gemacht und die Säuglingssterblichkeit drastisch verringert hatten. Insbesondere die Lebensumstände von Frauen wandelten sich von Grund auf, da die gewünschte Familiengröße weniger Schwangerschaften erforderte und die Belastung durch die Hausarbeit zurückging. Ironischerweise hatte die Verfügbarkeit von Fernsehgeräten in Osteuropa zur Folge, dass die dortigen Bürger_innen sehen konnten, wie viel erfolgreicher Marktwirtschaften zahlreiche dieser Veränderungen in den Lebensalltag einfacher Menschen einführten als sozialistische Planwirtschaften.

Die Ungleichheit verringerte sich in einer Weise, die sich in gesamtwirtschaftlichen Statistiken und Gini-Koeffizienten eigentlich nicht widerspiegelte. Die Reichen hatten noch nie Wasser herbeiholen, Feuer schüren oder Kleidung auf einem Waschbrett schrubben müssen. Sie konnten weiter als nur ein paar Kilometer von ihrem Zuhause entfernt verreisen – ja sogar fremde Länder besuchen. Jetzt konnte sich in entwickelten Gesellschaften beinahe jeder diese Dinge leisten. Viele Mittelschichthaushalte hatten früher Dienstboten beschäftigt. Jetzt konnten sie sich diese zwar nicht länger leisten, aber neue technische Geräte bedeuteten, dass sie sie auch nicht mehr brauchten.

Der Niedergang der Mitte

So wie der Zweite Weltkrieg einen selbstbewussten Staat hinterlassen hatte, so hatte er auch eine selbstbewusste Linke hinterlassen. In den Vereinigten Staaten wurde die Linke durch die Politik des New Deal definiert, in Europa durch den Sozialismus. Und in Großbritannien bedeutete eine linksorientierte Politik auch, wie wir gesehen haben, staatlichen Zentralismus. Die Parteien der Rechten hatten keine nennenswerten eigenen Ideen und fügten sich langsam in viele dieser Maßnahmen.

Die Abwendung von diesem politischen Zentrismus begann in den 1960er-Jahren in den USA. Johnsons Einsatz für die Bürgerrechte von Afroamerikaner_innen nach Kennedys Ermordung im Jahr 1963 ließ die Koalition zwischen liberalen Nordstaatlern und konservativen Südstaatlern, die Roosevelt und Kennedy gestützt hatte, zerbrechen. Dieser Schritt war keineswegs eine frühe Manifestation des Individualismus, sondern eine auf beschämende Weise verspätete Aufnahme von Afroamerikaner_innen in die nationale Gemeinschaft. Aber schon bald darauf polarisierte der Vietnamkrieg die Nation entlang der Trennlinien von Alter und Bildungsstand. Er löste die Studentenproteste von 1968 aus und schuf eine organisierte Linke, die sich von der Arbeiterschaft entfremdete, deren eigene Kinder zum Militärdienst eingezogen wurden. Die Generation von 1968, die noch heute in Deutschland »Achtundsechziger« und in Frankreich »soixante-huitards« genannt wird, war die Vorläuferin des jungen Mittelschichtaktivismus, der fast fünfzig Jahre später Zuccotti Park und St. Paul's Churchyard füllte, dazu beitrug, dass Obama zweimal gewählt wurde, und Sanders befähigte, zwei Vorwahlkämpfe der Demokraten durcheinanderzuwirbeln. Wie weiter oben beschrieben, heizten die Staatsausgaben während des Zweiten Weltkrieges, an die sich Anfang der 1970er-Jahre die Auswirkungen der Ölkrise anschlossen, die Inflation an, und diese beendete das anhaltende Wirtschaftswachstum, das dem politischen Streit viel an Schärfe genommen hatte. Menschen verloren das Vertrauen in ihre Regierungen, und Regierungen verloren das Vertrauen in ihre Fähigkeit zu effizienter Verwaltung.

Nach dem Crash an der Wall Street im Jahr 1929 und der anschließenden Depression blieb der Finanzsektor fünfzig Jahre lang eingeschnürt und streng reguliert. Aber seit den 1960er-Jahren übte die Finanzbranche einen immer größeren Einfluss auf die Realwirtschaft und den Staat aus. Die Finanzialisierung hatte zahlreiche Ursachen – neue Technologien der Datenverarbeitung und -übermittlung ermöglichten nicht nur Transaktionen von zuvor unvorstellbarer Komplexität, sondern ließen die Welt auch, etwa durch schnellere Flugreisen, kleiner erscheinen. In Großbritannien trat eine meritokratische Kultur im Finanzsektor an die Stelle der Seilschaften aus Leuten, die einander vertrauten, weil sie dieselbe Universität besucht hatten. Dieser Wandel wurde noch beschleunigt durch die Ankunft von Ausländer_innen, die nicht wussten, was es zu bedeuten hatte, wenn der Gouverneur der Bank von England »die Augenbrauen hochzog«.

Das Ergebnis war eine Kombination aus Deregulierung und Reregulierung. Diejenigen, die die Deregulierung für die Finanzkrise verantwortlich machen, übersehen, dass die Finanzmärkte heute – und auch schon 2008 – sehr viel engmaschiger reguliert sind beziehungsweise waren als je zuvor: Der Staat griff immer stärker in die Märkte ein, aber mit abnehmendem Erfolg. Der spektakuläre Aufstieg des Finanzsektors in Großbritannien und den USA schuf eine mächtige neue Lobby und einige ebenso spektakulär hohe Einkommen. Sowohl das Ausmaß an Aktivitäten als auch die Höhe der finanziellen Entlohnungen bedurfte der Rechtfertigung, und diese fand man in einer Kombination aus Marktfundamentalismus und expressivem Individualismus. Die Einträglichkeit der Tätigkeit wurde als Beleg für ihren gesellschaftlichen Wert erachtet, während die außerordentlich hohe Vergütung angeblich für die besonderen Fähigkeiten derjenigen sprach, die sie erhielten: »Ich habe eine Prämie erhalten. Ich verdiene sie.«

Robert Gordon hat die umstrittene These aufgestellt, dass sich der technologische Fortschritt nach 1970 grundlegend gewandelt habe.[2] In den vorhergehenden hundert Jahren hätten Innovationen das Alltagsleben in beispielloser Weise umgekrempelt. Zwar sei die Innovation im Bereich der Konsumgüter auch nach 1970 weitergegangen, aber dabei habe es sich überwiegend um schrittweise Verbesserungen, nicht um grundlegende Neuerungen gehandelt. Der Unterschied zwischen einem Waschautomaten mit 43 Programmen und den halb automatischen Waschmaschinen, die unsere Mütter begeistert kauften, ist gering im Vergleich zu dem Unterschied zwischen einer halb automatischen Waschmaschine und dem Waschbrett. Ein Großbildfernseher mit einem OLED-Bildschirm ist besser als das kleine Schwarz-Weiß-Gerät, um das sich die Nachbarn versammelten, um die Krönung von Queen Elizabeth im Jahr 1953 mitzuverfolgen, oder als die größeren und zuverlässigeren

Geräte, auf denen Familien dem Sieg Englands bei der Fuß-
ballweltmeisterschaft 1966 zuschauten, aber die grundlegende
Neuerung war die Fähigkeit gewesen, die Krönung beziehungsweise bedeutende Sportereignisse *live* zu verfolgen. Die wichtigsten modernen Innovationen bei Konsumgütern sind vielleicht das Handy, der Personal Computer, das Internet und
billige Flugreisen – alles Neuerungen, die für die Jungen und
Gutausgebildeten am wichtigsten sind. Die Waschmaschine
und der Staubsauger bedeuteten in erster Linie für die Haus-
frau aus der Arbeiterschicht eine Zäsur. Wenn die Erfindungen
in den Jahren zwischen 1950 und 1970 ihren Lebensalltag am
stärksten veränderten, dann haben jene zwischen 1990 und 2010
den der Mittelschichtsingles am stärksten verändert.

Schwächeres Wirtschaftswachstum, eine größere Bedeutung
des Finanzsektors in der Wirtschaftspolitik, das langsamere
Innovationstempo bei Konsumgütern: Der politische Konsens
um den behaglichen Zentrismus der 1950er- und 1960er-Jahre
schwand dahin. Weiter unten werden wir noch andere Ursachen beschreiben. Aber wie immer es dazu kam, das Ergebnis
ist jedenfalls klar. Und in dem Maße, wie der Konsens erodierte,
sickerten verschiedene Varianten des neuen elitären Individualismus in die etablierten Parteien der Linken und der Rechten
ein; sie verdrängten den Pragmatismus und trieben die Parteien
in verschiedene Richtungen.

Der Niedergang der selbstbewussten Linken

Wir werden vielleicht nie wissen, in welchem Ausmaß die
Ängste vor wirtschaftlichen Erfolgen der kommunistischen
Staaten das Produkt auffälliger, aber im Grunde unbedeutender
technischer Errungenschaften (wie des Sputniks) der UdSSR,
falscher nachrichtendienstlicher Informationen oder Panik-
mache auf der Basis absichtlicher Fehlinterpretationen dieser
Erkenntnisse waren.

Aber beginnend mit der Niederschlagung des Ungarischen Volksaufstands von 1956 und des Prager Frühlings von 1968, diskreditierte sich der Kommunismus in den Ländern, deren Regimes sich zu ihm bekannten, selbst. Zur Zeit der Öffnung der Berliner Mauer im Jahr 1989 und des anschließenden endgültigen Zusammenbruchs der Sowjetunion waren die Belege für das wirtschaftliche Scheitern der kommunistischen Regimes unzweideutig. Die Teilung Deutschlands in zwei Zonen war vielleicht das größte kontrollierte Experiment in der Wirtschaftsgeschichte – und die Ergebnisse waren glasklar. Produktivität und Realeinkommen im sozialistischen Osten betrugen nur ein Bruchteil dessen, was in der Marktwirtschaft im Westen erreicht wurde.

Die Unterstützung für den Kommunismus in der europäischen Arbeiterschaft war seit dem Zweiten Weltkrieg ständig gesunken. In Großbritannien erlebte die sozialistische Ideologie im Jahr 1974 ein kurzes Comeback, als die Niederlage der Regierung bei zwei Bergarbeiterstreiks den Gewerkschaften für einen flüchtigen Moment das Gefühl vermittelte, echte Macht zu besitzen. Aber im Jahr 1976 war die Labour-Regierung gezwungen, den Internationalen Währungsfonds um einen erniedrigenden Stützungskredit zu ersuchen, und der neu ernannte Premierminister James Callaghan sagte in seiner Ansprache auf dem Labour-Parteitag: »Wir haben gedacht, wir könnten durch Ausgabenerhöhungen aus einer Rezession herauskommen und die Beschäftigung dadurch erhöhen, dass wir Steuern senken und die Staatsausgaben in die Höhe treiben. Ich sage euch in aller Offenheit, dass es diese Option nicht mehr gibt.«[3] Als François Mitterrand 1981 mit einem sozialistischen Programm zum französischen Staatspräsidenten gewählt wurde, zwangen ihn die fiskalischen und wirtschaftlichen Realitäten alsbald zu einem Kurswechsel. Für mindestens zwei Generationen war der Sozialismus damit in den westlichen Demokratien am Ende, und die etablierte europäische Linke gab ihn einfach auf. Selbst die anfänglichen Erfolge der Sozialdemokraten in der Nachkriegszeit waren verblasst. In Schweden, dem Aushängeschild der europäischen Sozialdemokratie, erlitt die Sozialdemokratische Partei, die ohne Unterbrechung seit 1932 regiert hatte, bei den Wahlen von 1976 eine Niederlage.

Innerhalb und außerhalb der großen Parteien gab es weiterhin sozialistische und marxistische Splittergruppen, die jedoch zu einem extremistischen Anhängsel geworden waren. Wie andere Ideologen waren auch die Mitglieder dieser »Rumpfgruppen« nicht an praktischer Politik interessiert: Ihre verbliebenen Aktivist_innen waren in zunehmendem Maße Fanatiker, deren Priorität der Protest war und deren Hauptfeinde oftmals jene waren, die leicht abweichende Spielarten ihrer eigenen Überzeugungen vertraten. Die gesamten 1970er-Jahre hindurch wurden lautstarke britische Marxisten wie Derek Hatton und Arthur Scargill zu einflussreichen öffentlichen Personen, während Militant Tendency, eine trotzkistische Gruppierung, die Labour Party erfolgreich infiltrierte. Da dieser ideologische Extremismus bei den meisten Wähler_innen nicht gut ankam, trieb er Labour 1983 in die Wahlkatastrophe.

Die traditionellen Ideologien der Linken waren verblasst, aber die traditionellen Parteien der Linken überlebten deren Niedergang – eine Zeit lang. Sowohl in Großbritannien als auch in den Vereinigten Staaten konnten sich diese Parteien glücklich schätzen, dass sie in Tony Blair und Bill Clinton kluge und charismatische Führungspersönlichkeiten gefunden hatten. Unter vagen Markennamen – »New Labour«, »der Dritte Weg«, »Triangulierung« – stellten sie ihre Parteien neu auf, wobei sie auf pragmatische Weise die Anliegen der immer mehr an Einfluss verlierenden Arbeiterschaft mit den Belangen der wachsenden Schicht junger Fachkräfte verbanden, die sich mit dem »Weltretter«-Ethos und dem Individualismus des neuen Verdienstadels identifizierten. Blair versprach, »hart gegen Kriminalität vorzugehen«, und Clinton unterstützte »Drei-Verstöße-Gesetze« (die nach dreimaliger strafrechtlicher Verurteilung eine drakonische Strafe androhten), zugleich erhöhte Blairs

Schatzkanzler die Sozialleistungen, und Clintons Ehefrau bemühte sich um eine Reform der Krankenversicherung. Das Leistungsprinzip verlangte, dass die Intelligentesten unabhängig von ihren anfänglichen Lebensumständen die Möglichkeit haben sollten, sozial aufzusteigen. Entsprechend legte man neuerdings großen Wert auf den Zugang zu Bildung und die Verbesserung der Bildungsqualität durch spezielle Schulformen wie sogenannte Charter Schools und Akademieschulen – diese werden direkt vom britischen Bildungsministerium finanziert und nicht von der lokalen Schulbehörde beaufsichtigt –, die Blair noch durch ein nationales Programm für die Vorschulerziehung ergänzte. Ihre Kombination politischer Initiativen, die beide Wählergruppen ansprach, und die persönliche Anziehungskraft Blairs und Clintons genügten, um die unterschiedlichen Anhängerschaften ihrer Parteien zusammenzuhalten. Obama gelang das gleiche Kunststück, aber Blair hatte keinen gleichwertigen Nachfolger. Die schwere Wahlschlappe Labours im Jahr 1983 sollte sich 2019 wiederholen, als euphorisierte Jugendliche, die auf dem Glastonbury-Festival »Oh, Jeremy Corbyn« skandiert hatten, im Verein mit den Momentum-Extremisten, die die Partei infiltriert hatten, dem Konservativen Boris Johnson einen komfortablen Sieg bescherten, weil sie viele Wähler_innen verunsicherten.

Die Probleme der Rechten

Die unmittelbare Folge des Niedergangs der Sozialisten war der Wahlerfolg der Rechten. In Schweden kam 1976 eine rechtsgerichtete Koalition an die Macht. In Großbritannien wurde Margaret Thatcher im Mai 1979 Premierministerin. Und bei der Präsidentschaftswahl in den Vereinigten Staaten im Jahr 1980 besiegte Ronald Reagan Jimmy Carter.

Aber das sich wandelnde politische Umfeld stellte sowohl Parteien der Rechten wie der Linken vor Probleme. In Europa hatte sich die Linke hundert Jahre lang mit dem Sozialismus identifiziert, und diese Identifikation hatte nicht nur für diejenigen, die den Sozialismus unterstützten, sondern auch für jene, die ihn ablehnten oder sich durch ihn bedroht fühlten, das politische Spektrum definiert. Diesen rechtsgerichteten Parteien gehörten Wirtschaftsliberale an, die an unbeschränkte, freie Märkte glaubten, Geschäftsleute, die nur selten die gleiche Begeisterung für den Wettbewerb aufbrachten, aber Befreiung von staatlicher Regulierung forderten, Finanziers auf der Suche nach mehr Gelegenheiten zur Selbstbereicherung, Sozialkonservative, die an die segensreichen Wirkungen der anglikanischen Kirche und der Tradition glaubten, militaristische Nationalisten, Aristokraten und andere wohlerzogene Personen, die sich durch die soziale Mobilität bedroht fühlten, sowie die Neureichen, die von der sozialen Mobilität profitierten, aber den Wunsch begüterter Erben nach niedrigen Steuern teilten. Menschen, die wenig miteinander gemein hatten, außer dass sie gegen den Sozialismus waren. Und als der Sozialismus keine akute Bedrohung mehr war, entdeckten sie, dass sie ansonsten kaum Gemeinsamkeiten hatten.

Die Tatsache, dass Labour in den 1980er-Jahren keine gute Oppositionsarbeit machte, sowie die törichte Hybris eines argentinischen Diktators ließen Thatcher freie Hand bei der Verfolgung ihrer eigenen Agenda, die maßgeblich von den Lehren des Marktfundamentalismus sowie dem damit einhergehenden Bekenntnis zum Besitzindividualismus und der Ablehnung der »Gesellschaft« geprägt war. Im Verlauf eines Jahrzehnts verschoben sie und die Ideologien, die sie unterstützte, dauerhaft die politische Mitte, nicht nur in Großbritannien, sondern weltweit. Aber Thatchers eigene Hybris war schließlich selbst ihrer Partei zu viel, und im Jahr 1990 wurde sie zugunsten des gänzlich unideologischen John Major entthront. Ronald Reagans Präsidentschaft hatte bereits 1989 geendet, und auch er hatte mit George H. W. Bush einen pragmatischeren Nachfolger bekommen.

Die Rechte schien auf pragmatische Weise zur Mitte zurückzukehren. Aber in den 1990er-Jahren veränderten Globalisierung und neue Technologien die Produktionsweisen auf eine Art, die weitreichende soziale und ökonomische Folgen hatte; so wurden Stellen im verarbeitenden Gewerbe nach Asien verlagert oder durch Roboter ersetzt. Ein sensibler Pragmatismus hätte nach Wegen gesucht, um den neuen Ängsten, die diese Veränderungen hervorriefen, entgegenzuwirken. Aber der Mitgliederschwund der politischen Parteien hatte nach und nach ihre Zusammensetzung verändert und sie von den Menschen entfernt, die unter den Folgen dieser Veränderungen litten. Wie Ken Clarke, einer der zahlreichen Pragmatiker der damaligen Zeit, die bei den Wähler_innen viel besser ankamen als bei ihrer eigenen Partei, unlängst einräumte:

> Wir, das Establishment, haben in den 1990er- und 2000er-Jahren, als alles gut lief – als wir dachten, wir hätten wirklich eine wunderbare neue Welt geschaffen –, auf internationaler Ebene Fehler gemacht … Ich glaube, wir wussten nicht recht, was wir mit den mindestens 50 Prozent der Bevölkerung anfangen sollten, für die das bedeutete, dass ihr Lebensstandard nicht stieg. Sie mussten Stellen, auf die sie stolz gewesen waren, aufgeben für solche, die man nur annimmt, um seinen Lebensunterhalt zu verdienen, die Rechnungen zu bezahlen … In praktischer Hinsicht *haben wir irgendwie Mist gebaut* [Hervorhebung durch die Autoren].[4]

Clarke, der sich 2019 aus der Politik zurückzog, hatte den Wahlsieg seiner konservativen Partei erlebt, aber auch, dass sie zu einer Partei geworden war, die seine Werte nicht länger widerspiegelte. Und in den USA hatten intellektuelle Republikaner die gleiche Verknüpfung von Wahlerfolg mit moralischem und intellektuellem Scheitern erlebt.

Das »Mistbauen« in der Mitte, das Clarke beschrieb, führte zu deren Implosion. Der Staat, über den die politische Mitte gewacht hatte, hatte systematisch und beharrlich Aufgaben übernommen, die ihn überforderten. Und Staat und Wirtschaft gemeinsam hatten sich nicht nur als unfähig erwiesen, Erfüllung bietende Arbeitsplätze zu schaffen, die die Würde jener Hälfte der Bevölkerung, die nicht studiert hatte, aufrechterhalten hätte – worauf Clarke hinwies –, vielmehr war es ihnen auch nicht gelungen, die gestiegenen Erwartungen jener Nachkommen aus dieser Bevölkerungsgruppe zu erfüllen, die sich nun zur anderen, der studierenden Hälfte hinzugesellt hatten – sich dann nach Abschluss aber mit hohen Studienkreditschulden plagten oder trotz akademischen Abschlusses keine ihrer Qualifikation entsprechende Stelle fanden. Und wo war inmitten all dieses Versagens die Partei der Linken, die Labour Party, die 1945 von Arbeitern ans Ruder gebracht worden war, die darauf vertraut hatten, dass sie sich ihrer Anliegen annehmen würde?

7
Wie Labour die Unterstützung der Arbeiter verlor

»Ich liebe die schlecht Ausgebildeten.«

Donald Trump, Siegesrede nach der Vorwahl in
Nevada, 23. Februar 2016

Im Jahr 1945 hatte die britische Arbeiterschaft ihr Vertrauen ganz
überwiegend in die Labour Party gesetzt und ihr eine riesige
Mehrheit im Parlament beschert. Das von Michael Young abge-
fasste Regierungsprogramm der Partei hatte konkrete Anliegen
der Arbeiter aufgegriffen, insbesondere Gesundheitsversorgung,
Bildungschancen und Bekämpfung der hohen Arbeitslosigkeit.
Im Jahr 2019 war dieses Vertrauen verflogen. Das Bemerkens-
werteste an den britischen Unterhauswahlen von 2019 war der
Verlust von Sitzen für Labour, die ehedem eine sichere Bank der
Partei gewesen waren. Im Jahr 1966 war das Vertrauen noch da
gewesen; damals hatte Labour 75 Prozent der Stimmen in Don
Valley und 72 Prozent der Stimmen in Stoke-on-Trent North
erhalten. Im Jahr 2019 gewannen die Konservativen dann jedoch
beide Wahlkreise mit komfortablen Mehrheiten.

Während Labour den Anstoß für eine Politik gegeben hatte,
die der Arbeiterschaft half, war die Konservative Partei nach
1945 dreißig Jahre lang hinreichend pragmatisch, um diese
offensichtlich gut funktionierenden Veränderungen zu übernehmen. In diesem Kapitel erzählen wir die Geschichte der
Auflösung dieses Konsenses, der einer »Politik für die Arbeiter«
galt, als beide Parteien von individualistischen Ideen infiziert
wurden, als der zentralistische Staat mit Aufgaben überfrachtet

wurde (vgl. Kapitel 5) und als die etablierten Parteistrukturen zerfielen (vgl. Kapitel 6). Wir beginnen unsere Chronik, indem wir nach Don Valley und Stoke zurückkehren.

Die Marginalisierung der Arbeiterschaft in Großbritannien

Don Valley liegt im einstigen Kohlerevier South Yorkshire und umfasst Teile der Stadt Doncaster und der umliegenden ländlichen Regionen. Stoke-on-Trent ist berühmt für seine Tonwaren; die Stadt besteht aus den »sechs Gemeinden«, die der Schriftsteller Arnold Bennett einst rühmte. Noch heute findet man die Hauptniederlassung von Wedgwood und anderen Keramikherstellern in Stoke, aber ein Großteil der Produktion wurde nach Asien verlagert. Die Arbeitsplätze für Geringqualifizierte in Doncaster – heute ein bedeutendes Zentrum für Logistik und Lagerhaltung – vermitteln Arbeitnehmern nicht mehr den Stolz und die Solidarität, die sie früher in dem mittlerweile verschwundenen Bergbau fanden. In Stoke, wo einst weltberühmte Keramiken produziert wurden, ist das größte Unternehmen heute Bet365: Eine Arbeitstätigkeit, die darin besteht, einkommensschwache Glücksspieler zu schröpfen, dürfte die Zufriedenheit am Arbeitsplatz eher verringern. Beide Wahlbezirke liegen wirtschaftlich darnieder, auch wenn sie keineswegs die strukturschwächsten Regionen des Landes sind: Unter den 650 britischen Wahlkreisen stehen sie an 434. beziehungsweise 582. Stelle.[1]* In dem wirtschaftsschwächsten englischen Wahlbezirk – Liverpool Walton – gewann Labour 2019 85 Prozent der Stimmen.

Der Niedergang der Labour Party in Gebieten wie Doncaster und Stoke vollzog sich langsam und unaufhaltsam. Im Jahr 1966

---

* Für Stoke-on-Trent verwenden wir die Daten für den Wahlkreis Stoke-on-Trent North; die Daten für Stoke-on-Trent South und Stoke-on-Trent Central gehen in die gleiche Richtung.

betrug der Stimmenvorsprung von Labour gegenüber den Konservativen landesweit 6 Prozent, aber 50 Prozent in Don Valley und 43 Prozent in Stoke North – dies bedeutet, dass Labour auf lokaler Ebene im Verhältnis zum nationalen Ergebnis in Don Valley 44 Prozent und in Stoke 37 Prozent besser abgeschnitten hatte.[2] Die nachfolgende Tabelle veranschaulicht den stetigen Rückgang des lokalen Vorsprungs von Labour bei den jeweils nachfolgenden Unterhauswahlen.

Der Niedergang Labours in zahlreichen ihrer traditionellen Hochburgen ist nicht einfach auf Corbyns Schwächen als Parteichef und die jüngsten Sorgen über den Brexit zurückzuführen; diese Probleme haben seit fünfzig Jahren andauernde Trends lediglich beschleunigt und verstärkt. Die »Leave«-Kampagne der Befürworter_innen des Austritts aus der EU gewann 72 Prozent der Stimmen in Stoke North und 68 Prozent in Don Valley, aber dies war eher ein *Symptom* als die *Ursache* der zugrunde liegenden langfristigen Entfremdung nicht nur von der nationalen, sondern auch der traditionellen Kommunalpolitik.[3] Sowohl in Doncaster als auch in Stoke hatten unabhängige Außenseiter, schon lange bevor der Brexit zu einer bedeutenden politischen Streitfrage wurde, Bürgermeisterwahlen gewonnen.

Lokaler Labour-Vorsprung gegenüber den Konservativen im Verhältnis zur nationalen Mehrheit, Durchschnitt in Prozent

	Don Valley	Stoke North
Vor Thatcher (1966, 1970, 1974 x 2 [Wahlen Feb. u. Okt.])	42	34
Thatcher-Jahre (1979, 1983, 1987, 1992)	28	29
Blair-Jahre (1997, 2001, 2005)	22	34
Nach Blair (2010, 2015, 2017)	17	16
2019	-10	-16

Quelle: House of Commons Library (17. April 2020)

Don Valley und Stoke North sind repräsentativ für die kleineren Industriestädte außerhalb des Südostens, die Regionen, in denen der traditionelle Rückhalt für Labour im Jahr 2019 schließlich zusammenbrach. Peter Hain war von 1991 bis 2015 Unterhausabgeordneter für Neath, einen ehemaligen Bergarbeiter-Wahlbezirk in South Wales. Im Jahr 1966 gewann Labour 80 Prozent der Stimmen in Neath. Als Hain 1992 erstmalig für einen Sitz im Unterhaus kandidierte, betrug Labours Stimmenanteil noch immer 68 Prozent. Im Jahr 2010 verteidigte er den Sitz zum letzten Mal und gewann mit 46 Prozent der Stimmen. Im Jahr 2019 erhielt der erfolgreiche Labour-Kandidat kaum mehr die Hälfte des Stimmenanteils der Partei 53 Jahre zuvor – nur 43 Prozent. Am Tag nach der Wahl sagte Hain:

> Ich habe gemerkt, wie sich die gesamte Basis der Labour Party in alten Hochburgen wie Neath und quer durch sämtliche Täler von South Wales sozusagen unter unseren Füßen auflöste. Die organischen Bande zwischen großen Gewerkschaften im Bergbau und in der Schwerindustrie und so weiter, und dann zwischen Geselligkeitsvereinen, Wohlfahrtsvereinen, Rugbyklubs und so weiter, dieses organische Band zwischen der Partei und ihren Wurzeln in kommunalen Vereinen und Verbänden hat sich im Grunde einfach aufgelöst.[4]

Mit dem Hinweis auf den Niedergang von Gemeinschaftsstrukturen in traditionellen Arbeitergebieten hatte Hain das zentrale Problem von Labour identifiziert. Seine Einschätzung deutete auf weit umfassendere Probleme bezüglich des Wandels von Strukturen politischer Bindungen hin – und zugleich auf Schlüssel zu Lösungen.

Auf eine paradoxe Weise verdeutlicht der Bezirk Liverpool Walton, der sich politisch in die entgegengesetzte Richtung bewegt hat, zugleich den engen Zusammenhang zwischen Gemeinschaftsstruktur und politischer Bindung. Liverpool Walton, heute der sicherste Labour-Sitz im ganzen Land, wählte die gesamten 1950er-Jahre hindurch einen konservativen Unterhausabgeordneten. Während eines Großteils des 20. Jahrhunderts waren Städte wie Liverpool und Glasgow mit ihren hohen Arbeiteranteilen an der Bevölkerung viel konservativer, als es ihre soziale Zusammensetzung vermuten ließ. Dies verdankte sich der konfessionellen Spaltung zwischen der irisch-katholischen Gemeinschaft und der selbstbewusst auftretenden protestantischen Mehrheit, die sich in politischen Loyalitäten zu Labour und zu den Konservativen niederschlug. Erst als der Einfluss der Kirchen und des militanten protestantischen Oranier-Ordens schwand, schwächten sich die religiösen Spaltungen zu milderen Streitigkeiten zwischen rivalisierenden Unterstützern der Fußballklubs Everton und Liverpool ab, die keine große politische Bedeutung mehr hatten.*

Als es mit der ungewöhnlichen Stärke der Konservativen in Liverpool und Glasgow während der 1950er-Jahre ein Ende nahm, konnte der Politikwissenschaftler Peter Pulzer im Jahr 1967 schreiben: »Die Schichtzugehörigkeit ist die Basis der Parteipolitik in Großbritannien. Alles andere ist Verzierung und Detail.«[5] Im Jahr 2019 wäre eine solche Behauptung lächerlich gewesen: Die (soziale) Schichtzugehörigkeit hatte als Basis politischer Identifikation ausgedient. Tatsächlich hatte sie sich in dem Ausmaß, in dem sie eine Rolle spielte, umgekehrt. Die Konservativen fanden mehr Zustimmung bei C2DE-

---

* Dies heißt nicht, dass die Politik in Liverpool normal geworden wäre; der Zusammenbruch ihrer traditionellen Strukturen schuf ein Vakuum. Eine Zeit lang kontrollierten die Liberalen die Stadt. Im Jahr 1981 tobten neun Tage lang ethnische Unruhen im innenstadtnahen Viertel Toxteth, und Menschenansammlungen wurden mit Tränengas auseinandergetrieben; unmittelbar anschließend wurde der konservative Minister Michael Heseltine zum Leiter eines bemerkenswert erfolgreichen Programms der Stadterneuerung ernannt; ungefähr zur gleichen Zeit geriet die örtliche Labour Party unter die Kontrolle einer militanten Gruppe von Trotzkisten und leitete den Stadtrat mit völliger Verantwortungslosigkeit, bis dessen stellvertretender Vorsitzender, Derek Hatton, aus der Partei ausgeschlossen und wegen Korruption angeklagt, wenn auch später freigesprochen wurde.

Wähler_innen (Arbeiterschicht) als bei ABC1-Wähler_innen (Mittelschicht); ihr Vorsprung vor Labour betrug 15 Prozentpunkte bei Ersteren und nur 10 Prozentpunkte bei Letzteren.[6]

Folglich war Labour zu einer scheinbar unmöglichen Allianz geworden. Liverpool Walton – der wirtschaftsschwächste Wahlkreis im ganzen Land –, den Labour 1964 nur knapp gewonnen hatte, wählte wieder »schichttypisch« und war zum sichersten Sitz dieser Partei geworden. Aber Kensington – der Wahlkreis mit dem höchsten Pro-Kopf-Einkommen in Großbritannien – war der erstaunlichste Sieg von Labour im Jahr 2017 (die Partei hat ihn 2019 nur knapp wieder verloren). In ähnlicher Weise ist Edinburgh South, der wohlhabendste Wahlkreis Schottlands, jetzt der einzige schottische Sitz Labours. Die Prioritäten von Labour im Wahlkampf schufen eine Allianz zwischen der Minderheit von Menschen, die so arm sind, dass es ihnen hauptsächlich um höhere Sozialleistungen zu tun war, und der Minderheit von Menschen, die so reich sind, dass ihr hauptsächliches Interesse expressiver Natur war: die überlegene Intensität ihrer Empathie.

Das Ende der Parteibindungen

Um das Wahlverhalten im heutigen Großbritannien zu verstehen, müssen wir uns den Einfluss von Alter und Bildungsstand ansehen, ohne den wir Kensington nicht verstehen können, und die Rolle von Gemeinschaften, ohne die wir Liverpool Walton und Neath, Don Valley und Stoke North nicht verstehen können. Diese Faktoren hängen selbstverständlich miteinander zusammen.

Während die Schichtzugehörigkeit das Wahlverhalten nicht länger bestimmt, zeigt sich deutlich der Einfluss des Alters. Bei denjenigen, die zwischen 18 und 24 Jahre alt sind, führt Labour mit 35 Prozentpunkten; bei denjenigen, die über 70 Jahre alt sind, beträgt der Vorsprung der Konservativen 53 Punkte.[7] Das

Gefälle ist ein stetiges: 39 ist das Alter, in dem ein Wähler mit gleicher Wahrscheinlichkeit eine der beiden Parteien unterstützt. Ist dies ein Kohorteneffekt – sind diejenigen, die um die Jahrhundertwende geboren wurden, natürliche Labour-Anhänger, während diejenigen, die 1950 geboren wurden, natürliche Konservative sind? Da die 1950 Geborenen zu den revolutionären Achtundsechzigern wurden, bevor sie im Ruhestand die Konservativen wählten, dürfte letztere Erklärung unwahrscheinlich sein. Vielleicht verhält es sich so, wie es Benjamin Disraeli angeblich einmal gesagt haben soll: »Ein Mensch, der mit sechzehn kein Liberaler ist, hat kein Herz; ein Mensch, der mit sechzig kein Konservativer ist, hat keinen Verstand.«

Aber die Effekte von Alter und Bildungsstand lassen sich nicht voneinander trennen. Der Vorsprung der Konservativen bei Personen mit höchstens Mittlerer Reife betrug 33, der Vorsprung von Labour bei Akademiker_innen 14 Punkte.[8] Aber nur 8 Prozent der 1950 Geborenen studierten, gegenüber mehr als der Hälfte der Bevölkerung heute. Hochschulabsolven_tinnen als Gruppe sind daher viel jünger als die Bevölkerung insgesamt.[9]

Die abnehmende Bedeutung der Schichtzugehörigkeit für das Wahlverhalten wurde mit einem stetigen Rückgang parteipolitischer Bindungen in Zusammenhang gebracht. Im Jahr 1966 entschieden sich nur 12 Prozent der Wähler_innen für eine andere als die Partei, die sie bei den vorangehenden Wahlen 1964 unterstützt hatten; im Jahr 2015 hatten 43 Prozent der Wähler_innen ihre Präferenz seit 2010 geändert, und dritte Parteien gewannen ihren bis dahin höchsten Gesamtanteil an Stimmen bei einer britischen Wahl. Im Jahr 2017 war die Parteiloyalität noch immer gering, aber die beiden großen Parteien waren wieder dominant geworden.[10] Die britische politische Landschaft ist heute viel instabiler als in der Vergangenheit. Dies eröffnet Pragmatikern – aber auch Populisten und Demagogen – neue Gelegenheiten.

Der Wechsel von der sozialen Schicht zu Alter und Bildungsstand als Bestimmungsfaktoren des Wahlverhaltens ist kein spezifisch britisches Phänomen, das sich unterschiedlichen Auffassungen über das angemessene Verhältnis des Landes zur Europäischen Union verdanken würde. Und es ist auch kein neueres Phänomen. Ähnliche Veränderungen finden in den meisten westlichen Demokratien statt, und sie vollzogen sich über mehrere Jahrzehnte. In den Vereinigten Staaten besiegte Hillary Clinton im Jahr 2016 Donald Trump bei denen, die zwischen 18 und 29 Jahre alt waren, mit 18 Punkten, während sie bei Wähler_innen über 65 Jahre 8 Punkte zurücklag. Trump stach Clinton bei Wähler_innen ohne Hochschulabschluss aus, während Clinton bei Hochschulabsolvent_innen klar vorne lag. Am bemerkenswertesten war, dass weiße Männer ohne Hochschulbildung mit 67 zu 28 Prozent für Trump stimmten.[11]

Tatsächlich ist die Umkehr der Beziehung zwischen beruflich definierter Gesellschaftsschicht und Wahlverhalten in den USA noch stärker ausgeprägt als in Großbritannien. Wie Richard Florida schreibt: »Was wir gerade erleben, ist nichts Geringeres als eine große Umkehr der politischen Geografie der USA. Die Arbeiterschaft bildete seit den 1930er-Jahren das Rückgrat der Wähler der Demokraten, aber heute sind Bundesstaaten mit einem größeren Anteil der Arbeiter an der Gesamtbevölkerung fest in das Lager der Republikaner gewechselt. Und blaue (demokratische) Bundesstaaten sind diejenigen geworden, in denen die Wissens-, Fach- und Dienstleistungsarbeiter, aus denen sich die Klasse der Kreativen zusammensetzt, überwiegen.«[12] Will man jemanden aus dem Wählerlager Clintons finden, sollte man sich unter Nagelpflegerinnen in Kalifornien oder der Ärzteschaft in New York umsehen; wenn man Trump-Unterstützer sucht, sollte man einen Schweißer in Wyoming oder einen Lkw-Fahrer in Alabama aufspüren.

Der Aufstieg der Meritokratie

Michael Youngs 1958 erschienenes Buch *The Rise of the Meritocracy*, das der englischen Sprache ein neues Wort schenkte, war – was heute manchmal vergessen wird – eine Satire. Dieses vorgeblich im Jahr 2033 geschriebene Werk schilderte eine Gesellschaft, in der sich die soziale Stellung Befähigung, nicht Geburt, verdankt: Und diese Gesellschaft wurde als *eine Dystopie* dargestellt. Fast fünfzig Jahre nachdem er Labours Wahlprogramm von 1945 formuliert hatte, stellte Young – mittlerweile Lord Young – fest, dass ein Großteil dessen, was er befürchtet hatte, eingetreten war. Er schrieb: »Tatsächlich ist es in einer Gesellschaft, die der Leistung einen so hohen Stellenwert beimisst, mit gravierenden Nachteilen verbunden, als jemand beurteilt zu werden, der leistungsunfähig ist. *Die Unterschicht stand moralisch noch nie so schutzlos da wie heute* [Hervorhebung durch die Autoren].«[13]

Labour war als Partei der Unterschicht gegründet worden. Während Denis Healey, der Labour-Schatzkanzler von 1974 bis 1980, nie gesagt hatte, er werde die Reichen auspressen wie eine Zitrone, war eine Generation politischer Kommentatoren überzeugt davon, dass er dies getan hatte, und in der Tat erhöhte er die Einkommensteuersätze tatsächlich auf maximal 83 Prozent. Neil Kinnock, der letzte Labour-Vorsitzende, der noch einem Arbeitermilieu entstammte – obgleich Kinnock selbst studiert hatte, war sein Vater Bergarbeiter gewesen –, war auch derjenige, der als Letzter die Leistungsgesellschaft wegen ihrer brutalen Konsequenzen abgelehnt hatte. »Ich warne euch: Seid bloß keine einfachen Leute«, sagte er in einer berühmten Rede, in der er im Wahlkampf von 1983 die Prioritäten Thatchers angriff. »Ich warne euch: Wehe, wenn ihr jung seid, krank oder älter werdet!«[14] Aber nicht genügend einfache Leute, Junge, Kranke und Alte folgten Kinnocks Aufruf, und Labour erlitt eine vernichtende Niederlage.

In dem Maße, wie sich die Zusammensetzung der Labour Party wandelte, gerieten die Interessen der Arbeiterschaft nach und nach gegenüber den Ideologien des Individualismus ins Hintertreffen. Zu der Zeit, als Labour dann im Jahr 1997 wieder an die Macht kam, bekannte sich die Partei unmissverständlich zur Leistungsgesellschaft. Tony Blair und Gordon Brown hatten versprochen, die von den Konservativen durchgesetzte Senkung der Einkommensteuer von 83 auf 40 Prozent nicht rückgängig zu machen. Wenn einige Leute, in den Worten von Peter Mandelson, einem der Köpfe hinter New Labour, »stinkreich« wurden, dann sah die gewandelte Partei dies »völlig entspannt«.[15] Die einfachen Leute, die Jungen, die Kranken und die Alten, um die sich Kinnock gesorgt hatte, sollten durch höhere staatliche Leistungen entschädigt werden. Solange die Konjunkturlokomotive mit Volldampf fuhr und die »Stinkreichen« ihre Steuern zahlten (ein oftmals ignorierter Vorbehalt, den Mandelson geäußert hatte), konnten diese Leistungen finanziert werden.

Der in Oxford ausgebildete Blair, Sohn eines an Obergerichten tätigen Rechtsanwalts, und Mandelson, Enkel von Herbert Morrison, bekannten sich zur Meritokratie. Brown, Pfarrerssohn und Studentenrektor an der Universität Edinburgh, verkörperte die politische Führungskraft, die glaubt, »das Modell zu kennen«: Sie akzeptiert viele der Prämissen des Marktfundamentalismus, glaubt aber an die Fähigkeit des Steuer- und Sozialsystems, die unerwünschten Folgen abzufedern.* Brown setzte im gesamten öffentlichen Sektor entschieden auf ein System von Anreizen, bei dem die Erfüllung von Leistungsvorgaben streng überwacht wurde, um die Errettung der Menschheit ins Werk zu setzen.

---

* Womit die Gültigkeit des Zweiten ebenso wie des Ersten Hauptsatzes der Wohlfahrtsökonomik anerkannt wird.

Die Anmaßungen der Meritokratie

Aber diese Neuausrichtung von Labour verfehlte den Punkt, den Young verstanden hatte, als er von der »moralisch entblößten« Unterschicht schrieb – dass Menschen von der Gesellschaft, in der sie leben, wertgeschätzt werden müssen. Als das Angebot an handwerklichen Arbeitsplätzen insbesondere in der britischen Provinz, die von den Ausgaben der »Stinkreichen« nicht profitierte, zurückging, wollte die Unterschicht keine höheren Sozialleistungen, sondern neue Beschäftigungschancen. Mit staatlichen Leistungen finanzierter Konsum war kein Ersatz für einen auskömmlichen Lebensunterhalt, den man aus eigener Kraft verdient und der einem das Gefühl der Wertschätzung vermittelt.

In dem 1992 erschienenen Buch *The Intellectuals und the Masses* verwies John Carey auf die wachsende Kluft zwischen der Meritokratie und den konkreten Lebensumständen der Arbeiterschicht, für deren Anliegen viele Angehörige der Leistungselite vorgeblich Partei ergriffen. »Arnold Bennett ist der Held dieses Buches«, schrieb er über den Chronisten von Stoke und dessen Region.[16] Virginia Woolf – die selbstbewusste Intellektuelle par excellence – zitierte Bennett spöttisch wegen seines Interesses an den alltäglichen materiellen Sorgen der Gesellschaft, die er beschrieb: »Die meisten der Behausungen gehörten den Bewohnern, welche, jeder ein absoluter Monarch von Grund und Boden, sich am Abend mitten im Geflatter trocknender Hemden und Handtücher in ihren verrußten Gärten zu schaffen machten. Häuser als Eigenheim verkörperten den größten Triumph der viktorianischen Wirtschaftslehre, die Apotheose des umsichtigen und fleißigen Handwerkers. Sie entsprachen dem Traum eines Bausparkassensekretärs vom Paradies.«

»Eine tiefergehende Zeile«, bemerkte Woolf verächtlich, »hätte mehr getan als all diese Zeilen der Beschreibung.«[17]

Aber die »Einsicht«, die sie sich selbst zusprach, erstreckte sich nicht über den Londoner Stadtteil Bloomsbury hinaus,

in dem sie mit den anderen Angehörigen ihres Zirkels zusam-
mentraf, während ein Haus, das ihnen selbst gehörte, tatsächlich das war, was sich viele Einwohner der Kleinstädte
wünschten. Es waren jene Menschen, für die der Unterschied
zwischen Grundeigentum und feudalem Erbpachtbesitz –
Woolf mokierte sich darüber, dass Bennett diesem Punkt
Beachtung schenkt – wirklich von Bedeutung war. Viele von
ihnen waren später in der Lage, mithilfe von Thatchers »Kauf-
recht«-Programm und der Baugenossenschaft ihr eigenes Haus
zu kaufen.

New Labour hatte dies nicht erkannt, weil die Partei sich zu
weit von den Werten der einfachen Menschen entfernt hatte.
In ihr hatten jetzt Akademiker_innen im öffentlichen Dienst
wie etwa Lehrer_innen das Sagen. Es war nicht weiter überraschend, dass viele von ihnen die Unternehmen beim Wort
genommen hatten: Wenn es diesen tatsächlich nur darum
ginge, »den Nutzen für die Aktionäre zu maximieren«, stellte
sich für sie die unabweisbare Frage, die wir in Kapitel 2 gestellt
haben: »Warum sollten wir sie das tun lassen?« Sie waren stolz
auf ihre eigenen Skrupel, die sie von einer Tätigkeit im Pri-
vatsektor abhielten, vielleicht verstärkt durch das Ressenti-
ment, sich der Chance auf die höheren Einkünfte, mit denen
die Habgierigen so hemmungslos protzten, begeben zu haben.
Der Anspruch auf moralische Überlegenheit manifestierte
sich in der geradezu obsessiven Befürchtung, der Nationale
Gesundheitsdienst könnte durch eine Schnittstelle mit der
Privatwirtschaft besudelt werden.

Ein Gefühl moralischer Überlegenheit erfüllte jetzt die
Linke. Eine aktivistische Gruppe kaperte die Partei und
spannte sie jetzt für eine völlig andere Agenda ein, in der die
Arbeiterschaft in der Provinz bestenfalls noch eine Randrolle
spielte. Im Jahr 2015 ging die Gruppe auf New Labour los, die
sie durch das »schmuddlige« Ansinnen, (unbedingt) Wahlen
zu gewinnen, als moralisch kompromittiert ansah. Bei den
Demokraten in den USA kam es zu einer ähnlichen Über-

nahme: Hillary Clintons Verweis auf die »Kläglichen« enthüllte tatsächlich das wahre Gesicht der progressiven Meritokratie. Corbyn verkörperte den expressiven Individualismus;
er sammelte einen Fanklub um sich, der die Intensität der Leidenschaft, die er in den Protest brachte, bewunderte und ihm
anfänglich seine offensichtliche Inkompetenz verzieh.

Als die Konservative Partei immer mehr Mitglieder verlor,
gewann eine kleine Gruppe begeisterter Anhänger von Marktfundamentalismus, Libertarismus und Besitzindividualismus
zwischen 1979 und 2010 erheblichen Einfluss auf ihre Ausrichtung. Aber als sich immer mehr Arbeiter von Labour abwand-
ten, zahlte sich an den Wahlurnen wieder einmal Pragmatismus
aus: Cameron, May und Johnson, die – auf je sehr unterschiedliche Weise – unideologisch waren, erreichten nacheinander,
dass immer mehr Arbeiter die Konservativen wählten.

Im Jahr 2017 verspielte Theresa May mit bemerkenswer-
ter politischer Ungeschicklichkeit einen massiven Vorsprung
in den Umfragen sehr schnell, als sie den Vorschlag machte,
sogenannte Freehold Villas (eine besondere rechtliche Form
des britischen Eigenheims) zu enteignen, sollten deren Eigentümer an Alzheimer erkranken: Viele ihrer potenziellen Unter-
stützer_innen kehrten verschreckt zu Labour zurück. Aber im
Jahr 2019 hatten die Konservativen aus ihrem Fehler gelernt.
Stoke sollte gegen die Geringschätzung Woolfs und ihresgleichen zurückschlagen.

»Somewheres« und »Anywheres«

In seiner Einschätzung aus dem Jahr 2001 schrieb Young, dass
mit dem Aufkommen der Meritokratie »die jetzt führungslos
gewordenen Massen teilweise entrechtet wurden; im Lauf der
Zeit haben sich immer mehr von ihnen frustriert zurückgezogen, sodass sie sich nicht einmal mehr die Mühe machten,
wählen zu gehen«. Young verwies darauf, dass die beiden

maßgeblichen Persönlichkeiten, die die Politik der Labour-Regierung im Jahr 1945 prägten, Ernest Bevin und Herbert Morrison waren, die beide im Alter von elf Jahren die Schule verlassen hatten. Er schrieb weiter: »Sie [die Arbeiter] werden nicht mehr von ihren eigenen Leuten vertreten. Die Bildungsselektion hat ihnen viele derjenigen weggenommen, die ihre natürlichen Anführer gewesen wären, die fähigen Sprecher und Sprecherinnen aus der Arbeiterschicht, die sich weiterhin mit der Schicht identifizierten, der sie entstammten.« Young nahm das vorweg, was im Don Valley und in Stoke North geschah, wo die beiden unterlegenen Labour-Kandidatinnen Akademikerinnen waren und herkunftsmäßig nicht aus der jeweiligen Region stammten.*

In dieser neuen Meritokratie ist die Zugehörigkeit zur Elite von der Bildung, nicht von der Schicht abhängig. Ein zukünftiger Ernest Bevin oder Herbert Morrison würde höchstwahrscheinlich zu jener Hälfte der Bevölkerung gehören, die studiert hat. Diese bildungsbasierte Herauslösung aus der Arbeiterschicht macht die politische Klasse nicht nur weniger repräsentativ – und weniger empfänglich für die wirklichen Bedürfnisse der Arbeiter –, sondern sie führt auch dazu, dass talentierte junge Menschen aus ihren Heimatgemeinden abwandern. Die letzte Volkszählung (2011) enthüllt die Folgen dieser Abwanderung gut ausgebildeter junger Menschen aus Don Valley und Stoke.

---

* Man muss es ehrlicherweise Caroline Flint, der ehemaligen Unterhausabgeordneten für Don Valley (1997–2019), hoch anrechnen, dass sie in dem Wahlkreis lebte und sich der Kluft zwischen ihren Wähler_innen und Corbyns Labour Party, die sie pflichtgemäß kritisierte, nur allzu deutlich bewusst war. Gegenwärtig droht Emily Thornberry, Unterhausabgeordnete für Islington South (Labour-Vorsprung: 17 228 Stimmen), damit, Mrs. Flint zu verklagen, weil diese behauptet habe, Mrs. Thornberry habe ihr gesagt, dass sie (Mrs. Thornberry) das Glück gehabt habe, dass ihre eigenen Wähler_innen nicht so dumm seien wie die von Mrs. Flint. Diese Anekdote sagt viel über die zukünftigen Aussichten von Labour in Wahlkreisen wie Don Valley aus. Ruth Smeeth, die in Stoke North unterlag (Unterhausabgeordnete 2015–19), besuchte in Stoke die Schule, ging dann aber zum Studium weg und kam erst zurück, nachdem sie zur Kandidatin für einen Wahlkreis gekürt worden war, der damals noch als eine sichere Bank für Labour galt.

Don Valley zählt so wenige Studierende wie kaum ein anderer Wahlbezirk. Stoke North liegt bei den Studentenzahlen ungefähr im Durchschnitt, nicht weil in Stoke aufgewachsene Kinder dortblieben, um die Universität zu besuchen, sondern weil der Bezirk günstige Wohnungen für Studierende anbietet, die drei Jahre an der Universität Keele verbringen.

David Goodhart konzentrierte sich auf dieses Problem, in dem er zwischen »Anywheres« (Überall-Menschen) und »Somewheres« (Ortsgebundene) unterschied. Viele Leserinnen und Leser seines Buches *The Road to Somewhere* wird es überraschen, wenn sie hören, *dass die meisten Menschen in Großbritannien noch immer im Umkreis von rund dreißig Kilometern um den Ort leben, an dem sie mit vierzehn Jahren wohnten.*[18] Wie die Autoren, Mrs. Flint und Mrs. Smeeth verließen viele dieser Leser_innen ihre Heimatstädte, um zu studieren oder Arbeit zu suchen, und haben seither nicht mehr dort gelebt, kehren aber als privilegierte Besucher_innen zurück; wie die Autoren besitzen sie Frequent-Flyer-Karten und unterhalten sich angenehm mit Angehörigen einer ähnlichen Elite in Hauptstädten rund um die Welt. Sie sind zu Anywheres geworden. Und es fällt ihnen schwer, das Gefühl der Ortsverbundenheit, des nachbarschaftlichen Zusammenhalts und der Gemeinschaft zu verstehen, das den Somewheres noch immer wichtig ist – die das Gros der Wählerschaft in Don Valley, Stoke und Neath stellen.

Und nur wenige Fragen dürften von Anywheres und Somewheres so unterschiedlich beantwortet werden wie Zuwanderung und Brexit. Dieser Unterschied verblüfft noch immer zahlreiche Anywheres. Vielleicht sollten sie mehr in Bussen als in Flugzeugen reisen. Wenn sie das täten, würden sie vielleicht verstehen, wieso diese Fragen im letzten Jahrzehnt einen so hohen Stellenwert erhielten.

Und Anywheres erziehen ihre Kinder auch wieder zu Anywheres, während Somewheres Somewheres großziehen. Kulturen werden durch Familien weitergegeben, und in der Welt der Meritokratie wird das – erhebliche – Ausmaß, in dem Ungleichheiten noch immer über Generationen hinweg weitergegeben werden, durch die Einzugsgebiete des Bildungssystems verstärkt. Eltern, die selbst erfolgreich sind, können ihren Kindern bessere Chancen verschaffen, indem sie sie mit dem nötigen Rüstzeug ausstatten, um sich in der neuen Meritokratie zurechtzufinden, statt ihnen die angemessenen Umgangsformen und Akzente beizubringen. Und anders als die Somewheres können sie ihren Kindern »Brückenjahre« finanzieren. In der Schweiz und in allen nordeuropäischen Ländern gibt es Formen eines staatlichen Pflichtdienstes, der auch eine breite Palette nicht militärischer, aber gemeinnütziger Optionen anbietet, bei denen Jugendliche aus der Mittelschicht, die auf die Zulassung zum Studium warten, mit Gleichaltrigen aus der Arbeiterschicht zusammenkommen.* Aber in Großbritannien und den meisten anderen Wohlstandsländern wird das Brückenjahr in der Regel für eine moralisch eindrucksvolle Tätigkeit oder auch bloß für exotische Reisen zu verlockenden Zielen genutzt, die zwar geografisch weit weg sind, dafür kulturell aber nicht so fern, wie es das Zusammenarbeiten mit Angehörigen der Unterschicht wäre.

Es ist nicht weiter verwunderlich, dass Ressentiments der Arbeiter, die sich einst gegen Aristokraten und Kapitalisten richteten, heute gegen die großstädtische Elite der Anywheres richten – Politiker, Journalistinnen, Akademiker, Anwältinnen und Banker. Das Problem verschärfte sich, als die Finanzkrise von 2008 enthüllte, dass viele Mitglieder dieser modernen Elite in den Aktivitäten, die ihnen privilegierte Positionen und hohe Einkommen einbrachten, nicht einmal besonders gut waren.

Selbstverständlich sind Boris Johnson (Eton und Oxford) und Donald Trump (New Yorker Immobilienunternehmer

---

*   Das wird auch nicht als unzeitgemäß angesehen. Schweden schaffte die Wehrpflicht im Jahr 2010 ab, beschloss 2017 jedoch, sie wieder einzuführen.

wie sein Vater und Absolvent der Wharton School, einer der weltweit führenden Wirtschaftshochschulen) selbst Produkte der Privilegierung par excellence, und daher erscheint es, oberflächlich betrachtet, rätselhaft, wieso Wähler_innen aus der Arbeiterschaft für sie stimmten. Aber Amy Chua weist darauf hin, dass Trump »in Bezug auf Geschmacksvorlieben, Einstellungen und Werte tatsächlich dem typischen weißen Arbeiter sehr ähnlich ist … in der Art und Weise, wie er spricht (kumpelhaft), sich kleidet, aus der Hüfte schießt, bei Fehlern erwischt wird«.[19] Johnsons respektloser Humor und chaotischer persönlicher Lebensstil verleihen ihm sogar einen noch stärkeren Anti-Establishment-Charme, der sowohl bei der großstädtischen Jugend, die ihm half, zum Bürgermeister von London gewählt zu werden, als auch bei Wähler_innen aus der Arbeiterschaft in der Provinz, die mithalfen, ihn zum Premierminister zu machen, gut ankommt. Und Johnson vermittelte den Eindruck, ein Pragmatiker zu sein, der sich mit den Belangen der Arbeiter identifiziert. Er räumte mit dem Marktfundamentalismus auf, der sich in den Steuersenkungsprioritäten und der strengen Sparpolitik der konservativen Schatzkanzler Osborne und Hammond niedergeschlagen hatte, und er sprach nicht länger darüber, wie er das Wirtschaftswachstum ankurbeln wolle, sondern über seine Pläne, die Lebensverhältnisse in der Provinz zu verbessern und die Zuwanderung zu kontrollieren. Thatchers berühmtem Satz widersprechend, erklärte er: »Es gibt durchaus so etwas wie Gesellschaft.« Während die Arbeiterschaft in der Provinz einstmals dem Labour-Politiker Clement Attlee vertraute, legt sie ihr Vertrauen oder zumindest ihre Unterstützung heute in die Hände des Konservativen Boris Johnson. Wie kann er – wie kann irgendein anderer Führer einer modernen Gesellschaft – diesem Vertrauen am besten gerecht werden?

TEIL III

Gemeinschaft

8
Der Mensch als Gemeinschaftswesen

»Daraus geht nun klar hervor, ... dass der Mensch von
Natur aus ein staatsbezogenes Lebewesen ist und dass
ferner der, der seiner Natur nach und nicht dem Zufall
gemäß ohne Bindung an einen Staat ist, entweder schlecht
ist oder bedeutender als ein Mensch. ... Und der Natur
nach früher ist der Staat als ... jeder einzelne von uns. ...
Wenn aber jemand nicht in der Lage ist, an der Gemeinschaft teilzuhaben, oder zufolge seiner Selbstgenügsam-
keit ihrer nicht mehr bedarf, der ist kein Teil des Staates,
somit also entweder ein wildes Tier oder gar ein Gott.«

Aristoteles, *Politik* (1253a1), um 330 v. Chr.

»Die Ideen von Ökonomen und politischen Philosophen, ob
richtig oder falsch, sind mächtiger als allgemein angenommen.
Tatsächlich wird die Welt von kaum etwas anderem regiert.
Praktische Männer, die sich von intellektuellen Einflüssen verschont halten, sind üblicherweise die Sklaven eines toten Ökonomen.« Keynes' Worte sind heute nicht weniger wahr als 1936.
Nachdem wir den Schaden beschrieben haben, den Ideen ange-
richtet haben, die die Gesellschaft auf einen Kampf zwischen
Individuen und Staat reduzierten, wenden wir uns der Philosophie und der Wissenschaft zu, die jene Akteurin einführen, die
in dieser verkümmerten Sichtweise fehlt – die Gemeinschaft.

Philosophen wie Rawls und Nozick, die bei oberflächlicher
Betrachtung gegensätzliche Positionen zu vertreten scheinen,
behaupteten beide, Gerechtigkeit dadurch zu erreichen, dass
sie das egoistische Individuum als etwas Selbstverständliches

behandelten, das keiner weiteren Begründung bedürfe, aber dieses Individuum zugleich aus jeder besonderen Gesellschaft herausnahmen. Die Sprache der Rechte erhebt Anspruch auf Universalität – die Rechte, die sie identifiziert, sind Rechte, die an allen Orten und zu allen Zeiten gelten. Wenn einige Gesellschaften diese Rechte nicht wertschätzen oder verwirklichen, ist dies auf *ihren* voraufklärerischen Zustand der Unwissenheit zurückzuführen.

Der kommunitaristische Ansatz, für den wir in diesem Kapitel und den nachfolgenden plädieren, geht von zwei miteinander zusammenhängenden Grundprämissen aus. Wir glauben erstens, dass Menschen keine egoistischen, nutzenmaximierenden Individuen sind, die jeweils ihre eigene Glückskonzeption verfolgen. Vielmehr suchen sie ihre Erfüllung vor allem in der Begegnung mit anderen – in Familien, auf Straßen und in Dörfern, bei der Arbeit und in vielen anderen Formen geselliger Verbindung. Wir behaupten, dass nicht nur das Individuum und der Staat – moralische, soziale und wirtschaftliche – Handlungsmacht besitzen, sondern auch die Gemeinschaft – durch ein dichtes Netz miteinander wechselwirkender Gruppenaktivitäten, durch die Individuen diese Erfüllung finden.

Wir kehren zum Begriff der Zivilgesellschaft zurück – ein Begriff, mit dem heute oftmals lediglich die Aktivitäten von Nichtregierungsorganisationen bezeichnet werden, den wir jedoch in seinem historischen, viel weiter gefassten Sinn verwenden.

Beide Ideen – die der sinnerfüllten Lebensgestaltung und der Zivilgesellschaft – wurden erstmals, wie so vieles, von Aristoteles formuliert. Ziel des menschlichen Daseins sei die *eudaimonia*, das gute Leben, und der Maßstab einer guten Gesellschaft ist ihre Fähigkeit, Bedingungen zu schaffen, die dem erfüllten Leben förderlich sind. Dies ist ein ganz anderer Maßstab als derjenige, der durch die Summe der Nutzen rational maximierender egoistischer Individuen gegeben ist. Erfüllung ist das Produkt der Verwirklichung von Tugenden – Aufrichtigkeit, Mut, Mitleid, Geduld, redlichem Geschäftsgebaren.

Aber ein erfülltes Leben erfordert Ausgewogenheit und Mäßigung, auch in den Tugenden. Aufrichtigkeit verlangt von uns nicht, unseren Kindern die Wahrheit über ihr künstlerisches oder sportliches Können zu sagen. Zu wenig Geduld ist ein Laster, aber das gilt auch für zu viel Geduld. Mitgefühl ist bewundernswert, aber die Tugend des Mitgefühls ist das praktische Mitleid, das dem Nachbarn in Not hilft, nicht der »Weltretter«-Furor von Mrs. Jellyby. Es gibt keine absoluten, unumschränkt gültigen, Regeln – wie es sie für Kant gab, der behauptete, die Pflicht, die Wahrheit zu sagen, verlange von uns, selbst einem Menschen, der einen anderen ermorden wolle, den Aufenthaltsort seines Opfers zu verraten, oder wie es sie für den modernen Menschenrechtsanwalt gibt, der darauf besteht, dass die verurteilten Mitglieder einer Drogengang nicht abgeschoben werden dürften.

Ist das kommunitaristische Rezept für ein erfülltes Leben aber tatsächlich zielführender als der Individualismus mit seinen falschen Versprechungen? Adam Smith verstand *eudaimonia* im Sinne von »Liebe verdienend, der Liebe wert«. Der habgierige, egoistische, faule (sofern er nicht durch geeignete Anreize motiviert wird) Homo oeconomicus ist nicht »liebenswert«, und die Erkenntnisse der modernen Psychologie sprechen nicht dafür, dass er in der Lage wäre, ein erfülltes Leben zu führen. Der Psychologe Abraham Maslow gibt in seiner Bedürfnispyramide dem lebensnotwendigen Bedarf Vorrang vor allem anderen, aber sobald dieser befriedigt sei, strebten wir nach Zugehörigkeit, Wertschätzung und, schließlich, Selbstverwirklichung.[1] Um es klarzustellen: Selbstverwirklichung besteht nicht darin, ein Selfie auf Instagram zu posten oder sich selbst auf eine andere Weise zur Schau zu stellen; Selbstverwirklichung, die Maslow zufolge nur eine sehr kleine Minderheit der Menschen erreicht, bedeutet, dass man sein Potenzial ausschöpft und das Beste aus sich macht. Martin Seligman ist einer der Wegbereiter der Psychologie des Wohlbefindens. Sein Fazit – »zwar sind Beziehungen nicht alles, aber fast alles« – ist nicht sonderlich elegant formuliert, greift aber Ideen von Smith und Aristoteles auf. Handlungsfreiheit konkretisiert sich nur im Kontext von Beziehungen auf sinnvolle Weise.[2]

Gemeinschaft

Oftmals werden Gemeinschaften mit einem bestimmten Ort (als »Gemeinden«) assoziiert. Aber es gibt noch viele andere Arten – Religionsgemeinschaften, Sportvereine, Buchklubs, Vogelbeobachtergruppen und Ehemaligenvereinigungen, die ganze Mannigfaltigkeit kooperativer Tätigkeiten, deren Niedergang Robert Putnam in *Bowling Alone* beklagen sollte.

Die Zivilgesellschaft setzt sich aus Vereinen und Verbänden mit gemeinsamen Werten und Normen zusammen. Im Jahr 1767 verfasste Adam Ferguson, ein Philosoph der Schottischen Aufklärung – und Zeitgenosse und zeitweiliger Freund von Adam Smith – einen »Essay über die Geschichte der Zivilgesellschaft«. Als junger Mann war Ferguson Militärgeistlicher der Black Watch gewesen, eines Regiments, das aufgestellt worden war, um nach den jakobitischen Aufständen die schottischen Highlands zu »befrieden«; der Name sagt viel darüber aus, was das gemeine Volk von diesem Regiment hielt. Die Zivilgesellschaft war das Gegenteil der militärischen Hierarchie des auf Zwangsgewalt beruhenden Staates.

Smith war keineswegs jener Hohepriester des Individualismus, als der er von modernen Kommentatoren verehrt wird, die nicht mit seinem Werk vertraut sind, sondern vielmehr ein Kommunitarist. Smiths philosophischer Beitrag war die *Theorie der ethischen Gefühle* (1759). Er bittet seine Leser_innen, ihre empathische Vorstellungskraft einzusetzen, um Dinge aus der Perspektive anderer Menschen zu betrachten – zu einem »unparteiischen Beobachter« zu werden. Meine Unparteilichkeit erfordert keine Distanziertheit – ich schulde dem Kind meines Nachbarn mehr als den anonymen Bengalen –, sondern Verzicht auf den Egoismus, der für Rawls nur dadurch aufgewogen wird, dass ich nichts über meine Rolle in der zukünftigen Gesellschaft weiß. Smiths unparteiischer Beobachter ist sich, anders als die Person hinter Rawls Schleier des Nichtwissens, voll und ganz seiner Rolle in der gegenwärtigen Gesellschaft bewusst, und diese erfundene Figur führt zu einer Annäherung des »Ich« an das »Wir«.

Smith sah keinen Widerspruch zwischen den Argumenten im *Wohlstand der Nationen* (1776) und denen in der *Theorie der ethischen Gefühle*. Die Beziehungen im Markt sind immer Beziehungen zwischen Menschen. Während Mrs. Smith mit dem Bäcker und dem Metzger plauderte (der Weise heiratete nie, und seine Mutter führte ihm fast sein gesamtes Leben lang den Haushalt), schwatzte Adam mit David Hume, Ferguson und der Gemeinschaft von Intellektuellen, die die Edinburgher Gesellschaft seiner Zeit auszeichnete. In Smiths Welt dürfen wir durchaus unsere eigennützigen Interessen verfolgen – nicht zuletzt deshalb weil wir sie besser verstehen als andere –, aber wir dürfen dies nicht auf Kosten anderer tun. Der Metzger agiert am Markt als Metzger, aber dadurch hört er nicht auf, ein Mensch zu sein, der in ein Netz von Verpflichtungen eingewoben ist.

Bereits zum Zeitpunkt der Geburt der Volkswirtschaftslehre waren mithin kommunitaristische Ideen im Umlauf. Unglücklicherweise wurden nach Smiths Tod seine Ideen über den Metzger als Händler zum Homo oeconomicus aufgebauscht, eine Kreatur, die er selbst verabscheut hätte, während seine Ideen über den Metzger als Mensch und die gute Gesellschaft als eine, die sich durch eine Harmonie der (ethischen) Gefühle auszeichnet, weitgehend in Vergessenheit geraten sind.*

---

* Jesse Normans ausgezeichnetes Buch über Smith (Norman, 2018), das auf seine frühere Burke-Biografie folgte, stellt das Gleichgewicht wieder her.

Die Entwicklung des
kommunitaristischen Denkens

Der Kommunitarismus des 18. Jahrhunderts war nicht auf die
Salons von Edinburgh beschränkt. Der irisch-britische Schriftsteller und Politiker Edmund Burke schrieb: »Der Klasse der
Gesellschaft, zu welcher wir gehören, treu zu sein, den kleinen Haufen zu lieben, der uns zunächst umgibt, ist das Prinzip
und gleichsam der Keim aller bürgerlichen Tugenden. Es ist
das erste Glied in einer Kette, die uns weiterhin mit unserem
Vaterlande und endlich mit dem menschlichen Geschlecht
zusammenknüpft.«[3] Im frühen 19. Jahrhundert fasste Georg
Wilhelm Friedrich Hegel in seiner politischen Philosophie die
*bürgerliche Gesellschaft** beziehungsweise *Zivilgesellschaft* als
das Bindeglied zwischen Familie und Staat auf.[4] Der französische Aristokrat Alexis de Tocqueville schrieb in seinem Buch
Über die Demokratie in Amerika: »Amerikaner jeden Alters,
jeden Ranges, jeder Geistesrichtung schließen sich fortwäh-
rend zusammen. ... In den demokratischen Ländern ist die
Lehre von den Vereinigungen die Grundwissenschaft; von
deren Fortschritten hängt der Fortschritt aller anderen ab.«[5]
Und Karl Marx behauptete: »In der gesellschaftlichen Produktion ihres Lebens gehen die Menschen bestimmte, notwendige, von ihrem Willen unabhängige Verhältnisse ein, Produktionsverhältnisse, die einer bestimmten Entwicklungsstufe
ihrer materiellen Produktivkräfte entsprechen. Die Gesamtheit dieser Produktionsverhältnisse bildet die ökonomische
Struktur der Gesellschaft ...«[6]

Der 1958 erschienene Artikel »Modern Moral Philosophy«
der in Oxford lehrenden Philosophin Elizabeth Anscombe
gilt vielfach als der Beginn des modernen Kommunitarismus,
der in den 1980er-Jahren dann eine bedeutende Renaissance

---

* Dt. im Orig. (Anm. d. Übers.)

erlebte.* Einer seiner Vertreter, Amitai Etzioni, definierte ihn folgendermaßen:

> Der Kommunitarismus ist eine Sozialphilosophie, die … die Bedeutung der Gesellschaft bei der Formulierung des Guten betont … Kommunitaristen untersuchen, auf welche Weise gemeinsame Konzeptionen des Guten gebildet, weitergegeben, begründet und durchgesetzt werden. Dies erklärt sein Interesse an Gemeinschaften (und an den Dialogen über Ethik, die in ihnen geführt werden), der historischen Weitergabe von Werten und Sitten und an den gesellschaftlichen Einheiten, die Werte weitergeben und durchsetzen – wie etwa Familie, Schulen und freiwilligen Vereinigungen (einschließlich religiösen Andachtsstätten), die alle Teile von Gemeinschaften sind.[7]

Etzioni war einer aus einer Gruppe von Denkern, die den Kommunitarismus beschrieben, während sie selbst in auffälliger Weise keine Gemeinschaft bildeten. Prominente Mitglieder waren Alasdair MacIntyre, C. B. Macpherson, Michael Sandel, Charles Taylor und Michael Walzer. Auch der Doyen des modernen amerikanischen Pragmatismus, Richard Rorty, wird gemeinhin zu den Kommunitaristen gezählt.

Evolution und Homo oeconomicus

Nach Darwin war man fast hundert Jahre lang der festen Überzeugung, die Evolution begünstige den Homo oeconomicus: Die Gierigen und Egoisten würden andere im Wettstreit um Nahrung, Unterkunft und Paarungspartner erfolgreich ausstechen. Dieses »Überleben der Bestangepassten« gilt für fast alle Säugetierarten. Viele Menschen sind mit der gierigen und egois-

---

* Anscombes Aufsatz gab den Anstoß zu einer Erneuerung der Tugendethik, und der Kommunitarismus entwickelte sich als eine ihrer Richtungen.

tischen Katze vertraut. Paul hält sein eigenes Exemplar, Grissou, mittlerweile für *Cattus oeconomicus*.

Das bessere Verständnis evolutionärer Prozesse, das in den 1960er-Jahren begann, und die in jüngster Zeit entstandene Evolutionspsychologie erzählen uns allerdings eine andere Geschichte. Der Mensch verdankt seinen evolutionären Erfolg demnach nicht der Tatsache, dass er egoistisch und gerissen ist, sondern seiner sozialen Natur. In gut funktionierenden Gesellschaften knüpfen und pflegen Menschen ein ausgedehntes Netz sozialer Kontakte, die auf Gefälligkeiten und wechselseitigen Verpflichtungen beruhen, zu denen der Homo oeconomicus nicht fähig wäre. Der Evolutionsbiologe Nicholas A. Christakis fasste dies folgendermaßen zusammen: »Alle Menschen sind darauf programmiert, sich zu einer bestimmten Form der Gesellschaft zusammenzuschließen – einer Gesellschaft voller Liebe, Freundschaft, Kooperation und Lernen.«[8] (Ein berüchtigtes Video zeigt allerdings, dass es einigen seiner Studenten und Studentinnen gelang, ihrer Vorprogrammierung zu widerstehen.)[9]

Die Evolution hat uns (mit einigen Ausnahmen) zu Wesen gemacht, die geselligen Umgang genießen und prosozial sind. Menschen sehnen sich danach, einer Gruppe anzugehören, und eine gute Meinung anderer Gruppenmitglieder ist ihnen wichtig. (Das zumindest wurde in dem Video deutlich.) Wir sind bereit, im Streben nach Zugehörigkeit und Wertschätzung auf individuelle materielle Belohnungen zu verzichten. Wir wünschen uns nicht nur die Wertschätzung anderer – wir wollen gemocht werden –, sondern auch Selbstachtung – wir wollen also »liebens*wert*« im Sinne von Smith sein. Auf diese Weise werden wir moralisch »belastbar« – fähig, Pflichten anzuerkennen und zu befolgen, die unser Verhalten verändern. Die Gene, denen wir unseren Erfolg als Spezies verdanken, sind Gene, die uns als Gruppe erfolgreich machen. Die langjährigen Debatten »Anlage versus Umwelt« und »Gruppen- versus Individualselektion« sind heute beigelegt: Beide Faktoren sind untrennbar miteinander verwoben.

Und dennoch gibt es ein Problem, das Pauls Katze verdeutlicht: die Vorteile, die damit verbunden sind, ein egoistisches Mitglied einer Gruppe zu sein, die auf ein gemeinsames Ziel hinarbeitet, von dem all ihre Mitglieder profitieren. Die verwilderte Katze ist individualistisch, gierig und egoistisch, aber sie kann sich nicht drücken: Sie muss jagen, um ihren Nahrungsbedarf zu decken. Die Hauskatze kann nicht nur gierig und egoistisch, sondern auch faul sein. Und Grissou ist all dies. Sie genießt sämtliche Vorteile ausgeklügelter kooperativer Aktivitäten von Menschen – die Gefahren, die Tiefseedorschfischer erdulden, die Investitionen von Lachszüchtern und die ineinandergreifenden Anstrengungen von Konservenarbeitern, Verpackern und Supermarktlieferketten, die eine Dose Katzenfutter abfüllen. Keine andere Spezies hat eine auch nur annähernd so komplexe Nahrungskette. Und Grissou wartet darauf, dass Paul die Dose öffnet und deren Inhalt in ihren Napf gibt – ohne je mehr als ein widerwilliges Miau beizusteuern. Sie lebt in einer Welt der Rechte ohne Pflichten, sie bekommt das Dosenfutter mundgerecht serviert, ohne etwas dafür zu tun – *eine echte Aristokratin.*

Erfolgreiche Menschengruppen, die ein gemeinsames Ziel verfolgen, können es nicht zulassen, dass Abweichler sich zugunsten ihrer eigenen Prioritäten über dieses Ziel hinwegsetzen. Und sie tun es nicht. Sie bestrafen »Trittbrettfahrer« – Menschen, die die Vorteile kooperativer Aktivitäten beanspruchen, ohne etwas dazu beizutragen. Selbst die Wertpapierhändler, die den LIBOR-Zinssatz und ganze Finanzmärkte manipuliert hatten, schickten einander E-Mails mit Sätzen wie »Du hast bei mir was gut«. Innerhalb ihrer eigenen Gruppe erkannten sie wechselseitige Verpflichtungen an, während sie gleichzeitig andere Marktteilnehmer_innen und den Fiskus abzockten. Bei einem experimentellen Verfahren zur Messung prosozialer Einstellungen werden Student_innen gebeten, in einen gemeinsamen Topf einzuzahlen, der allen zugutekommt. Die zahlreichen ähnlichen Experimente, die seither durchgeführt wurden, haben wiederholt gezeigt, dass den meisten Menschen Fairness ein wichtiges Anliegen ist. Sie zahlen in gemeinsame Töpfe ein, und sie erklären sich bereit zu teilen, auch wenn man ihnen die Option gibt, alles für sich zu behalten.

Die Autoren einer frühen Studie (1981) gaben ihrem Aufsatz den Titel »Ökonomen sind Trittbrettfahrer: Sonst noch jemand?«. Sie schrieben: »Mehr als ein Drittel der Ökonomen weigerte sich entweder, die Frage, was fair sei, zu beantworten, oder aber sie gaben sehr komplexe, nicht kodierbare Antworten. Offenbar ist die Bedeutung von ›Fairness‹ in diesem Zusammenhang für diese Gruppe etwas Fremdartiges.«[10] Und Studierende der Wirtschaftswissenschaften steuerten durchschnittlich weniger als die Hälfte dessen bei, was die Gruppe der Studentinnen und Studenten insgesamt beisteuerte. Vielleicht bringen die Wirtschaftswissenschaften ihrem akademischen Nachwuchs nicht bei, die Wirtschaft zu verstehen, sondern zu einem Homo oeconomicus zu werden.

»Kennen wir das Modell?«

Der Marktfundamentalismus geht von der Annahme aus, dass jeder »das Modell kennt«. Katzen »kennen das Modell« in dem Sinne, dass sie die relevanten Aspekte ihrer Welt hinlänglich gut kennen, um ihr Verhalten darauf abzustimmen. Wenn Grissou hungrig ist, blickt sie flehentlich auf und miaut; einen Großteil des Tages kauert sie sich in einem Schrank zusammen, um dem Hund nicht in die Quere zu kommen. Sie »kennt das Modell«, weil ihre Welt einfach ist. Aber unsere Welt ist nicht einfach, und wir kennen das Modell nicht.

Stattdessen experimentieren wir – wir erkunden die Welt durch praktisches Herumprobieren, wie es Grissou als Kätzchen tat. Die meisten jungen Tiere haben einen natürlichen Spieltrieb, während der Mensch eine charakteristische Fähigkeit *zum fantasievollen und kreativen Spielen* entwickelt hat. Eichhörnchen sind hervorragend darin, Bäume hinaufzuklettern und Vorräte an Nüssen anzulegen, aber in Jahrmillionen scheint kein einziges junges Eichhörnchen den Gedanken »Ich will ein anderes Leben führen« gehabt und ausprobiert zu haben. Die Fähigkeit zu besitzen, sich alternative Szenarien auszudenken und damit zu experimentieren, wie sich diese umsetzen lassen, ist die Grundlage unseres angeborenen Bedürfnisses nach *kreativer Betätigung*. Aber unsere Vorstellungskraft eilt unseren schöpferischen Fähigkeiten voraus. Dies erklärt das Lamento frustrierter Geeks: »Wir wollten fliegende Autos, stattdessen bekamen wir 140 Buchstaben.«[11]

Oft versetzt uns diese schöpferische Einbildungskraft in Situationen, die wir nicht vollständig verstehen, mit negativen und positiven Konsequenzen: Atombomben, Klimawandel. Wir brauchen Widerstandsfähigkeit, und die Evolutionsbiologie enthüllt uns, welche Merkmale eine Spezies zum Überleben braucht: weit verstreute Entscheidungszentren, die Redundanz und alternative Informations- und Versorgungsquellen bereitstellen, sodass auch dann, wenn einige von ihnen zerstört werden, das Ganze weiterhin funktioniert. Modularität und Redundanz sind von entscheidender Bedeutung für die Widerstandsfähigkeit komplexer Systeme, und eine der Lehren aus der Coronakrise besteht darin, dass Investitionen in diese, selbst wenn sie auf kurze Sicht ineffizient zu sein scheinen, langfristig der Schlüssel zu Nachhaltigkeit sind.

Aber es gibt noch weitere, nicht minder wichtige Vorteile der Dezentralisierung. In Kapitel 5 haben wir das wiederholte Versagen einer einzelnen Autorität beschrieben, die in einem zu großen Maßstab plante und aus ihren Fehlern nicht schnell beziehungsweise gar nicht lernte. Die Evolution hat uns zu Wesen gemacht, die sich gegenseitig nachahmen und voneinander lernen. Um zu lernen, brauchen wir viele Experimente, und daher muss schöpferische Initiative auf viele Individuen verteilt sein. Der Evolutionsbiologe Joe Henrich von der Universität Harvard hat die kollektive Intelligenz »das Geheimnis unseres Erfolgs« als Spezies genannt. Die Anhäufung von kollektivem Wissen ist das Produkt von Wettbewerb und Kooperation. Die kollektive Erfahrung einer Gemeinschaft wird geteilt und aufbewahrt, und dieser Wissensfundus wird durch Kultur und Bildung weitergegeben. Dieses kollektive Wissen ist im Lauf der Zeit immer weiter angewachsen, und dies befähigt uns, jene Komplexität zu erschaffen, von der Grissou profitiert, die sie jedoch nicht verstehen kann. Henrich weist darauf hin, dass junge Menschenaffen Probleme genauso zügig lösen wie Kinder; dagegen sind sie *nicht fähig*, voneinander zu lernen.

Obgleich unsere kollektive Intelligenz stark zugenommen hat, stellt die wachsende Komplexität so hohe Anforderungen an sie, dass unser zweckorientiertes Verständnis der Welt abgenommen hat. Implizites Wissen – die Art von Wissen, die man durch Erfahrung erwerben kann – wird wichtiger als kodifizierbares Wissen, das man sich aus einem Lehrbuch aneignen kann. Da implizites Wissen breit gestreut ist, sollte auch die Autorität, die Entscheidungen trifft, breit gestreut sein. Und in dem Maße, wie Wissen aus gelebter Erfahrung an Bedeutung gewinnt, läuft die Selbstverwirklichung der unerfahrenen Jugend in zunehmendem Maße Gefahr, in Tragödien zu enden.

Gemeinschaftsbildende Kommunikation

Gemeinschaften sind beides – das Geflecht von Beziehungen auf Wechselseitigkeit und der Speicher unserer kollektiven Intelligenz. Eine erfolgreiche Gemeinschaft muss ein Gefühl gemeinsamer Zugehörigkeit vermitteln, damit eine Kausalkette geknüpft werden kann, die gemeinsam erbrachte Opfer und geteilte Werte mit einer besseren Zukunft verbindet, und um Kriterien zu definieren, nach denen andere Mitglieder der Gruppe positiv beurteilt werden. Diese Kombination erzeugt einen sozialen Druck, den von der Gruppe auferlegten Verpflichtungen nachzukommen, und sie gibt Menschen

Richtlinien für die Beurteilung ihres eigenen Verhaltens an die Hand.

Jeder dieser Punkte – die gemeinsame Identität, die geteilte Sinnorientierung, die Bestätigung durch die Gruppe – erfordert Kommunikation und Überredung. Eine Gemeinschaft ist ein kommunikatives Netzwerk, aber jeder Einzelne von uns kann nur eine begrenzte Anzahl von Menschen kennen; nur in kleinen Gruppen kann sich jeder mit allen anderen austauschen. In dem Maße, wie wir immer ambitioniertere Ziele verfolgt haben, mussten wir in größeren Gruppen kooperieren, und zu diesem Zweck brauchen wir »Superkommunikatoren« – Politikerinnen, Unternehmer, religiöse Führer und Journalistinnen –, die mit allen kommunizieren. Und es wird noch komplexer, denn wir alle müssen zudem wissen, dass diese Kommunikatoren sich mit uns allen unterhalten. Auf diese Weise werden Mitteilungen zu *gemeinsamem* Wissen: Wir alle wissen, dass wir alle das Gleiche wissen.

Solche großen Gemeinschaften werden mehrschichtig – sie werden Netzwerke aus Netzwerken. Sie haben das Potenzial für die Kooperation, die uns vor Stürmen schützt, während sie zugleich die auf Wettbewerb beruhende Kreativität, die den Fortschritt antreibt, fördern. Aber sie haben auch ein dunkleres Potenzial: Ohne Pluralismus kann Kooperation zu engstirniger Stagnation und den Fehlern des Gruppendenkens führen. Ohne klare Grenzen kann der Wettbewerb Unternehmen zu destruktiven Organisationen machen, die suchterzeugende Drogen in Verkehr bringen, und führende Politiker und Politikerinnen zu brutalen Agitatoren eines hasserfüllten Nationalismus.

Erfolgreiche Gesellschaften erschaffen Institutionen, die Pluralismus gewährleisten und disziplinieren. Wie die ausgedehnten Gemeinschaften aus mehrschichtigen Netzwerken, aus denen sich unsere modernen Gesellschaften zusammensetzen, dies am besten bewerkstelligen können, ist das Thema des folgenden Kapitels über kommunitaristische Governance.

9
Kommunitaristische Governance

»Ein Mensch existiert erst dann, wenn
mindestens zwei Menschen miteinander
kommunizieren.«

John Macmurray, *Persons in Relation*, 1961

Gute Regierungsführung verschafft Bürger_innen Freiräume
für eine sinnerfüllte Lebensgestaltung. Aristoteles' Kriterien
einer guten Regierungspraxis gelten auch heute noch. Eine gute
Regierung ist nicht tyrannisch – sie beruht auf einer verbind-
lichen Rechtsordnung, die die Zustimmung der Bürgerinnen
und Bürger gewinnt. Eine gute Regierung ist immun gegen das,
was wir heute *Rent-Seeking* (leistungslose Selbstbereicherung)
nennen – das heißt, sie lässt sich nicht vor den Karren wirtschaftlicher Sonderinteressen spannen. Und eine gute Regierung ist gerecht – sie bemüht sich um eine faire Güterverteil-
lung zwischen verschiedenen Bürger_innen und Gruppen von
Bürger_innen. Dies ist eine Welt, die sich grundlegend von
dem selbstgerechten Narzissmus des expressiven Individualismus unterscheidet. Und ebenso von der Welt einer Politikerin
oder eines Staatsbeamten, die eine soziale Wohlfahrtsfunktion
maximieren wollen, die auf der Summe der individuellen Präferenzen jedes Menschen an jedem beliebigen Ort beruht.

Kommunitaristen in der Politik

Wie im vorangehenden Kapitel beschrieben, geht das kommunitaristische Denken auf Burke, Hegel und Marx zurück –
Begründer sehr unterschiedlicher Richtungen der politischen
Philosophie. In der ersten Hälfte des 20. Jahrhunderts war die
politische Rhetorik der Linken und der Rechten kommunitaristisch, wobei die Linke den Gedanken der Solidarität betonte,
während die Rechte die nationale Einheit hervorkehrte – Einstellungen, die einander keineswegs widersprechen. Franklin D.
Roosevelt appellierte im Kampf zunächst gegen die Weltwirtschaftskrise der 1930er-Jahre und dann, gemeinsam mit Winston Churchill, gegen den Faschismus an beides. Nach dem
Krieg war man bestrebt, diesen kommunitaristischen Konsens
aufrechtzuerhalten. Der Aufstieg des Individualismus hat diesen politischen Ordnungsrahmen dann nach und nach unterminiert, aber manche moderne kommunitaristische Philosophen waren einflussreich.

So war Tony Blair stark von dem kaum bekannten schottischen Philosophen John Macmurray beeinflusst. Geleitet von
dessen Ideen, flirteten Blair und sein enger politischer Berater
David Miliband mit kommunitaristischen Konzepten; so spra-
chen sie etwa von einer »Teilhabegesellschaft«. Aber diese Überlegungen fanden ein abruptes Ende, als die Wirtschaftspolitik
weitgehend in die Hände von Gordon Brown gelegt wurde, der,
grob gesprochen, eine Philosophie des Marktfundamentalismus
vertrat, die er mit einer Steuer- und Sozialpolitik verband, welche
die Scherben kitten sollte. Dieses Szenario fand eine Parallele in
der Koalitionsregierung nach 2010: Die rigorose Sparpolitik von
George Osborne setzte das kommunitaristische »Big Society«-
Programm von David Cameron praktisch außer Kraft.

Die persönlichen politischen Präferenzen kommunitaristischer Denker waren breit gefächert. MacIntyre begann als
ein Kommunist, ehe er zum Katholizismus konvertierte, und
Etzioni ist ein konservativer Moralist. Das religiöse Element

im Kommunitarismus war immer stark – Macmurray schrieb über sein qualvolles Ringen mit dem Glauben und beschloss sein Leben als Quäker, während Blair Katholik wurde. Macpherson war ein Student von Harold Laski und ein lebenslanger Marxist. Der kommunitaristische Soziologe Norman Dennis lebte, was er predigte: Aufgewachsen im nordenglischen Sunderland, kehrte er dorthin zurück, lehrte an der Universität Newcastle und saß als Labour-Mitglied im Stadtrat von Sunderland. Die Erosion der moralischen Gemeinschaften seiner Kindheit beklagend, publizierte er in vorgerücktem Alter unter der Ägide des wirtschaftsliberalen Institute of Economic Affairs.

Die Vorlesungen des kommunitaristischen Philosophen Michael Sandel über Gerechtigkeit sind nach allem, was man hört, die populärste Lehrveranstaltung an der Universität Harvard. Ihre Onlineversion hat so viele Zuschauer_innen, dass sie den Zorn von Professoren an weniger renommierten Hochschulen erregt, die darin eine Bedrohung für ihre Weiterbeschäftigung sehen.* Ed Miliband, Vorsitzender der Labour Party von 2010 bis 2015, hatte bei Sandel studiert, bewunderte ihn, identifizierte sich mit seinem Denken und lud ihn ein, eine Rede auf dem Labour-Parteitag zu halten. Auch David Camerons Engagement für die »Big Society«, in dem er von seinem Berater Steve Hilton ermuntert wurde, war offensichtlich kommunitaristisch inspiriert. Aber die rigorose Sparpolitik nach 2010 hatte zur Folge, dass die beabsichtigte Übertragung von Zuständigkeiten auf die Kommunen nicht mit dem Transfer von Geldern einherging, die notwendig gewesen wären, um die gemeindenahen Organisationen aufzubauen, die diese Aufgaben hätten übernehmen können.

---

* In einem Brief des Fachbereichs Philosophie der San José State University an Sandel (2012), der ein großes mediales Echo fand, wurde behauptet, dass er »die Schaffung zweier sozialer Klassen in der akademischen Welt vorantreibt«.

Jenseits der Tragik der Allmende

Wir kehren zur Arbeit von Elinor Ostrom zurück, der Politikwissenschaftlerin, die für ihre Studien über kleine Gemeinschaften, die sich auf gesellschaftliche Konventionen verständigt hatten, mit denen sich das Trittbrettfahrer-Problem – die »Tragik der Allmende« – beseitigen ließ, mit einem Nobelpreis für Wirtschaftswissenschaften ausgezeichnet wurde.[1] Sie entdeckte, dass diese Vereinbarungen, welche die »Tragik« vermieden, einem Muster entsprachen, auch wenn jede Gesellschaft anders war, und sie versuchte, Grundsätze der politischen Organisation für eine Gemeinschaft zu entwerfen. David Sloan Wilson behauptet, dass Ostroms Grundsätze skalierbar seien, das heißt, dass sie in großen Gemeinschaften genauso gut funktionierten wie in kleinen.[2] Dies ist wichtig, weil wir auf vielen Ebenen miteinander kooperieren müssen. Gründergemeinschaften sind klein – Burkes »kleine Haufen« –, aber für viele Zwecke müssen wir zusammenarbeiten und Tausende, Millionen, vielleicht – wie bei der Bekämpfung von Pandemien – sogar Milliarden Menschen auf die Verfolgung eines gemeinsamen Ziels einschwören. Diese Fähigkeit zu einer effektiven Steuerung und Koordinierung auf mehreren Ebenen war tatsächlich eines von Ostroms Prinzipien.

Ihre grundlegendste Erfordernis ist *Begrenztheit:* Klarheit darüber, wer zur Gemeinschaft gehört und wer nicht. Menschen können sich der Gemeinschaft anschließen, aber echte Gemeinschaftsbindung kann nur entstehen, wenn jeder und jede weiß, gegenüber wem er oder sie selbst Pflichten hat und wer gegenüber ihm oder ihr verpflichtet ist. Bürger und Bürgerinnen eines Landes erkennen gegenüber Mitbürger_innen größere Verpflichtungen an als gegenüber Nichtmitbürger_innen, und entsprechend haben Personen der gleichen Staatsbürgerschaft stärkere Ansprüche auf nationale Ressourcen als Personen mit fremder Staatsbürgerschaft. Aus diesem Grund ist Staatsbürgerschaft relevant. Staatsbürgerlicher Nationalismus hat nichts mit ethnischem Nationalismus zu tun.

Dass die britische Regierung Pflichten gegenüber britischen Staatsbürger_innen hat, die sie nicht gegenüber Menschen im Rest der Welt hat, dürfte kaum strittig sein. Begrenztheit bedeutet nicht »fernhalten« im Sinne von Rousseau, aber es bedeutet, dass Neulinge in einem Tempo aufgenommen werden müssen, mit dem sich die Mitglieder der aufnehmenden Gemeinschaft wohlfühlen. Und dass Neulinge einsehen müssen, dass sie die Pflicht haben, aktive Mitglieder der Gemeinschaft zu werden, indem sie das Netz der Wechselseitigkeit, von dem sie ein Teil werden, verstehen und akzeptieren.

Aber Ostrom legte auch großen Wert auf Teilhabe. Mitglieder der Gemeinschaft sollten in der Lage sein, an der Modifizierung der Regeln mitzuwirken, wenn sich die Umstände verändern: Und wir können davon ausgehen, dass sie sich in einer Welt radikaler Ungewissheit in einer Weise verändern werden, die wir nicht vorhersagen können. Außenstehende müssen diese Regelsetzungsrechte von Gemeinschaftsmitgliedern respektieren. Die Gemeinschaft setzt ihre Regeln selbst fest; sie werden ihr nicht von Außenstehenden aufgezwungen oder von einer juristischen Kaste erfunden, auf Grundlage imaginierter universeller Normen, die unabhängig von den Praktiken der Gemeinschaft, in der sie leben, deduziert werden.

Nachdem sie Regeln für die Verfolgung gemeinschaftlicher Ziele aufgestellt haben, müssen Mitglieder der Gemeinschaft diese durchsetzen, sich gegenseitig überwachen und abgestufte Sanktionen verhängen, wenn dagegen verstoßen wird. Wenn es zu Konflikten kommt, müssen sie durch Prozesse beigelegt werden, die leicht zugänglich und kostengünstig sind und die nach Kompromissen suchen.

Die besondere Eigenart des Gemeinschaftsziels legt fest, welche Gemeinschaftsebene geeignet ist, um dieses Ziel zu verwirklichen. Einige Ziele erfordern ein sehr hohes Niveau gemeinsamen Handelns, zum Beispiel Landesverteidigung, und einige verlangen globales Handeln, etwa die Bewältigung von Pandemien. Für andere Ziele, wie die Versorgung mit Brot, ist ein

Unternehmen geeigneter, oder eine Familie für das Großziehen von Kindern, oder eine Stadt für den Bau einer U-Bahn. Das Leitprinzip ist Subsidiarität: Gemeinschaftsorientierung sollte auf der niedrigsten Ebene, auf der Kooperation notwendig ist, aufgebaut und gefördert werden.

Pluralismus und Wettbewerb schützen und einschränken

Menschen sind von Natur aus kreativ, aber Kreativität kann sich nur in einer Gemeinschaft entfalten, die unterschiedlichste Ideen zulässt. Wenn die einzige Person, die originelle Ideen haben darf, der politische Anführer ist, läuft die Gesellschaft Gefahr, das düstere Schicksal Chinas unter Mao zu erleiden: eine gewaltige Hungersnot aufgrund seines »Großen Sprungs nach vorne«, der eine schreckliche Fehlbezeichnung ist. Der Schutz des Pluralismus erfordert es, dass Individuen in der Lage sein sollten, öffentlich neue Ideen zu äußern, frei von Einschüchterungen durch den Staat oder Aktivist_innen. Viele neue Ideen stammen heute nicht mehr von Einzelnen, sondern von Teams miteinander kooperierender Personen. Öffentliche und private Organisationen werden so gestaltet, dass sie sowohl die Diversität innerhalb von Teams als auch die Diversität zwischen Teams effektiv fördern. Das ist der Unterschied zu einem Nationalen Brotdienst.

Neue Ideen entspringen sowohl dem kodifizierten Wissen, das ein Produkt der wissenschaftlichen Forschung ist, als auch praktischem Wissen, das auf Learning by Doing basiert. Ein guter kommunitaristischer Ordnungsrahmen lässt explizites und implizites Wissen zu Wort kommen: fachliches Wissen und praktisches Know-how, die sich gegenseitig verstärken. Gegenwärtig sind wir weit davon entfernt – mit einer akademischen Fachgemeinschaft, die vor allem mit sich selbst spricht, und einer größeren Gemeinschaft, die, in Michael Goves erschreckenden Worten, die Nase voll hat von Experten.

Aber die Meinungsvielfalt muss selbst begrenzt werden, um die Fähigkeit zur Kooperation zu schützen. Pluralität der Meinungen ist unverzichtbar, muss aber diszipliniert werden. Irgendwann einmal müssen Gemeinschaften Debatten beenden. Ihre Führungsverantwortlichen streben nach Konsens durch erfolgreiche Vermittlung, aber die Suche nach einem Konsens darf keiner Minderheit – ob gierigen Bankern oder Umweltaktivistinnen – ein Vetorecht gegen das übergeordnete Gemeinschaftsinteresse einräumen. Und sie sollte gewiss keiner Minderheit erlauben, die Verwirklichung eines Gemeinschaftsziels zu hintertreiben, sei es durch Zerstören des Weltfinanzsystems, sei es durch Blockade von Flughäfen. Das Streben nach praktischer Umsetzung des Gemeinwohls ist eines der definierenden Merkmale einer erfolgreichen Gemeinschaft; es fördert sowohl den Fortschritt, wie ihn gute Zeiten mit sich bringen, als auch jene Einrichtungen, die uns in schlechten Zeiten schützen.

Wettbewerb und Pluralismus gehen Hand in Hand; Wettbewerb ist sowohl eine Folge des Pluralismus als auch ein Ansporn dazu. Und der Drang, sich dem Wettbewerb mit anderen zu stellen, fördert Innovation und Leistungsbereitschaft, von denen sowohl die Gemeinschaft als auch der Wettbewerber profitiert. Der Wettbewerb muss also aufrechterhalten werden. Oftmals besteht der leichteste Weg, erreichte Erfolge zu verteidigen, darin, Rivalen auszubremsen. Unternehmen versuchen, staatliche Stellen dazu zu bewegen, sie vor »unlauteren« Wettbewerbern zu schützen; Inhaber politischer Ämter versuchen, Herausforderer durch Strategien wie die Manipulation von Wahlbezirksgrenzen zu behindern. Eine erfolgreiche Gemeinschaft errichtet Institutionen, die sie vor diesen Erosionen der Pluralität beschützen. Und sie widersetzt sich Bestrebungen, sie entscheidend zu schwächen.[3]

Aber der Wettbewerb muss zugleich eingeschränkt werden. Unternehmen brauchen nicht nur Ziele jenseits bloßen Gewinnstrebens: Es sollten auch nicht alle Unternehmensziele legitim sein. Unternehmen sollten ihre Gewinne nicht auf Kosten der Gesellschaft erwirtschaften. Das Team brillanter Mathematiker, das ein Vermögen verdient, indem es die Manager von Pensionsfonds austrickst, ist ein gesellschaftlicher Parasit, kein Vorbild.[4] Politische Mehrheiten sollten niemals ihre Macht zu geschlossenem Vorgehen nutzen, um Minderheiten zu benachteiligen. Die Grenze zwischen Wettbewerb, bei dem es darum geht, Konkurrent_innen auszustechen, und Kooperation, in der Absicht, andere zu übervorteilen, lässt sich normalerweise nicht schwer ziehen.

Ebenen des Vertrauens

Gemeinschaften können, wie kleine Boote, mehr als einen lokal stabilen Zustand haben. Es gibt einen unerfreulichen Zustand – das Boot ist gekentert, und die ins Wasser gefallenen Insassen halten sich am Rand fest. Dies ist ein lokal *sehr* stabiler Zustand – sobald es umgekippt ist, bedarf es großer Anstrengungen, bei denen viele gleichzeitig miteinander kooperieren müssen, um diesen Zustand zu ändern. In der Regel ist die kollektive Intelligenz dysfunktionaler Gesellschaften rückwärtsgewandt und gespalten, wobei jede Gruppe zu Unrecht Fehler einer anderen Gruppe innerhalb der Gesellschaft zuschreibt. Die Diskussion konzentriert sich auf die Frage, wessen Schuld es ist, dass das Boot gekentert ist, statt darauf, wie es sich wieder aufrichten lässt. Diese schädlichen Ideen führen zu weiterem Versagen, das als Beleg für Verschulden fehlinterpretiert wird.

Eine erfolgreiche Gemeinschaft ist wie das aufrechte, gute bemannte Boot: Die Insassen können damit dorthin fahren, wohin sie wollen. Aber das aufrechte Boot ist möglicherweise genauso gefährdet wie das schon gekenterte. Windstöße und hohe Wellen können es ebenfalls zum Kentern bringen, sodass der Steuermann und die Mannschaft häufig kleine Korrekturen vornehmen müssen. Es ist leichter, eine gut funktionierende Gemeinschaft zu zerstören, als eine aufzubauen.

Und wo finden wir solche erfolgreiche Gemeinschaften? Es gibt weltweit viele Erhebungen über den Zustand dessen, was Robert Putnam »Sozialkapital« genannt hat; eine der ältesten ist der World Values Survey, der unter anderem die Frage stellt, ob Menschen im Allgemeinen den Eindruck haben, dass sie einander vertrauen können. Es ist leicht, die aufrechten Boote zu identifizieren – es sind die kleineren Industrieländer. Skandinavische Nationen schneiden dabei immer gut ab. Und diese Länder haben auch hohe Pro-Kopf-Einkommen, niedrige Ungleichheit, stehen an der Spitze bei Erhebungen des Wohlbefindens und schneiden auch bei anderen sozialen Indikatoren gut ab – so haben sie etwa niedrige Verbrechens- und Teenagerschwangerschaftsraten und vergleichsweise wenige Rechtsstreitigkeiten.[5] Es gibt nicht eine Richtung der Kausalität: Die Ideen, die wirtschaftlichen Ergebnisse und der Ordnungsrahmen eines Gemeinwesens sind eng miteinander verflochten.

Aber es gibt auch umgekippte Boote, dysfunktionale Gesellschaften, in denen Menschen wenig Vertrauen in andere Menschen oder Institutionen haben und in denen die Tüchtigen und Unternehmungslustigen sich nichts sehnlicher wünschen, als irgendwo anders zu leben, wo sich ihnen mehr Chancen bieten. Und dann gibt es gescheiterte Staaten, über die wir nicht einmal Daten erheben können. Einige Länder liegen dazwischen. Bei der Frage »Kann man anderen Menschen vertrauen?« liegen Großbritannien und die Vereinigten Staaten weit vor Kolumbien und Simbabwe, aber weit hinter Norwegen und Neuseeland. Und einige asiatische Länder schneiden beim Vertrauen in Menschen gut ab, während das Vertrauen in Institutionen nur gering ausgeprägt ist.

Eine Studie untersuchte das Ausmaß der Prosozialität in sechzehn sehr unterschiedlichen Gesellschaften.[6] Prosozialität – wie man sie in Kopenhagen oder Melbourne sieht – bedeutet nicht nur eine hohe Bereitschaft, für das Gemeinwohl Opfer zu bringen, sondern auch die Bereitschaft, Sanktionen gegen Trittbrettfahrer zu verhängen, auch wenn dies für einen selbst gewisse

Nachteile mit sich bringt. In anderen Städten wiederum, etwa in Riad und Athen, trieb das Boot nicht nur kieloben, sondern die Leute waren auch bereit, es in dieser Position zu halten. Nicht nur sanktionierten die Befragten die Trittbrettfahrer nicht, vielmehr bestraften sie diejenigen, die für das Gemeinwohl Opfer brachten. Diese große Schwankungsbreite zwischen den Gesellschaften korrelierte mit der Rechtsstaatlichkeit: Die kommunitaristischen Gesellschaften wie Dänemark sind zugleich die gesetzestreuesten. Gemeinschaft und Staat sind also keine Alternativen: Wenn der Staat sich auf seine eigentliche Rolle beschränkt, ergänzen Staat und Gemeinschaft einander.

Gute kommunitaristische Führung

Im Tierreich gibt es viele in Gruppen lebende Arten mit Rangordnungen, wobei das Leittier die anderen dominiert. Da der Mensch dem Tierreich angehört, haben wir einen Instinkt zur Führung durch Dominanz geerbt. Und eine autoritäre Hierarchie kann gut funktionieren, wenn Menschen in Stammeskämpfe verwickelt sind; man denke nur an Winston Churchills straffe Führung im Zweiten Weltkrieg oder an General Wades Kommando über das Black-Watch-Regiment im Schottland des 18. Jahrhunderts. Aber Adam Ferguson hatte verstanden, dass eine Zivilgesellschaft mit ihren vielen unterschiedlichen Anliegen und der radikalen Ungewissheit, der sie ausgesetzt ist, eine ganze andere Art der Führung braucht.

Viele führende Politiker und Unternehmer gaukeln sich selbst vor, sie wären eine Führungsfigur vom gleichen Kaliber wie Churchill, oder aber sie streben nach den gleichen unbeschränkten Machtbefugnissen, die Wade übertragen wurden. In unserem Zeitalter des Individualismus wendet der dominante Anführer Zwang an – Belohnungen und Strafen, in Verbindung mit eingehender Überprüfung –, um das von ihm gewünschte Verhalten zu erreichen. Er (nur selten sie) ist der »Oberbefehlshaber«.

Aber selbst eine moderne Armee kann man nicht auf diese Weise führen. Um Gemeinschaftssinn zu entwickeln, brauchen Menschen keinen Oberbefehlshaber: Um die Herausforderungen radikaler Ungewissheit zu bewältigen, bedarf es einer besonderen Art von Führung. Wir brauchen Super- beziehungsweise Topkommunikatoren. Menschen und *nur Menschen* haben einen Führungsstil entwickelt, der auf *Überredung* statt *Anweisung* beruht. Erfolgreiches Überreden basiert auf Vertrauen und der guten Meinung anderer Mitglieder der Gruppe. Führungskräfte gewinnen nicht durch Worte, sondern durch Taten Vertrauen.

Handlungen befähigen eine Führungskraft, durch persönliche Opfer ihrer Zielorientierung Glaubwürdigkeit zu verleihen. Joe Henrich beschreibt das Verhalten solcher Führungskräfte als »prosozial, großzügig und kooperativ … verbunden mit der Fähigkeit zur Selbstironie«.[7] Eine erfolgreiche Führungsperson kommuniziert, indem sie Handlungen, die ihre Glaubwürdigkeit steigern, mit einer Rhetorik verknüpft, die komplexe Botschaften transportiert. Die Kombination ist entscheidend: Führungskräfte haben immer die Macht, sich Gehör zu verschaffen, aber nur Glaubwürdigkeit kann Worten zu Akzeptanz verhelfen.

Wenn uns unvorhergesehene Katastrophen ereilen, brauchen wir fähige Führungspersönlichkeiten, denn nur sie können jenen Gemeinschaftssinn hervorbringen, der erforderlich ist, um sie zu bewältigen. Nicholas Christakis hat die Daten eines natürlichen Experiments zusammengetragen: Schiffbrüche, bei denen die gestrandete Mannschaft zusammenarbeiten musste, um zu überleben. In ähnlichen Situationen ist dies einigen gelungen, während andere umkamen. Ein selbstaufopfernder Anführer wie Ernest Shackleton erwarb sich Respekt und machte es möglich, dass fast seine gesamte Mannschaft trotz entsetzlichster Entbehrungen in der Antarktis überlebte. Dagegen verkörpert Francesco Schettino, der Kapitän der Costa Concordia, eines Kreuzfahrtschiffs, das 2012 einige Kilometer

vor der italienischen Küste havarierte – ein Unfall, der 32 Todes-
opfer forderte –, unser Zeitalter des Individualismus. Schettino hatte das Glück, in ein Rettungsboot »zu fallen«, obwohl
sich noch 300 Passagiere an Bord befanden.* Kooperation und
Rivalität sind natürliche Wesenszüge des Menschen. Shackleton gelang es, seine Gefährten in größter Not zusammenzu-
schweißen, während Schettino in dem Wettstreit, wer das Rettungsboot als Erster erreichte, erfolgreich war. Shackleton war
von einer Seefahrerkultur geprägt, in der es als ungeschrie-
benes Gesetz galt, dass der Kapitän das sinkende Schiff als Letzter verlässt; Schettino kam aus einem Land, das damals von Silvio Berlusconi regiert wurde, dem Pionier des hemmungslosen
Narzissmus in der Politik.

Als John F. Kennedy im Januar 1961 in sein Amt als Präsident
der Vereinigten Staaten eingeführt wurde, war er der jüngste
Inhaber dieses Amtes in der Geschichte der USA. Innerhalb von
drei Monaten unterbreitete ihm die CIA einen Plan zur Invasion Kubas und zum Sturz Fidel Castros, des Hitzkopfs, der
zwei Jahre zuvor den Diktator Fulgencio Batista aus dem Amt
gejagt hatte. Die Invasion sollte als ein Staatsstreich von Teilen
des kubanischen Militärs, die von im Exil lebenden Regimegeg-
nern unterstützt werden sollten, getarnt werden. Das Unternehmen endete in einem Fiasko. Die mithilfe der US-Marine an
Land gebrachten Exilkubaner wurden schnell eingekesselt und
getötet oder gefangen genommen.

Der amerikanische Psychologe Irving Janis popularisierte
den Begriff »Gruppendenken« für den Prozess, durch den eine
Gruppe wegen der mangelnden Bereitschaft oder Unfähigkeit
ihrer Mitglieder, das vorherrschende Narrativ infrage zu stellen, eine schlechte Entscheidung trifft.[8] Eines der Paradebei-
spiele waren die Beratungen, die zur Genehmigung der Lan-
dung in der Schweinebucht führten. Im Anschluss erklärten

---

* Seine haarsträubende Schilderung war nicht hinreichend überzeugend: Er wurde
  zu einer Haftstrafe verurteilt.

die Vereinigten Generalstabschefs der USA, sie hätten Bedenken gegen den Invasionsplan gehegt, ihre Zweifel aber nicht offen geäußert, weil diese nicht mit dem vorherrschenden Narrativ der Überlegenheit der USA in Einklang gestanden hätten. Ein neuer und unerfahrener Präsident leitete Sitzungen, in denen die Teilnehmer davon abgehalten wurden, das Narrativ infrage zu stellen.

Kennedy lernte aus der Erfahrung und war entschlossen, diesen Fehler nicht noch einmal zu machen. Sein Vorgänger im Amt, Dwight Eisenhower, stellte Kennedy die zentrale Frage der Post-mortem-Analyse: »Herr Präsident, haben Sie, bevor Sie diesen Plan absegneten, alle Personen im Raum aufgefordert, die Sache zu diskutieren, sodass Sie alle Argumente dafür und dagegen gehört hatten, bevor Sie Ihre Entscheidung trafen?«[9] Als Kuba erneut zum größten Problem auf der Agenda des Präsidenten wurde, leitete Kennedy den Prozess der Entscheidungsfindung auf eine völlig andere Weise; diesmal förderte er gezielt die Meinungsvielfalt unter seinen Beratern. Er tat dies, indem er zwei Gruppen schuf, die er aufforderte, ihre bevorzugte Option schriftlich auszuarbeiten und anschließend die Dokumente auszutauschen und das Narrativ der jeweils anderen Gruppe zu kritisieren.[10] Er beschloss auch, nicht an all ihren Treffen teilzunehmen. Er wollte nicht, dass seine Anwesenheit die Teilnehmer dazu veranlasste, ihm das zu sagen, was er ihrer Einschätzung nach hören wollte. Er wollte wissen, was sie wirklich dachten. Sein Bruder Robert Kennedy, der das Amt des Justizministers bekleidete, schrieb später: »Die Tatsache, dass wir offen unsere Meinung sagen, diskutieren, argumentieren, streiten und dann noch ein wenig diskutieren konnten, war von entscheidender Bedeutung bei der Festlegung des endgültigen Kurses … Meinungen und selbst Fakten lassen sich durch Streit, durch Debatte am besten einschätzen.«[11]

Politische Führer wie Berlusconi und Trump überschätzen sich selbst bei der Entscheidungsfindung, weil sie grundsätzlich zur Selbstüberschätzung neigen. Eher technokratisch eingestellte Regierungschefs wie Gordon Brown oder Emmanuel Macron, die glauben, dass sie »das Modell kennen«, überschätzen in ähnlicher Weise ihre Fähigkeiten, Strategien zu entwerfen. Sie alle verkennen, wie wichtig implizites, auf Erfahrung beruhendes Wissen ist, und sie alle neigen dazu, andere einzuschüchtern, weil sie die Äußerung abweichender Meinungen als Unbotmäßigkeit interpretieren, statt als eine Gelegenheit, von dem Wissen anderer und dem Zusammenprall unterschiedlicher Meinungen zu lernen.

Eine gute kommunitaristische Führungsperson dagegen gibt sich bescheiden: Sie findet sich damit ab, dass sie nicht weiß, wie sie viele der Gemeinschaftsziele, die ihr wichtig sind, verwirklichen kann. Dieses Element der Bescheidenheit zeichnet bedeutende, aber zugleich der breiten Öffentlichkeit oftmals kaum bekannte Unternehmerpersönlichkeiten aus, wie etwa Alfred Sloan, der General Motors zum größten Automobilhersteller der Welt machte und dabei das Unternehmen überholte, das von dem autokratischen Henry Ford geführt wurde. Oder Bill Allen, der das Gleiche für Boeing in der Zivilluftfahrt vollbrachte, oder die Pharmaunternehmer George W. Merck und R. W. Johnson. Diese Führungskräfte beflügelten ihre Mitarbeiter und Mitarbeiterinnen, indem sie sie auf ein gemeinsames Ziel einschworen – den Aufbau eines großartigen Unternehmens, bei dem nicht die Maximierung des Nutzens für die Aktionäre im Mittelpunkt stand, auch wenn die engagierte Teamarbeit zur Folge hatte, dass all diese Unternehmen eine hohe Wertschöpfung generierten, und dies auch für ihre Aktionäre. Solche Führungskräfte delegieren zahlreiche Entscheidungen an Praktiker, die über das auf Erfahrungen basierende implizite Wissen verfügen, während sie zugleich die Ressourcen bereitstellen, um kodifiziertes Expertenwissen zu erweitern. Sie stellen sicher, dass Expertenwissen den Praktikern zur Verfügung steht, und sie fördern den Austausch von praktischen Erfahrungen. Die gute kommunitaristische Führungskraft strebt nicht danach, alles

Wissen zu monopolisieren, vielmehr möchte sie die Reichweite kollektiven Wissens erhöhen.

Eine zukunftsgerichtete gemeinsame Sinnorientierung stärkt die geteilte Identität: »Wir« sind diejenigen, die gemeinsam darauf hinarbeiten, diese sinnstiftenden Ziele zu verwirklichen. In dem Maße, wie diese Strategie von Erfolg gekrönt ist, bestätigt sie die Notwendigkeit, das Eigeninteresse zu opfern: Alle profitieren von dem Wissen und der Leistung, die gemeinsam erreicht wurden. Dies stärkt das Vertrauen sowohl in das Narrativ, das die Grundlage des praktischen Handelns bildet, als auch in andere Mitglieder der Gemeinschaft. Daher ist ein erfolgreicher Kommunitarismus robust.

Alle Gesellschaften haben das Potenzial zu einem solchen gemeinsamen sinnstiftenden Handeln – es macht sich die einzigartige Fähigkeit des Menschen zunutze, moralische Verantwortung zu übernehmen. Aber solche positiven Ergebnisse sind nicht unvermeidlich. Aufrechte Boote können kentern, wenn die Insassen unachtsam sind.

10
Kommunitaristische Politik

»Die Demokratie zeigt ihre Kraft nicht nur darin, dass sie Regierungen reformiert, sondern auch darin, dass sie das Menschengeschlecht erneuert, und dies ist der größte Segen freier Regierungen.«

Andrew Jackson[1]

Der Staat ist nicht die einzige Institution, die in der Lage ist, Gemeinwohlziele zu verwirklichen. Aber er ist eine grundlegende Institution, sodass der Prozess, durch den er kontrolliert wird, von zentraler Bedeutung ist. Der Staat wird durch demokratische politische Willensbildung kontrolliert, aber der Aufstieg des Individualismus hat auf den politischen Prozess abgefärbt. Die traditionelle Links-rechts-Achse beschreibt nicht länger die gegenwärtigen parteipolitischen Präferenzen, wie sie sich im Wahlverhalten und in Werteorientierungen manifestieren. Die politischen Parteien leiden unter einem dramatischen Mitgliederschwund, und der verbliebene Rest wird von Minderheiten dominiert, die nicht repräsentativ für die Unterstützer_innen ihrer Parteien sind. In Großbritannien beklagen sich auf der Rechten Wirtschaftsverbände über die Steuerlast und übermäßige Regulierung, während sich die Linke in dem Bewusstsein moralischer Überlegenheit über Mängel im Nationalen Gesundheitsdienst und Defizite in der Flüchtlings- und Klimapolitik beklagt.

Allzu oft sind monothematische Interessengruppen, in denen »Aktivist_innen« das Sagen haben, an die Stelle pragmatischer Koalitionen getreten, während »Aktivismus« heute gleichbedeutend geworden ist mit »Aufmerksamkeit erregen« – vorgeblich für das ausgewählte Sachthema, aber in Wirklichkeit vielleicht vor allem für *sich selbst:* »Das ist *mir* wichtig.« Statt für die Suche nach Problemlösungen, die von möglichst vielen mitgetragen werden, wird Energie für den lautstarken Ausdruck individueller Selbstgerechtigkeit verwendet. Die aktivistische Linke kritisiert die Sparpolitik als »sozialen Mord«. Sie wird nicht müde zu behaupten, die Austerität habe zu über 100 000 vermeidbaren Todesfällen geführt. Die aktivistische Rechte freut sich hämisch über ihren Sieg über die »stänkernden Brexitgegner«, die fast die Hälfte der Bevölkerung ausmachen. Die Radikalen finden diese gegenseitigen Schmähungen reizvoll, aber sie sind hässlich und schaden unserem gesellschaftlichen Zusammenhalt. Politische Kontroversen sollten in einem demokratischen Gemeinwesen nicht im Austausch von Beschimpfungen auf Schulhofniveau bestehen. Kommt es erst einmal so weit, ist die Demokratie selbst in Gefahr. Die politische Willensbildung in einem demokratischen Gemeinwesen tendiert automatisch zur Mitte. Aber eine kommunitaristische Politik ist mehr als nur zentristisch. Auch wenn sie Mäßigung und Kompromisse befürwortet, will sie Menschen hinter einem gemeinsamen Ziel einen, statt dadurch Einigkeit zu erreichen, dass man niemanden vor den Kopf stößt.

Gemeinschaften, Individuen, Staaten und Gerichte

Statt den Gemeinsinn innerhalb eines Gemeinwesens zu fördern, konzentriert sich der – philosophische und ökonomische – Individualismus auf den Widerstreit individueller Interessen, die die Form handelbarer Eigentumsrechte annehmen können und dies allzu oft auch tun (wobei die Wohlhabendsten ihnen entgegenstehende Interessen einfach überbieten), oder auch von Rechtsansprüchen, bei denen die Durchsetzungsstarken über die Kleinlauten triumphieren.

Jede Familie muss mit individuellen Interessen, die nicht miteinander vereinbar sind, klarkommen. Aber wir vermuten, dass nicht einmal in dem Haushalt, in dem der berühmte Ökonom Gary S. Becker lebte, die Parteien entweder Gerichtsverfahren oder Märkte nutzten, um ihre Differenzen beizulegen. Wir können allerdings nicht sicher sein: »Die Ehe bildet keine Ausnahme und lässt sich innerhalb des Bezugsrahmens der modernen Volkswirtschaftslehre sachgerecht analysieren«, schrieb Becker in einem Artikel, der zwischen dem Tod seiner ersten Frau und seiner zweiten Eheschließung erschien.[2] »Falls dies zutrifft«, fährt er fort, »ist dies ein zwingender zusätzlicher Beleg für die vereinheitlichende Kraft der wirtschaftswissenschaftlichen Analyse.« Aber es ist nicht zutreffend. Die Mitglieder von Haushalten kommen dadurch miteinander aus, dass sie in dem Maße Kompromisse eingehen, wie dies für ein gedeihliches und kooperatives Miteinander notwendig ist. Divergierende Interessen werden durch Mechanismen ausgeglichen, die im weitesten Sinne politische Prozesse sind.

Und Mediation und Kooperation, durch die sich der Zuwachs an kollektivem Wissen noch effektiver nutzen lässt, finden nicht nur in Haushalten statt. Kommunitaristen erkennen an, dass es viele Ebenen der Gegenseitigkeit gibt, etwa Familien und Unternehmen, Kirchen und Gemeinden sowie Nationen. Jede Vereinigung ist ein Netzwerk, in dem Narrative eine kollektive Intelligenz aufrechterhalten. Jede Person gehört mehreren derartigen Gemeinschaften an, und unsere Motivationen werden weitgehend von diesen kollektiven Intelligenzen geprägt. In solchen Gemeinschaften bildet sich eine Art »Grundeinvernehmen« heraus, das sie in die Lage versetzt, bei potenziellen Konflikten erfolgreich zu vermitteln.

Der Individualismus und Echokammern untergraben diese Mechanismen des harmonischen Ausgleichs von Divergenzen, und in Großbritannien sind sie besonders stark erodiert. Privatisierungen haben eine erstaunlich breite Palette neuer Eigentumsrechte geschaffen. Regionale Wasserverbände wurden zu

Gesellschaften mit komplexen und undurchsichtigen Eigentümerstrukturen. Das Land Registry, das nationale Grundbuchamt – nun, kennen Sie zufällig die Rechtsstellung des Land Registry, das den Rechtstitel für jedes Grundstück erfasst, das ein britischer Staatsbürger für sein Eigentum hält?* »The Hydro«, die erstaunlich beliebte Behörde, die den ländlichen Norden Schottlands mit Strom versorgte, ist heute die gesichtslose SSE plc.

Gemeinschaftsnahe Organisationen wandelten sich von Grund auf. Die Mitgliederzahlen und die Macht der Gewerkschaften schwanden dahin, und diejenigen, die sich erfolgreich behaupteten, wurden zu Lobbyvereinen für die Interessen von Beschäftigten des öffentlichen Dienstes, die sowieso schon privilegiert waren. Aus Baugenossenschaften wurden insolvente Banken. Die Genossenschaftsbewegung, lange Zeit ein Paradebeispiel für den gemeindenahen Handel mit Gütern, fiel spektakulärer Misswirtschaft zum Opfer. Personengesellschaften, die in Sektoren wie Investmentbanking und Immobilienvermittlung die Norm gewesen waren, wurden zu haftungsbeschränkten Kapitalgesellschaften (»limited companies«). Und Anwälte ermunterten aus eigennützigem Profitstreben Personen dazu, andere zu verklagen und ihre angeblich erlittenen Schäden zu übertreiben. Oder sie gründeten Sozietäten und Kanzleien, um auf immer einfallsreichere Weise vorgebliche Menschenrechtsverstöße zu verfolgen. Und weitere gesetzliche Eingriffe zerstörten leichtsinnigerweise den wichtigsten kommunitaristischen Mechanismus der sozialen Absicherung. Viele Tausend verschiedene Typen sogenannter leistungsorientierter Vorsorgepläne waren im Lauf der Nachkriegsjahrzehnte aufgebaut worden; das damit angesparte Vermögen sicherte Millionen von Menschen den Lebensstandard im Alter. Diejenigen, die rund die Hälfte der Bevölkerung abdeckten, ließen sich jedoch

---

* Es ist eine Zentralbehörde, die der UK Government Investments untersteht, einer Gesellschaft, deren alleiniger Eigentümer das britische Finanzministerium ist.

nicht fortführen, nachdem undurchdachte neue Regulierungen die im Rahmen dieser Pläne gemachten Zusicherungen als Rechtsansprüche umdeuteten und Nachweise dafür verlangten, dass diese Verpflichtungen mit Sicherheit erfüllt werden könnten. Die Anerkennung einer solchen Verpflichtung stellte für die Unternehmen in einer grundsätzlich ungewissen Welt ein untragbar hohes Risiko dar.

Politik und die Gerichte

Gut strukturierte Gemeinschaften – und dazu gehören wohl die meisten Haushalte außerhalb des Einflussbereichs der Universität Chicago – lösen Interessenkonflikte dadurch, dass sie Verantwortung für das Wohl des Ganzen übernehmen und Kompromisse schließen. Gerichtliche Schlichtungen haben jedoch binäre Ergebnisse. Da immer mehr Interessen als »Rechte« umgedeutet wurden, sind Gerichte mehr und mehr zu politischen Akteuren geworden. In Großbritannien haben Jurist_innen sich zunehmend vormals ureigene politische Entscheidungen angemaßt.[3] Dabei spielen mehrere Faktoren eine Rolle; der wichtigste ist jedoch der Aufstieg der Kultur der Rechte und die gezielte Ausweitung der gerichtlichen Überprüfung von Verwaltungsentscheidungen. Lord Sumption, der kürzlich in den Ruhestand getretene Richter am Obersten Gerichtshof des Vereinigten Königreichs und zweifellos der angesehenste britische Rechtsgelehrte unserer Zeit, hat eindringlich vor den Gefahren gewarnt, die diese Entwicklungen sowohl für die Demokratie als auch für die Rechtsstaatlichkeit darstellen.

Regierungen treffen oft schlechte Entscheidungen, aber das macht die Gerichte nicht zum geeigneten Forum, um diese Entscheidungen zu korrigieren. Lady Hale, damals Präsidentin des Obersten Gerichtshofs, machte unlängst die von Sumption zitierte erstaunliche Aussage, dass »man denken könnte, dass die Gerichte besser qualifiziert seien [als die Legislative, um in solchen Angelegenheiten zu entscheiden], weil sie, *frei von dem äußeren Druck, dem Abgeordnete ausgesetzt sein mögen*, besser zu einer unvoreingenommenen Beweiswürdigung in der Lage sind« (Hervorhebung durch die Autoren). Lady Hale hat recht, dass das nordirische Abtreibungsgesetz, auf das sie sich bezog, monströs war und dass der Oberste Gerichtshof ein geeigneteres Forum der Beratschlagung ist als die dysfunktionale Northern Ireland Assembly. Aber darum geht es nicht. Für solche Beweiswürdigungen und Abwägungen von Argumenten nach ihrer Triftigkeit sind, in einer Demokratie, politische, nicht gerichtliche, Instanzen zuständig. Anders als von Lady Hale behauptet, macht es *das Wesen einer Demokratie aus, dass Abgeordnete externem Druck ausgesetzt sind.*

Eine weitere unkluge Verwischung der Grenzen zwischen Politik und Rechtsprechung ist auf die Verabschiedung deklaratorischer Gesetze zurückzuführen, in denen politische Ziele in »rechtsverbindliche« Verpflichtungen übersetzt werden. Solche Gesetze zwingen Regierungen dazu, Haushaltsdefizite abzubauen, Kinderarmut zu beseitigen und Treibhausgasemissionen zu verringern. Selbstverständlich können sich Parlamente durch Gesetze genauso schnell wieder losbinden, wie sie sich gebunden haben, wenngleich sie dies mit weniger Trara machen. Der Fiscal Responsibility Act von 2010 über verantwortungsvolle Haushaltspolitik wurde klammheimlich aufgehoben, und das im selben Jahr in einem Gesetz verankerte Ziel der Beseitigung der Kinderarmut wurde schlichtweg ignoriert, als sich zeigte, dass die »rechtlich bindenden« Ziele nicht erreichbar waren. Wir haben bis zum Jahr 2050, um herauszufinden, ob die Klimaziele erreicht werden. Aber deren Verschärfung – indem man bis 2050 eine Verringerung um 100 statt um 80 Prozent verpflichtend macht – ist in absehbarer Zukunft nicht mit irgendwelchen Kosten verbunden. In ähnlicher Weise setzte sich die walisische Regierung im Jahr 2015 für die Verabschiedung eines Gesetzes zur Förderung des gesellschaftlichen Wohlergehens ein. Da Wales die ärmste

Region des britischen Festlands ist, bestand das erste Ziel — wenig überraschend — darin, »eine qualifizierte und gut ausgebildete Bevölkerung innerhalb einer (regionalen) Wirtschaft zu entwickeln, die Wohlstand schafft und Beschäftigungsmöglichkeiten bereitstellt«. Aber dieses edle Ziel wurde nicht von einer Strategie flankiert, die aufgezeigt hätte, wie man es erreichen will. Das Interesse für die Wirtschaft hielt die Regierung nicht davon ab, die Newport-Umgehungsstraße zu streichen, ein Projekt, das langjährigen Klagen walisischer Geschäftsleute Rechnung getragen hätte. Noch hielt das Eintreten für den Umweltschutz die Regierung davon ab, den Flughafen Cardiff zu kaufen und hoch zu subventionieren.

Es ist gut, dass Regierungen Verpflichtungen für die Zukunft eingehen. Aber diese sollten Verpflichtungen gegenüber den *Bürgerinnen und Bürgern* sein, bei denen schwierige Entscheidungen im Rahmen demokratischer *politischer Prozesse* getroffen werden. »Rechtlich bindende« politische Zielsetzungen werden erfahrungsgemäß entweder ignoriert, oder aber die Entscheidung über die Mittel, mit denen sie erreicht werden sollen, wird den Gerichten überlassen. Dabei sind sie für diese Aufgabe schlecht gerüstet, aber vielleicht nur allzu bereit, sich ihr zu stellen.

Selbst nach internationalen rechtlichen Standards ist die kontradiktorische Natur von Verfahren vor britischen Gerichten, bei denen nur zwei Ergebnisse herauskommen können — entweder man gewinnt, oder man verliert —, besonders schlecht geeignet für die Beilegung politischer Streitigkeiten. Jurist_innen lernen während ihrer Ausbildung, strittige Punkte zu überzeichnen, während politische Meinungsverschiedenheiten durch Kompromisse beigelegt werden müssen. Es gibt immer mehr kompromisslose »Menschenrechtsanwält_innen«, während wir doch mehr Mediatoren brauchen, denen alle Vertrauen entgegenbringen. Das kontradiktorische Gerichtsverfahren gleicht einem Wettstreit in Überredungskunst. Die Fähigkeit, andere zu überreden, hat folglich an Bedeutung gewonnen, und so hängt der Ausgang von Prozessen oftmals davon ab, wer sich auf dem *Markt der Überredungskunst* durchsetzt. Die eigentliche Verliererin bei diesen Prozessen ist die Gemeinschaft.

Staatsanwält_innen werden im Vergleich zu anderen öffentlichen Bediensteten gut bezahlt, nicht aber im Vergleich zu den Rechtsanwältinnen und Rechtsanwälten, die ihnen bei komplexen Fällen gegenüberstehen. Und die überzeugendsten Anwält_innen sind oft diejenigen, die sich bemühen, dem öffentlichen Interesse eine Niederlage beizubringen. Obwohl es das öffentliche Interesse unzweifelhaft verlangte, haben die Gerichte die Banker, die sich auf Kosten der Aktionäre und letztlich der Allgemeinheit in die eigene Tasche wirtschafteten, nicht bestraft. Die *Financial Times* fasste das Ergebnis der strafrechtlichen Ermittlungen gegen die einzigen Topmanager, die vor Gericht gestellt wurden (wegen undurchsichtiger Geschäfte, mit denen sie verhindern wollten, dass der Staat eine Beteiligung an dem Unternehmen erwirbt), wie folgt zusammen: »Letztlich konnte die Bank für die Handlungen des Vorstandschefs nicht zur Rechenschaft gezogen werden, aber ebenso wenig konnte der Vorstandschef für die Handlungen der Bank zur Rechenschaft gezogen werden.«[4] *Catch-22*, von Anwält_innen verfasst.

Bei alldem besteht eine Gefahr: *Je mehr sich die Rechtsprechung politische Kompetenzen anmaßt, umso mehr könnte die Politik in die Rechtsordnung eingreifen.* Verfassungsrechtliche Beschränkungen, die die Fähigkeit von Regierungen begrenzen, fundamentale langfristige Ziele aus Gründen der kurzfristigen Opportunität zu opfern, sind wertvoll. Aber wenn diese Beschränkungen zu restriktiv sind, können sie notwendige Veränderungen dauerhaft verhindern. Die radikale Ungewissheit, die die moderne Welt auszeichnet, erzeugt Situationen, die nicht vorhersagbar sind. Die Verfassung der USA, die vor über zweihundert Jahren geschrieben wurde, ist umfangreich und detailliert. Aber es bringt wenig, darüber zu spekulieren, was James Madison über die Regulierung des Internets gedacht hätte. Man hat das getan, was vernünftig ist: ihre Bestimmungen flexibel interpretieren. Das heißt, man hat aus denselben schriftlich fixierten Wörtern zu unterschiedlichen Zeiten verschiedene Bedeutungen herausgelesen. Aber in der Folge ist die Gesetzesauslegung zu einem politischen Prozess geworden. Der Oberste Gerichtshof der Vereinigten Staaten zerfällt heute entsprechend der parteipolitischen Neigungen der Richter_innen regelmäßig in zwei Lager: Ungeachtet der eleganten Roben geht es hier um Politik, nicht um neutrale Rechtsprechung. Und demgemäß werden Ernennungen von Richter_innen am Obersten Gerichtshof in erster Linie von der Parteizugehörigkeit des Präsidenten – der nominiert – und der Mehrheit im Senat – der bestätigen muss – und erst in zweiter Linie vom fachlichen Ruf der Kandidat_innen beeinflusst.

Gesetzliche Einschränkungen politischer Gestaltungsspielräume sollten daher möglichst auf Angelegenheiten begrenzt werden, bei denen ein breiter Konsens herrscht, wie etwa Korruption oder das Belügen der Öffentlichkeit, während man nicht versuchen sollte, bei im Wesentlichen politischen Angelegenheiten, bei denen Kompromisse und Pragmatismus erforderlich sind, strenge Vorgaben zu machen. Flexibilität ist eine der wünschenswerten Eigenschaften eines politischen Systems, aber man sollte nicht Jurist_innen die Möglichkeit geben, diese für ihre eigennützigen Interessen zu missbrauchen. Wir müssen die Grenzen zwischen gesetzgeberischen Kompetenzen, Mediation und Aufgaben der Rechtsprechung neu festlegen und klarstellen.

Direkte Demokratie?

Direkte Demokratie – die Beilegung möglichst vieler Streitfragen durch Volksentscheide, bei denen jede und jeder Wahlberechtigte eine Stimme hat – ist ein weiteres Mittel, um Interessenkollisionen auszuräumen. Und aufgrund des technologischen Fortschritts ist es heute denkbar, direkte Demokratie in großem Maßstab einzuführen.

Britische Politiker_innen lehnten solche Ideen lange Zeit ab. Im Jahr 1945 gab Clement Attlee zu Protokoll: »Ich konnte der Einführung eines Verfahrens, das all unseren Traditionen derart fremd ist wie die Volksabstimmung, die nur allzu oft das Instrument des Nazismus und Faschismus gewesen ist, in unser nationales Leben nicht zustimmen.«[5] Ein Instrument der direkten Demokratie wurde erst 1975 im Vereinigten Königreich erprobt: Das erste Referendum über die Mitgliedschaft Großbritanniens in der damaligen EWG wurde von einem Labour-Premierminister dazu benutzt, eine Spaltung innerhalb seiner Partei zu überwinden. Für den gleichen Zweck wurde dieses Instrument im Jahr 2016 eingesetzt, wenn auch von einer anderen Partei und mit einem anderen Ergebnis. Im Jahr 2010 setzten die Liberaldemokraten als Bedingung für ihren Eintritt in eine Koalition ein Referendum über das Verhältniswahlrecht durch, das ihnen ihres Erachtens mehr Sitze verschaffen würde, während im Jahr 2011 die Scottish National Party einen Volksentscheid über eine Abspaltung forderte, um so die Dynamik aufrechtzuerhalten, nachdem sie im schottischen Parlament eine Mehrheit gewonnen hatte: Alle vier großen Parteien hatten für einen spezifischen und je verschiedenen aktuellen Zweck eine grundlegende Veränderung am Gepräge unserer Demokratie zugelassen.

Die beiden jüngsten Referenden – über Schottland und die Europäische Union – erwiesen sich als katastrophal polarisierend. Solche Spaltungen sind unvermeidlich, wenn die Siegerseite nur knappe Mehrheiten von 55 beziehungsweise 52 Prozent für sich verbuchen kann. Und das EU-Ergebnis übertrug dem Parlament die Aufgabe zu entscheiden, was das Ergebnis eigentlich bedeutete – eine Aufgabe, der es nicht gewachsen war. Wenn bei dem schottischen Referendum eine Mehrheit mit Ja gestimmt hätte – was eine grundlegende Änderung des Status quo nach sich gezogen hätte –, dann wären ähnliche Probleme aufgetaucht. Nur sehr wenige politische Streitfragen lassen sich auf einfache Ja-/Nein-Entscheidungen zurückführen.

Repräsentative Demokratie

Eine wahrhaft demokratische Ordnung ist notwendigerweise repräsentativ. Das überzeugendste Plädoyer für eine repräsentative Demokratie, das je verfasst wurde, ist Edmund Burkes berühmte Ansprache an die Wähler von Bristol. »Regierung und Gesetzgebung sind Angelegenheiten der Vernunft und der Urteilskraft, und nicht der Neigung«, erklärte er.[6] Wähler_innen, und die Autoren schließen sich hier ausdrücklich mit ein, besitzen nicht die Informationen oder den Sachverstand, um die außenpolitische Strategie gegenüber den Ländern des Nahen Ostens oder die Richtwerte für die Londoner Luftqualität festzulegen; und sie haben auch weder die Zeit noch die Neigung dazu. Sie wählen wohlweislich vertrauenswürdige Stellvertreter_innen, die selbst über den entsprechenden Sachverstand und das notwendige Wissen verfügen (oder sich dieses aneignen) oder externen Sachverstand hinzuziehen, denn selbst der pflichtbewussteste Parlamentarier kann sich nur in einigen Politikfeldern gut auskennen. Leidenschaft sollte nicht mit Sachverstand verwechselt werden – es gibt einen gewichtigen Unterschied zwischen der schrillen Aktivistin, die ihr Wissen von der National Rifle Association oder Greenpeace bezogen hat, und der Ausschussvorsitzenden, die ein Thema beherrscht, weil sie sich umfassend beraten ließ und kundig machte. Die vielfältigen Experimente mit Bürgerversammlungen, die versuchen, zufällig ausgewählten Gruppen die Zeit und die Macht zu geben, sich in einer konkreten politischen Frage sachkundig zu machen, und anschließend auf ihre kollektive Urteilskraft setzen – ein Beispiel ist die Bürgerversammlung, die unlängst in Irland zusammentrat –, sind eine interessante Neuerung in der demokratischen Praxis. Sie bemühen sich darum, das implizite Wissen der Gemeinschaft mit dem kodifizierten Expertenwissen zu verbinden.

Burke fuhr fort: »Ihr Abgeordneter schuldet Ihnen nicht nur seinen beharrlichen Einsatz, sondern auch seine Urteilskraft;

und er betrügt Sie, statt Ihnen zu dienen, wenn er sie Ihrer Meinung opfert«.[7] Die Wähler von Bristol schätzten Burkes Urteile in Angelegenheiten wie Handel, Katholikenemanzipation und Unabhängigkeit Amerikas nicht sonderlich, und sie wählten ihn nicht wieder ins Parlament; allerdings würden die meisten Menschen heute wohl zustimmen, dass die Geschichte ihm in all diesen Streitfragen recht gegeben hat.

»Das Parlament ist kein *Kongress* von Botschaftern unterschiedlicher und feindlicher Interessen, die ein jeder als Agent und Advokat gegen andere Agenten und Advokaten behaupten muss; das Parlament ist vielmehr eine *beratende* Versammlung *einer* Nation, mit *einem* Interesse: nämlich dem des Ganzen [Hervorhebung im Original].«[8] Es ist Burkes Idee *eines* Interesses – eines gemeinsamen Ziels –, die eine bestimmte Spielart des Individualismus ablehnt. In der Hochzeit des Thatcherismus sagte ein Politikberater zu einem der Autoren: »So etwas wie ein kollektives Interesse gibt es natürlich nicht, nur eine Übereinstimmung individueller Interessen.« Wir sind entschieden anderer Meinung: Kommunitaristische Politik fördert sachlich fundierten Gemeinsinn.

Burkes Konzept einer beratenden Versammlung meint keine, in der Menschen Reden mit Aussagen beginnen wie »Ich spreche als eine Woman of Colour« oder »Ich spreche im Namen des Finanzsektors«. Oder: »Meine Mitglieder in der Nationalen Gewerkschaft der Raumgestalter_innen oder im Bund der Steuerzahler_innen sind der Ansicht, dass Raumgestaltung für unsere Volkswirtschaft von zentraler Bedeutung ist oder dass die Steuern zu hoch sind.« Und es meint auch keine Versammlung, in der Repräsentanten alle Streitfragen durch die Brille ihrer Auswirkungen auf Borriobula-Gha betrachten.

Parteiführung

Die von uns gewählten Parlamentsabgeordneten befassen sich nicht nur eingehend mit den vielen Sachthemen, zu denen sie Gesetze verabschieden – Themen, in die wir uns mangels Zeit oder Interesse nicht vertiefen wollen –, aufgrund ihrer physischen Nähe zu Kandidat_innen für Regierungsämter können sie auch viel besser als wir ihre Stärken und Schwächen beobachten.

Die Begeisterung für direkte Demokratie veranlasste politische Parteien dazu, Verfahren für die Kürung von Parteivorsitzenden einzuführen, die den Parteimitgliedern und nicht den Parlamentsabgeordneten die entscheidende Mitsprache einräumten. Aber die Aufgabe der repräsentativen Demokratie bei dem Verfahren zur Wahl des oder der Parteivorsitzenden führte zu einem System, das weit *weniger* repräsentativ ist. Die Wahl von Jeremy Corbyn zum Labour-Vorsitzenden im Jahr 2015 verdeutlicht die beiden grundlegenden Schwächen dieses Mechanismus der Direktwahl. Erstens begünstigte er eine Person, die nach Einschätzung aus dem engen Kollegenkreis den Anforderungen dieser Aufgabe nicht gewachsen war. Zweitens stärkte er eine Gruppe von Aktivist_innen, die bei Weitem keinen so guten Draht zu den Unterstützern und potenziellen Unterstützern der Partei hatten wie die gewählten Repräsentant_innen dieser Unterstützer.

Die Umstellung von der Wahl durch repräsentativ-demokratische Abstimmung zur Wahl durch beitragszahlende Parteimitglieder verringert drastisch die Größe der stimmberechtigten Gruppe. Selbst bei der Wahl der Labour-Parteiführung im Jahr 2020 – nach den starken Mandatsverlusten – entsprachen die stimmberechtigten 500 000 Parteimitglieder nur 10 Prozent der 5 Millionen Labour-Unterstützer_innen, mit deren Stimmen Labour-Abgeordnete gewählt worden waren.[9] Eine Wahl der Parteiführung der Konservativen durch Parteimitglieder statt durch Unterhausabgeordnete, die konservative

Wähler_innen in gewonnenen Wahlkreisen repräsentieren, verkleinert die Wählerbasis um 98 Prozent.[10] Diese Reduzierungen des Kreises der Wahlberechtigten sind keine Kleinigkeit. Sie stärken den aktivistisch-extremistischen Flügel um 10 Prozent (beziehungsweise 2 Prozent), indem sie die moderatere große Mehrheit schwächen. Tatsächlich waren die Meinungen, denen die Labour Party besonders dringend Gehör schenken musste, nicht die ihrer 500 000 Aktivist_innen, sondern die der 2,5 Millionen ehemaligen Labour-Wähler_innen, die 2019 nicht für die Partei gestimmt hatten.

Inklusive Demokratie?

Politik sollte inklusiv sein, aber was bedeutet das? Wir haben bereits gesagt, dass es bedeutet, dass Parteivorsitzende in Großbritannien von den Unterhausabgeordneten ihrer Parteien gewählt werden sollten, deren Aufgabe es ist, die Wähler_innen der Partei zu repräsentieren und nicht nur die kleinen Gruppen von Parteiaktivist_innen. Aber wenn wir wirklich *repräsentative* Abgeordnete wollen, dann müssen sie auch *repräsentativ* sein.

Das ist immer weniger der Fall. Politiker und Politikerinnen sind in zunehmendem Maße Menschen, die keine Erfahrungen mehr außerhalb der Politik gesammelt haben. Ein verbreiteter Karriereweg führt vom Studienabschluss zu einem Praktikum in einer Forschungseinrichtung oder zu einer Tätigkeit als Referent_in für etablierte Politakteure oder eine politische Gruppierung, um anschließend beispielsweise »Sonderberaterin« eines Ministers zu werden, ehe man dann als Kandidat oder Kandidatin für einen Wahlkreis aufgestellt wird, mit dem einen nichts verbindet. Bei Repräsentativität geht es auch um »gelebte Erfahrung«. Wie die meisten Eltern wissen, verändern Kinder den Lebensalltag auf einschneidende Weise. Doch bis zu dem Zeitpunkt, an dem Boris Johnson, der mehrere Kinder hat, Premierminister wurde, hatten die Regierungsverantwortlichen der drei größten Länder Europas insgesamt null Kinder. Vielleicht besteht ja ein Zusammenhang zwischen dieser verzerrten Repräsentation und der demografischen Krise in Europa.

Am größten ist die kulturelle und soziale Kluft zwischen Bürger_innen und Parlamentsabgeordneten in Wahlkreisen, die traditionell von Arbeitern geprägt waren, wie Don Valley und Stoke North. Als Herbert Morrison und Ernest Bevin als Minister dem Kabinett angehörten, konnten Wähler_innen nicht nur in ihren Wahlkreisen, sondern auch in anderen Teilen des Landes darauf vertrauen, dass sie von Personen repräsentiert wurden, die ungeachtet ihres gesellschaftlichen Aufstiegs die Lebensumstände dieser Wähler_innen aus eigener Anschauung kannten. Im Jahr 1966 vertrat ein ehemaliger Bergarbeiter Don Valley im Unterhaus; auf diesen folgte ein weiterer ehemaliger Bergarbeiter und dann ein lokaler Lkw-Fahrer, der ein Teilzeitstudium an der Universität Sheffield absolviert hatte. Ebenfalls 1966 wurde John Forrester zum Vertreter von Stoke North gewählt. Er hatte in der Stadt als Lehrer gearbeitet und erwarb sich einen Ruf als jemand, der sich engagiert für die Belange seines Wahlkreises einsetzte. Aber im Jahr 1985, zu der Zeit, als Extremist_innen viele lokale Labour-Parteiverbände unterwanderten, wurde er nicht wieder als Kandidat aufgestellt und durch ein Mitglied des Gemeinderats des Londoner Viertels Lambeth ersetzt, dem dieses öffentliche Amt entzogen worden war.

Zentralistische Staatsverwaltung?

Großbritannien ist das am stärksten zentralisierte große Land in der OECD. Sowohl die strategische Planung als auch deren Umsetzung erfolgen in zunehmendem Maße dirigistisch – von oben nach unten. Als die Europäische Kommission »Strukturfonds« auflegte, um den ärmsten Regionen Europas zu helfen, forderte Whitehall, dass die Gelder für die britischen Regionen von einer Whitehall-Behörde verwaltet werden müssten – die dadurch mit Abstand zum größten Verwalter von EU-Mitteln in Europa wurde. Aufgrund dieser extremen Zentralisierung, die sich noch in der Zentralisierung von Coronatests zeigt, fehlt es in den Kommunalverwaltungen an kompetenten Mitarbeiter_innen – wegen ihrer geringen Entscheidungsspielräume finden sie keine mit Talent. In Deutschland bewerben sich tüchtige junge Staatsdiener bei Behörden ihrer Region. In Großbritannien wollen sie unbedingt in Whitehall arbeiten. Aber fähige Mitarbeiter_innen brauchen wir nicht nur in Whitehall, sondern auch in den Kommunalverwaltungen im ganzen Land.

Die Moderne hat uns in eine Welt gestürzt, die wir nicht vollständig verstehen und für die wir viele Organisationen brauchen, deren Mitglieder sinn- und wertorientiert handeln. Wie die Wirtschaft benötigt auch die Politik Organisationen, die sowohl konkurrenzfähig als auch kooperationsbereit sind. In der Politik wie im Wirtschaftsleben ist eine dirigistische Steuerung von oben nach unten störungsanfällig, weil sie ohne die auf lokaler Ebene verfügbaren, entscheidungserheblichen Informationen auskommen muss, und demotivierend für diejenigen, die über dieses lokale Wissen verfügen, aber nicht konsultiert werden. Der Staat wird überfrachtet mit Verpflichtungen, die er nicht erfüllen kann, und verliert daher Vertrauen und Legitimation.

Partizipative Demokratie

Wir sind uns vermutlich alle einig darin, dass wir uns nicht nur eine »inklusive«, sondern auch eine »partizipative« Demokratie wünschen. Aber was heißt Partizipation? Wir glauben nicht, dass es häufige Wahlen bedeutet. Wir glauben, dass es weitverbreitete Gelegenheiten bedeutet, sich an dem Prozess der Ausarbeitung einer fundierten, zukunftsgerichteten Stra-

tegie für sinnstiftendes gemeinschaftsorientiertes Handeln zu
beteiligen. Dieser Prozess sollte mit kleinen Gruppen beginnen, die ihre Ideen in größere Gruppen einbringen, wie dies
in der Schweiz geschieht – wahrscheinlich das Land mit der
erfolgreichsten partizipativen Demokratie. Diese Verbindung
einer Zweckorientierung mit dem Wissen, das notwendig ist,
um den Zweck zu erreichen, ist unabdingbar, aber unange-
nehm: Die Leidenschaftlichen wollen die Uneindeutigkeiten
und komplexen Abwägungszwänge ausschließen, die oft mit
vertieftem Wissen einhergehen, und die Experten fühlen sich
oft abgestoßen von dem lässigen Stil der Leidenschaftlichen.
Dezentralisierung ist von entscheidender Bedeutung für diese
Partizipation – Menschen bauen durch persönliche Begegnungen Vertrauen zueinander auf. Das Gleiche gilt für Zusammenarbeit bei der Generierung und Teilung von Expertise. Ideen
laufen anfänglich innerhalb jeder Gruppe zusammen, fließen
dann nach oben, wo sie miteinander verglichen und syntheti-
siert werden, worauf sie abermals nach unten fließen, sodass die
vielen anfänglichen Wissensquellen zu Gemeingut werden. Ein
solcher Prozess hat seine Spannungen und Reibungen, aber er
fördert auch die Identifikation mit den Anliegen der Gemeinschaft.

Partizipation ist aus mehreren Gründen wichtig. Sie verschafft implizites Wissen durch Erfahrungen und stellt so ein
Frühwarnsystem für die Fehler bereit, die in einer Welt radikaler Ungewissheit unvermeidlich sind. Partizipation ermöglicht
es den Leuten, sich an Entscheidungen und deren Umsetzung
zu beteiligen, und vermindert so das Problem der Regeltreue:
Menschen identifizieren sich mit Entscheidungen und befolgen sie daher bereitwilliger. Und schließlich bauen sie durch
die Teilnahme an einem gemeinschaftlichen Unterfangen Beziehungen und wechselseitiges Vertrauen auf, das eine unverzichtbare Ressource einer erfolgreichen Gesellschaft ist. Zugehörigkeit ist für Menschen so wichtig, dass sie oft bei einem
gemeinsamen Projekt mitmachen wollen, selbst wenn dieses

keinem anderen Zweck als der Gemeinschaftspflege dient. Performative Rituale sind weitverbreitet: Sie sind reine und angenehme Ausdrucksformen der Wechselseitigkeit.[11] Die besten Rituale schaffen Verbundenheit über politische Spaltungen hinweg – Fußball, die Fernsehsendung *The Great British Bake Off* (eine beliebte Backshow) und das Beklatschen von Mitarbeiter_innen des Nationalen Gesundheitsdienstes. Wir brauchen schwächere Bindungen an politische Identitäten – weniger rituelle Anprangerungen von Gegnern – und stärkere Bindungen an geteilte Identitäten, und das Wohnen am selben Ort ist die offensichtlichste davon. Angesichts der Notwendigkeit, politische Entscheidungen zu dezentralisieren, und das heißt, die entsprechenden Kompetenzen von Whitehall an die Kommunen zu übertragen, ist diese »Bindung an den Wohnort« auch politisch äußerst nützlich. Weniger nationale politische Kundgebungen, auf denen anprangernde Slogans skandiert werden, und mehr Gemeindefeste, auf denen die gemeinsame Verbundenheit mit dem Ort gefeiert wird.

Aber partizipative Demokratie ist nicht nur dem gesellschaftlichen Wohlergehen förderlich, sie ist eine existenzielle Notwendigkeit. Die Chancen und Gefahren der künstlichen Intelligenz und von Big Data zeigen dies sehr deutlich. Welche Fähigkeiten zukünftige Computer auch besitzen mögen – man kann ihnen jedenfalls keine moralische Verantwortungsfähigkeit zuschreiben, denn anders als Menschen haben Maschinen kein Selbstbewusstsein und sind nicht sterblich. Maschinen können nicht nur dazu eingesetzt werden, die menschliche Entscheidungsfindung zu ergänzen und zu verbessern, sondern auch dazu, Schaden anzurichten: Suchmaschinenoptimierung ist schon heute zu Beeinflussungsoptimierung geworden. Wir müssen sicherstellen, dass Entscheidungen mit moralischen Implikationen ausschließlich von Menschen getroffen werden.[12]

Eine partizipative Demokratie, die auf Gegenseitigkeit und gründlicher Information der Bürgerinnen und Bürger beruht, geht ebenso sehr mit banalen wie mit bedeutenden Verantwortlichkeiten einher. Aber dadurch dass wir diese praktischen Pflichten erfüllen – unsere moralische Verantwortung annehmen –, schaffen wir auf lange Sicht eine bessere Gesellschaft. Und der Lohn unserer wechselseitigen Bemühungen, moralisch verantwortungsbewusst zu handeln, ist nicht nur eine bessere Gesellschaft, sondern vielleicht auch, für jeden von uns, eine Art Seelenfrieden.

11
Kommunitarismus, Märkte und Unternehmen

>»In einer Wissensökonomie ist ein gutes Unter-
nehmen eine Gemeinschaft mit einer Sinnorientierung, kein Stück Eigentum.«

Charles Handy

Das in den letzten Jahrzehnten vorherrschende Narrativ über
die Rolle von Unternehmen in der Gesellschaft ist sowohl abstoßend als auch falsch. Abstoßend, weil es keinen Unterschied
macht zwischen den Motiven von Unternehmern und denen
einer kriminellen Bande: Wenn dies tatsächlich Personen, die
in der Privatwirtschaft arbeiten, motivieren würde, dann hätten Angestellte im öffentlichen Dienst, die in Großbritannien
politisch eher links stehen, allen Grund, sich moralisch überlegen zu fühlen. Aber dieses Narrativ ist falsch – die meisten
Unternehmen tun nichts anderes, als Güter und Dienstleistungen zu erbringen, die Bedürfnisse von Verbrauchern befriedigen, und es ist dieses gemeinsame Ziel (der Mitarbeiter_innen),
das befriedigende und materiell auskömmliche Beschäftigungschancen eröffnet. Was für die meisten Angestellten im öffentlichen Dienst gilt, gilt auch für die meisten Beschäftigten in der
Privatwirtschaft: Sie arbeiten für einen Zweck, der größer ist als
ihr Gehaltsscheck. Sie erledigen überwiegend Aufgaben, die für
die Gesellschaft nicht weniger nützlich und nicht besser bezahlt
sind als diejenigen im öffentlichen Dienst. Der größte Unterschied ist die Sicherheit: Der öffentliche Dienst kann nicht in
Konkurs gehen, ein Großteil der öffentlichen Bediensteten hat

nach wie vor Renten, deren Höhe garantiert ist, letztlich aufgrund der Macht des Staates, die Privatwirtschaft zu besteuern, und viele von ihnen sind nach wie vor gewerkschaftlich organisiert. Für diejenigen, die in diesem Sektor arbeiten, gibt es jedoch keinen Grund, sich moralisch überlegen zu fühlen.

Kollektives Wissen

In Gemeinschaften organisierte Menschen wissen viel mehr, als jeder Einzelne jemals wissen kann. Unsere Fähigkeit, uns dieses kollektive Wissen zunutze zu machen, ist das Geheimnis unseres Erfolgs als Spezies. Kein Einzelner weiß, wie man ein Flugzeug fliegt, und kein Einzelner weiß, wie man eines baut. Aber eine Gemeinschaft von 10 000 Menschen, die zusammenarbeiten, weiß es.

Ein Airbus ist eines der komplexesten Produkte der menschlichen Intelligenz. Die Tragflächen und das Fahrwerk werden in Großbritannien gefertigt. Die Heckflügel und Kommunikationssysteme werden in Deutschland hergestellt. Das Rumpfheck wird in Spanien produziert. Die Endmontage findet in Toulouse statt, und das Rumpfvorderteil sowie einige Komponenten der Tragflächen und des Radars werden ebenfalls in Frankreich gefertigt. Mithilfe einer maßgeschneiderten Flotte von Lastkähnen, Schiffen und Transportwagen, die den Roll-on-/Roll-off-Transport der Komponenten ermöglichen, werden die Bauteile nach Toulouse gebracht. Das Airbus-Konsortium kombinierte die verschiedenen Fähigkeiten europäischer Firmen, die schließlich zu einem Konzern fusionierten.

Keine einzelne Person könnte auch nur einen Bruchteil der Fähigkeiten und Kenntnisse beherrschen, die notwendig sind, um einen Airbus zu bauen oder von London nach Sydney zu fliegen. Hierzu bedarf es der Zusammenarbeit einer sehr großen Zahl von Fachkräften. Die menschliche Intelligenz ist eine kollektive Intelligenz, und die Fähigkeit, ein komplexes Artefakt wie zum Beispiel ein Verkehrsflugzeug zu konstruieren, ist das Produkt einer kollektiven Intelligenz, die über einen Zeitraum von mehr als 200 Jahren aufgebaut wurde. Die Zehntausenden von Personen, die einen Beitrag zu jedem Airbus-Flug geleistet haben, wissen nicht, wer die anderen Mitwirkenden sind; sie kommunizieren in kleinen Gruppen, die ihrerseits mit anderen kleinen Gruppen kommunizieren. Es ist eine gröbliche Verkürzung der Tatsachen, wenn man das Wirtschaftsleben aus einer anderen Perspektive als der der Gruppe betrachtet – ja, es bedeutet, dass man nicht verstanden hat, wie moderne Unternehmen funktionieren.

Modularität

Diese Modularität ist grundlegend für die moderne Wirtschaft. Effektive wirtschaftliche, soziale und politische Organisationen werden, wie Airbus, aus den Bausteinen kleinerer kooperierender Einheiten zusammengefügt. Sie sind hierarchisch strukturiert, aber leistungsfähige Hierarchien werden von unten nach oben aufgebaut und nicht einfach von oben vorgegeben. Der Entscheidungstheoretiker (und Wirtschaftsnobelpreisträger) Herbert Simon verdeutlichte die Macht der Modularität mit einer Parabel:

> Es gab einmal zwei Uhrmacher namens Hora und Tempus, die hervorragende Uhren anfertigten. Die Telefone in ihren Werkstätten läuteten häufig, und ständig riefen neue Kunden bei ihnen an. Aber während Hora es zu Reichtum brachte, wurde Tempus immer ärmer. Zu guter Letzt verlor Tempus seine Werkstatt. Was war der Grund dafür?
> Die Uhren setzten sich jeweils aus etwa tausend Einzelteilen zusammen. Die Uhren, die Tempus anfertigte, waren so konzipiert, dass, wenn er eine teilweise zusammengebaute Uhr aus der Hand legen musste, diese sofort auseinanderfiel und

aus den Grundbestandteilen wieder zusammengesetzt werden musste. Hora dagegen hatte seine Uhren so konstruiert, dass er Unterbaugruppen aus jeweils etwa zehn Einzelteilen zusammensetzen konnte, und jede Unterbaugruppe konnte abgelegt werden, ohne dass sie auseinanderfiel. Zehn dieser Unterbaugruppen konnten zu einer größeren Unterbaugruppe zusammengesetzt werden, und zehn der größeren Unterbaugruppen ergaben eine vollständige Uhr.[1]

Simons Beispiel wurde von Arthur Koestler weiterentwickelt, der das Konzept der »Holarchie« beschrieb, das er von dem Südafrikaner Jan Smuts übernahm.* Beide gingen von der Idee aus, dass jeder – biologische oder soziale – Organismus aus Modulen, sogenannten Holonen, zusammengesetzt ist, die eigenständig existieren, aber in ihrer Gesamtheit mehr sind als die Summe der Teile. Der menschliche Körper setzt sich aus mehreren Organen zusammen, die miteinander wechselwirken – Herz, Lungen, Nieren – und so die Funktionstüchtigkeit des Ganzen sicherstellen. Und Smuts setzte seine Ideen in die Praxis um, indem er mithalf, zuerst den Völkerbund und später die Vereinten Nationen und das Britische Commonwealth zu schaffen. Smuts' Konzept der Holonen hätte vielleicht mehr Klarheit in die Debatte über das Wesen der Europäischen Union sowohl für die Anhänger_innen eines europäischen Superstaats als auch für Mitglieder der UKIP bringen können.

Leider wurde das Konzept von der New-Age-Philosophie vereinnahmt.** Der Schuhhändler Zappos, der zum Amazon-

---

* Sowohl Koestler als auch Smuts waren bemerkenswerte Universalgelehrte – Ersterer einer der wenigen Romanciers und Kritiker, die zum Tode verurteilt wurden, mit dem Leben davonkamen und darüber schrieben, Letzterer in verschiedenen Lebensabschnitten Rechtsanwalt, General, Staatsmann und Philosoph –, aber jeder mit einer dunklen Seite: Bei Koestler steht der Vorwurf der Vergewaltigung im Raum, und Smuts war, wie fast alle Buren seiner Zeit, ein unverbesserlicher Rassist.
** Wenn man »holistisch« googelt, bekommt man eine lange Trefferliste von Praxen für Alternativmedizin.

Imperium gehört, das sich in diesem Fall ganz ungewohnt tolerant zeigt, behauptet, »Holokratie« zu praktizieren, womit die Verantwortlichen wohl zu verstehen geben wollen, dass das Unternehmen keine formalen Führungsstrukturen besitzt, sondern vielmehr darauf hofft, dass Gruppen kooperativer Einzelpersonen zusammenkommen, um die Arbeit zu erledigen. Das Holokratie-Konzept war eine Zeit lang unter Silicon-Valley-Unternehmen en vogue, hatte aber keinen nennenswerten dauerhaften Einfluss. Der Internetverlag Medium, der in ähnlicher Weise mit einer holokratischen Führungsorganisation experimentierte, gab sie nach dreijähriger Erprobungsphase auf. Andy Doyle, der Leiter der Betriebsorganisation, sagte: »Bei uns hat es die Arbeitsabläufe gestört.«[2] Die Betriebsorganisation erfordert Pluralität und Disziplin.

Vermittelnde Hierarchie

Das kooperative Ethos sich selbst organisierender Teams hat sich als ein probates Mittel zur Förderung der Motivation von Mitarbeiterinnen und Mitarbeitern in zahlreichen Organisationen erwiesen. Auf diese Weise kolonisierte die Ostindische Kompanie im 18. Jahrhundert weite Teile Asiens; damals dauerte es acht Wochen, bis Nachrichten aus der Hauptverwaltung vor Ort eintrafen. Es sorgte dafür, dass Kohlebergwerke und Schiffswerften im 19. Jahrhundert produktiv betrieben werden konnten. Im 20. Jahrhundert stellten japanische Autohersteller auf diese Weise eine Produktqualität sicher, die mit Fließbändern nicht erreicht werden konnte. Und im 21. Jahrhundert ermöglichte dieses Ethos Apple, Google und Microsoft, das Internet zu dominieren.

Aber jede Organisation, in der Entscheidungen getroffen und umgesetzt werden müssen, bedarf einer gewissen Hierarchie. Simons Beispiel gemahnt uns eindringlich daran, dass eine Uhr sich nicht durch spontane Ordnungsbildung von selbst zusammensetzt, und selbst Zappos liefert Schuhe nicht auf diese Weise aus. Formale Strukturen sind notwendig, um ein komplexes Artefakt zu schaffen und eine komplexe Organisation zu koordinieren. Margaret Blair und Lynn Stout beschreiben das moderne Unternehmen als eine *vermittelnde Hierarchie:*

> Eine öffentlich-rechtliche Körperschaft besteht aus einem Team von Mitarbeitern, die eine komplexe Vereinbarung eingehen, mit dem Zweck, zu ihrem gegenseitigen Nutzen zusammenzuarbeiten. Teilnehmer ... treten die Kontrolle über Outputs und zentrale Inputs (Zeit, intellektuelle Fähigkeiten oder Finanzkapital) an die Hierarchie ab. Sie gehen diese gegenseitige Vereinbarung in dem Bestreben ein, ökonomisch schädliche Drückebergerei und Selbstbereicherung dadurch zu reduzieren, dass sie das Recht, über die Aufteilung von Aufgaben und Ressourcen in dem Gemeinschaftsprojekt zu entscheiden, an die interne Hierarchie übertragen. Sie erklären sich folglich nicht mit spezifischen Bedingungen oder Ergebnissen (wie einem traditionellen »Vertrag«) einverstanden, sondern damit, an einem Prozess der internen Zielsetzung und Streitbeilegung mitzuwirken.[3]

Zwei Aspekte dieser Darstellung verdienen es, besonders hervorgehoben zu werden. Blair und Stout geben keiner bestimmten Gruppe von Stakeholdern den Vorrang. Die vermittelnde Hierarchie – und letztlich Vorstand und Aufsichtsrat – können und müssen »über die Aufteilung von Aufgaben und Ressourcen in dem Gemeinschaftsprojekt entscheiden«. Dies ist ein Ansatz, der sich grundlegend von der Theorie des »Netzwerks von Verträgen« oder der Konzeption des Unternehmens als einer Kaskade von Prinzipal-Agent-Verträgen, die von den Aktionären geschlossen und kontrolliert werden, unterscheidet. Selbstverständlich haben die Aktionäre in einer Aktiengesellschaft insgesamt die Macht, die Vorstände auszutauschen oder den Vorstandschef zu entlassen, wenn ihnen die beschlossene

Aufteilung der Aufgaben und Ressourcen nicht behagt – ein Recht, von dem gelegentlich, im Extremfall, Gebrauch gemacht wird. So wie die Mitarbeiter_innen das Recht haben zu kündigen und Kundschaft und Zulieferer das Recht, mit anderen Unternehmen Geschäfte zu machen, wenn ihnen die bestehende Aufteilung von Aufgaben und Ressourcen nicht gefällt. Die Aktionäre sind nicht die »Eigentümer« des Unternehmens – jedenfalls nicht in einem Sinne, der hier für uns von Interesse wäre –, und es ist bestenfalls nicht hilfreich, die Funktionen der Aktiengesellschaft in der Ausübung von Eigentumsrechten zu sehen.[4]

Die Führungsmannschaft in einem Unternehmen ist dann erfolgreich, wenn ihr ein Interessenausgleich gelingt, mit dem die meisten dieser Stakeholder zufrieden sind, wenn auch nur selten alle jederzeit. Die Aufrechterhaltung dieses Gleichgewichts ist die komplexe Aufgabe der Führungsspitze. Investor_innen sind zufrieden mit ihrer Dividende und dem Anstieg des Aktienkurses, Mitarbeiter_innen sind zufrieden mit ihren Stellen, Kundschaft und Zulieferer glauben, dass sie gute Konditionen bekommen. Die Personalfluktuation ist daher gering, Kundschaft und Zulieferer bleiben loyal, und die Aktionäre verkaufen ihre Aktien nicht – was ganz überwiegend die normale Reaktion von Anlegern und Vermögensverwaltern auf die Unzufriedenheit mit der Leistung des Managements ist. So funktionieren erfolgreiche Unternehmen.

Ein zweiter Aspekt in der Darstellung von Blair und Stout ist für uns von Belang: Als Anwältinnen für Gesellschaftsrecht schreiben sie zwar über Kapitalgesellschaften, aber nichts in ihrer Beschreibung gilt ausschließlich für Wirtschaftsunternehmen. Das Konzept der vermittelnden Hierarchie ist für fast jede – private oder öffentliche – kollektive oder gemeinschaftliche Aktivität von Belang. Es gibt einige Institutionen – Schulen, ein paar Konfessionen sowie Teile des Militärs –, bei denen eine streng geordnete Hierarchie dem Wesen der Institution entspricht. Aber das sind die Ausnahmen. Und es ist schlichtweg nicht praktikabel, ein großes Wirtschaftsunternehmen auf diese Weise zu führen, ob in Umsetzung vorausschauender Pläne »der Person, die Bescheid weiß«, oder als Pyramide der Prinzipal-Agent-Anreizstrukturen, die von unterschiedlichen Aktionären auf den Weg gebracht wurden.

Die vermittelnde Hierarchie beschreibt, wie der Lehrkörper der meisten Schulen, fast aller Hochschulen und die Ärzteschaft eines Krankenhauses organisiert sind. Die vermittelnde Hierarchie ist notwendig, damit sie im Geist der Kooperation ihr Bestes geben. Und ein Sportverein oder eine Wohltätigkeitsorganisation tun gut daran, sich eine ähnliche Struktur zu geben. Die Annahme, dass es eine scharfe Trennlinie zwischen öffentlichen und privatwirtschaftlichen Unternehmen, zwischen gewinnorientierten und gemeinnützigen Organisationen gibt beziehungsweise geben sollte, entbehrt daher jeglicher Grundlage.

Viel wichtiger ist die Unterscheidung zwischen der autoritären beziehungsweise vertragsbasierten Hierarchie, in der Anweisungen von oben nach unten durchgereicht werden, und der vermittelnden Hierarchie, in der Rollen und Informationszugänge Gegenstand fortwährender Verhandlungen sind und deren Mitgliedern es freisteht zu kündigen, wenn sie mit den ihnen übertragenen Aufgaben unzufrieden sind. Ein Wirtschaftsunternehmen beliebiger Größe und Komplexität ist notwendigerweise von letzterer Art; es funktioniert nur als eine auf Freiwilligkeit beruhende Gemeinschaft, die von der Zustimmung ihrer Mitglieder getragen wird.

Wir vermuten, dass viele Leser_innen bei der Lektüre des Auszugs aus dem Werk von Blair und Stout zustimmend nickten, ohne seine Radikalität zu erkennen. Diese Radikalität hängt mehr mit der Art und Weise zusammen, wie wir Unternehmen beschreiben, als damit, wie sie tatsächlich funktionieren. Aber wir unterschätzen nicht, wie wichtig die Beschreibung von Unternehmen für die unternehmerische Praxis ist und wie wichtig wiederum Beschreibung und Praxis für die Legitimität gewerblicher Tätigkeiten in der weiteren Gemeinschaft sind.

Notwendige Veränderungen

Wir hören – selbst von Topmanager_innen – oft die Behauptung, Führungskräfte von Unternehmen seien rechtlich dazu verpflichtet, den Gewinn beziehungsweise den Nutzen für die Aktionäre (den Unternehmenswert) zu maximieren. Dabei gibt es weder in Großbritannien noch in den Vereinigten Staaten noch in irgendeinem anderen größeren Land eine solche Verpflichtung. In Großbritannien sind Geschäftsführer_innen und Vorstände dazu verpflichtet, »den Erfolg des Unternehmens zum Wohl der Mitglieder zu fördern«. Diese Formulierung ist absichtlich mehrdeutig, aber die Richtung ist klar: Der Nutzen für die Mitglieder ist *das Ergebnis* des Unternehmenserfolgs, nicht *das Maß* für den Erfolg des Unternehmens. Das managementfreundliche Gesetz des US-Bundesstaats Delaware, des Gerichtsstands der meisten US-Aktiengesellschaften, basiert auf der regelhaften Annahme einer pflichtgemäßen kaufmännischen Beurteilung: Abgesehen von einigen wenigen präzise beschriebenen Situationen geht das Gericht davon aus, dass die Führungsorgane von ihrem Ermessen ordnungsgemäßen Gebrauch gemacht haben.

Vor der Finanzialisierung des Unternehmenssektors und der Wirtschaft allgemein, die in den 1960er-Jahren begann, haben leitende Angestellte den Interessen der Aktionäre wenig Beachtung geschenkt. Die Betonung der Aktionärsinteressen in den letzten fünfzig Jahren ist nicht das Ergebnis einer Reform oder Klarstellung des Gesellschaftsrechts, sondern ein Produkt der Ära des Marktfundamentalismus und der Devise »Gier ist gut«. Diese Neuausrichtung verdankt sich dem Druck von Finanzmärkten und Finanzinteressen, die sich dabei auf die dürftigen intellektuellen Grundlagen stützten, die Friedman und andere gelegt hatten. In ihr spiegelt sich das Klima der damaligen Zeit wider, und wenn sich das Klima in eine Richtung verändert, dann kann und sollte es sich auch in eine andere Richtung verändern.

Endlich gibt es Anzeichen dafür, dass das Wetter freundlicher wird. »Purpose« (Sinnorientierung) ist ein neues Schlagwort im Wirtschaftsleben, das an George W. Mercks Diktum erinnert: »Wir dürfen nie vergessen, dass Medikamente für Menschen da sind, nicht für Profite.« Im August 2019 widerrief die US-amerikanische Wirtschaftslobby Business Roundtable auf Initiative von Alex Gorsky, dem CEO von Johnson & Johnson, dessen »werteorientiertes Unternehmensmotto« wir in Kapitel 2 kennenlernten, offiziell die Leitlinien, die es seit den 1990er-Jahren gepredigt hatte. Dreißig Jahre lang hatte es das Mantra wiederholt, ein Unternehmen sei dazu da, den Nutzen für die Aktionäre zu maximieren. Nachdem die Lobbyorganisation zugegeben hatte, dass viele Vorstandsvorsitzende dies gerade nicht getan hatten, veröffentlichte sie eine neue Leitlinie, die fünf Stakeholder aufführte: Gemeinschaft, Mitarbeiter_innen, Kund_innen, Lieferanten und Aktionäre, wobei die Verpflichtung gegenüber Letzteren jetzt »langfristige Wertschöpfung« lautete.[5] Einige der weltweit größten Aktionäre wie etwa der norwegische Staatsfonds (mit einem verwalteten Vermögen von rund 1 Billion Euro) und der kalifornische Pensionsfonds für den öffentlichen Dienst (verwaltetes Vermögen rund 400 Milliarden Dollar), die beide großen Wert auf einen intensiven Meinungsaustausch mit den Unternehmensführungen legen, um diese für Aktionärsbelange zu sensibilisieren, haben diese neue Haltung begrüßt. Larry Fink, der Chef von BlackRock, dem größten Vermögensverwalter der Welt, schreibt einmal im Jahr einen Brief an seine Vorstandskolleg_innen in anderen Unternehmen. Im Jahr 2018 sagte er ihnen, Unternehmen bräuchten einen Daseinszweck, der über bloßes Geldverdienen hinausgehe.

Im Jahr 2019 hatte Fink dann eine andere Botschaft: Unternehmen hätten eine Pflicht, in Angelegenheiten einzugreifen, die Regierungen nicht richtig anpackten; und im Jahr 2020 stand der Klimawandel im Mittelpunkt seines Briefes, für den Fall, dass die verschlüsselte Kritik an Präsident Trumps

Klimapolitik zu unklar gewesen sein sollte. Es gibt tatsächlich einige Unternehmen, insbesondere Energieversorger, die maßgeblich zum Klimawandel beitragen. Aber die meisten Unternehmen sind weder ein maßgeblicher Teil des Klimaproblems noch ein maßgeblicher Teil von dessen Lösung. Wir nehmen an Konferenzen teil, auf denen über den Stellenwert von sogenannten ESG-Kriterien (also Umweltschutz, soziale Verantwortung und gute Regierungsführung) in Unternehmen und für die Kapitalanlage diskutiert wird, und Vermögensverwalter_innen bringen ihre tiefe Besorgnis über den Klimawandel und die »Ungleichheit« (von was genau, erläutern sie nur selten) zum Ausdruck, und sie betonen die dringende Notwendigkeit, mehr BAME (sprich People of Colour, Asiat_innen und ethnische Minderheiten) in Vorstände zu bringen und die »Lohnlücke zwischen den Geschlechtern« zu schließen.

Dies sind die typischen Anliegen moderner »Aktivist_innen«, von denen sich nur wenige ernsthaft für die Wirtschaft interessieren. Die Verantwortlichen aus der Unternehmensführung, die diese Reden halten, haben entdeckt, dass solche aufrüttelnden Anliegen zustimmende Aufnahme bei ihrer Zuhörerschaft finden, während sie zugleich von heiklen Fragen wie Führungskräftevergütung und Unternehmenssteuervermeidung ablenken. Die gesellschaftliche Verantwortung der Führungsspitze eines Unternehmens besteht nicht darin, den Gewinn zu maximieren, aber er besteht auch nicht in der »aktivistischen« Agenda, »sich in Angelegenheiten einzumischen, die Regierungen nicht entschlossen anpacken«. Sie besteht darin, dafür zu sorgen, dass Unternehmen ihre Aufgaben gut erfüllen – Güter und Dienstleistungen zu produzieren, die sich Kundinnen und Kunden wünschen und wertschätzen, befriedigende Arbeitsplätze bereitzustellen, gute Erträge für Investoren_innen zu erwirtschaften, einen positiven Beitrag für die Kommunen zu leisten, in denen sie tätig sind, und vielleicht ein Beispiel an Mäßigung und Bescheidenheit zu geben. Gemäß dem wichtigen Vorbehalt, der in Kapitel 9 dargelegt wurde, wonach

Unternehmen ihre Gewinne nicht auf Kosten der Gesellschaft erwirtschaften sollten, sind dies die *eigentlichen* Aufgaben von Unternehmen. Larry Fink leistet in fast allen davon hervorragende Arbeit. Aber inmitten der schweren Wirtschaftskrise infolge von COVID-19 hat er einer Erhöhung seiner Vergütung um 5 Prozent – auf jetzt 25 Millionen Dollar – zugestimmt.

Wirtschaftsdemokratie

Legitime unternehmerische Tätigkeit ist für alle Stakeholder ein Gewinn – für Kund_innen, Mitarbeiter_innen, Investor_innen und Gemeinden. Aber dazu bedarf es keiner »Wirtschaftsdemokratie«, in der Unternehmen von einem Gremium geführt werden, in dem Vertreter all dieser Stakeholder-Gruppen sitzen. Anhänger dieser Art von partizipativer Demokratie in der Wirtschaft machen den gleichen Fehler wie Anhänger dieser Art von partizipativer Demokratie in der Politik. Der Fehler verschmilzt den Triumph der Gier – ich erkenne die Gültigkeit keiner anderen Interessen als meiner eigenen an – mit der Kultur der Rechte – ich erkläre mein Interesse durch lautstarkes Bestehen darauf – und der Identitätspolitik – ein Gruppeninteresse kann nur von einem Mitglied dieser Gruppe richtig verstanden werden.

Die Leute, die in Airbus-Fabriken arbeiten, oder die Passagiere, die in Airbus-Maschinen fliegen, wissen kaum mehr als jeder andere, wie die nächste Generation von Airbus-Produkten aussehen wird. Zweifellos könnten sich viele von ihnen dieses Wissen verschaffen – durch gründliches Studium von Konkurrenzprodukten, der Bedürfnisse der Fluggesellschaften und der technischen Merkmale von Triebwerken und Flugleitsystemen. Aber dies wäre ein Vollzeitjob, und die Betreffenden könnten vernünftigerweise nicht länger als Tragflächenkonstrukteur oder Rednerin auf internationalen Konferenzen beschäftigt werden. Sie wären zu qualifizierten, professionellen Manager_innen eines Flugzeugbauers geworden. In der Wirtschaft wie in der Politik erwarten wir, dass ehrliche Männer und Frauen ihr Bestes für ihre Gemeinschaft tun, ganz gleich wie groß oder klein diese ist, nicht, dass egoistische Individuen nur ihre eigenen Interessen verfolgen. Und wir wollen zweifellos nicht, dass professionelle Repräsentant_innen ihre eigenen Interessen fördern, indem sie sich für die Interessen der Gruppe, die sie ernannt oder eingestellt hat, einsetzen.

Und wir befürworten auch keine Reformen, die Arbeitnehmer_innen Rechte auf den Bezug von Aktien an ihrem Unternehmen einräumen würden. Mitarbeiter und Mitarbeiterinnen von Start-ups mit Optionen oder Aktien – statt Bargeld – zu entlohnen, welches das junge Unternehmen vielleicht nicht hat, ist eine vernünftige Form der Finanzierung solcher Neugründungen, und es stärkt notwendigerweise die Identifikation der so Begünstigten mit dem Unternehmen. Und wenn es notwendig oder wünschenswert ist, Topmanager_innen Boni zu zahlen – was wir bezweifeln –, dann kann es dazu beitragen, ihr Interesse am Wohlergehen des Unternehmens über die Dauer ihrer eigenen Beschäftigung hinaus zu gewährleisten, wenn dies in Form gesperrter Aktien geschieht. Aber engagierte Mitarbeiter und Mitarbeiterinnen sind bereits stark in das Unternehmen »investiert«, für das sie arbeiten. Das Beispiel Enron, wo Arbeitnehmer_innen, die dem Hype um den Konzern auf den Leim gingen, nicht nur ihre Arbeitsplätze, sondern auch ihre Ersparnisse verloren, ist eine heilsame Lehre. Unternehmen ist nicht damit gedient, dass sie sich Arbeitnehmer_innen verpflichten, indem sie deren Ersparnisse in Aktienbeteiligungen umwandeln, vielmehr sollten sie verstehen, dass Mitarbeiter und Mitarbeiterinnen sich mit dem Unternehmen genauso identifizieren wie Aktionäre.

Markt und Gemeinschaft

In Kapitel 8 haben wir mehrere moderne kommunitaristische Philosophen erwähnt, u. a. Etzioni und MacIntyre, Sandel und Walzer. Ungeachtet ihrer vielfältigen Unterschiede ist ihnen die Sorge gemein, dass der Zusammenhalt in Gemeinschaften durch die Praktiken des Marktes und die Werte des modernen Wirtschaftslebens – beziehungsweise deren Fehlen – untergraben wird. Walzers bekanntestes Werk ist *Sphären der Gerechtigkeit*, in dem er erklärt, es sei notwendig, die moralische und politische Welt gegen den Einfluss der Wirtschaft abzuschirmen. Sandels viel gelobtes Buch *Was man für Geld nicht kaufen kann: Die moralischen Grenzen des Marktes* bemüht sich, jene Lebensbereiche zu identifizieren, die frei von Marktkräften gehalten werden müssen. Macpherson prägte den Begriff »Besitzindividualismus« und schrieb einen langen Essay, der die implizit in Friedmans Werk enthaltene Moralphilosophie kritisierte. Und Aristoteles bewunderte bekanntlich produktive Tätigkeit, verachtete aber den Zwischenhändler. Er hätte sich wohl kaum vorstellen können, dass eines Tages mit verbrieften Finanzprodukten gehandelt werden würde, und dennoch kann man sich unschwer denken, was er davon gehalten hätte.

Ideen sind nur dann von Belang, wenn sie praktische Anwendung finden. Man kann den kommunitaristischen Philosophen nicht vorwerfen, dass sie die modernen Wirtschaftswissenschaften ablehnten: Die ganz auf das Individuum fokussierte Wirtschaftskonzeption ist tatsächlich abstoßend. Aber dadurch dass sie von einem grundsätzlichen Spannungsverhältnis zwischen der Gemeinschaft und der Wirtschaft ausgehen, marginalisierten sie die Ideen, an die sie glauben. Die Vorstellung, dass Gemeinschaft und Markt einen Gegensatz bilden, stammt aus neuerer Zeit. Historisch gesehen, traf das Gegenteil zu.

Die Agora im alten Griechenland und das Forum im alten Rom waren sowohl Marktplätze als auch Versammlungsorte. Im klassischen Griechischen lauten die Wörter für »Einkäufe

machen« und »in der Öffentlichkeit sprechen« ganz ähnlich,
denn sie sind von derselben Wurzel abgeleitet. Und als einer von
uns unlängst einen Taxifahrer bat, uns ins Zentrum der kleinen
Hauptstadt seines armen Landes zu bringen, setzte er uns an
einer geschäftigen Stelle ab. »Dort geradeaus ist der alte Markt«,
sagte er und deutete in die betreffende Richtung, »und da rechts
ist der neue Markt.« Während des größten Teils der Geschichte
und in den Entwicklungsländern auch heute noch war und
ist der Markt nicht der Feind der Gemeinschaft: Der Markt
war der Ort, an dem Gemeinschaft lebendig wurde. Tatsächlich ist der Markt der Prozess, der die Isolation der Selbstgenüg-
samkeit durch den Kommunalismus wechselseitiger Abhängig-
keiten ersetzt. Die Institution des Marktes ist der unerlässliche
erste Schritt auf dem Weg aus der Armut.

Und auch heute noch ist es so: Wenn Sie einen Taxifahrer bitten, Sie ins Zentrum einer englischen Stadt zu bringen, fährt er
Sie in die Hauptstraße, wo Sie die vertrauten Filialen von Boots,
W. H. Smith und Starbucks sehen werden. Und Sie werden mit
Leichtigkeit eine Vielzahl von Kommentaren über die Verödung
der Innenstädte und deren negative Auswirkungen auf die örtliche Gemeinschaft finden.

Als Adam Smith schrieb: »Nicht von dem Wohlwollen des
Fleischers, des Brauers oder Bäckers erwarten wir unsere Mahl-
zeit, sondern von ihrer Bedachtnahme auf ihr eigenes Interesse«,
meinte er damit nicht die Mischfleisch AG, die Vereinigte Biere
GmbH oder die Internationale Brot & Backwaren Handels-
gesellschaft (und erst recht nicht den Nationalen Brotdienst).[6]
Vielmehr beschrieb er den Handwerker, der eine lokale Werk-
stätte betrieb und die meisten seiner Kunden kannte, mit denen
ihn eine persönliche Beziehung verband. »Das Hammelfleisch
ist heute sehr gut, Mrs. Smith«, lautete die Empfehlung des
Metzgers.

Erst als im folgenden Jahrhundert Skaleneffekte und die
Ambitionen von Industriemagnaten und Finanziers zur Gründung der großen Aktiengesellschaften führten, die schließlich

im 20. Jahrhundert das Wirtschaftsleben dominierten, lösten anonyme Transaktionen auf breiter Front Tauschgeschäfte ab, die in anhaltende Beziehungen eingebettet waren. Es war – und ist – dieser Wandel, der die Sorge rechtfertigte, dass Märkte und gut funktionierende Gemeinschaften Gegensätze seien.

Aber schon zu Beginn des modernen Wirtschaftslebens erkannte man, dass Verbraucher_innen nur widerwillig anonyme Handelsgeschäfte tätigen würden. Als das örtliche Ladengeschäft industriell hergestellte Produkte anzubieten begann, fingen die Hersteller dieser Produkte mit Markenentwicklung und Werbung an; indem sie Geld für die Bewerbung ihres Produktes ausgaben, wollten sie demonstrieren, dass ihnen an einer langfristigen Beziehung zu ihrer Kundschaft gelegen war. Und mit zunehmender Komplexität der Güter wurde es immer schwieriger, die Anonymität aufrechtzuerhalten. Nur sehr wenige der Tauschgeschäfte, die wir als Verbraucher und Verbraucherinnen in einer modernen Volkswirtschaft tätigen, und so gut wie keine der kommerziellen Tauschgeschäfte sind Transaktionen zwischen anonymen Käufern und anonymen Verkäufern homogener Produkte. Viele Mittel wurden ersonnen, um den Rat und das Geplauder in der Metzgerei zu ersetzen, aber selbst bei multinationalen Konzernen spielen persönliche Beziehungen nach wie vor eine große Rolle; in der Businessclass von Flugzeugen drängen sich Manager, für die Videokonferenzen noch immer nicht an einen Händedruck und ein gemeinsames Essen heranreichen. (Wir schreiben diese Zeilen mitten in der Corona-Krise, in der die Businessclass leer bleibt – wir werden sehen, wie schnell sie sich wieder füllt und die Zoom-Bildschirme leer bleiben, wenn die Krise vorbei ist.)

Das Internet und andere Aspekte der Globalisierung ermöglichen es jedem potenziellen Käufer, mit jedem potenziellen Verkäufer in Kontakt zu treten, und umgekehrt. Aber gleichzeitig wurden Verfahren entwickelt, die es ermöglichen, vertrauensvolle Geschäfte mit jemandem zu tätigen, den wir nicht kennen. Airbnb und Uber erlauben es uns, sicher im Haus fremder Menschen zu übernachten und sicher im Auto eines Fremden zu fahren. Und sie stellen ein Profil des Gastgebers Bill oder des Fahrers Rashid zur Verfügung. Die Gemeinschaft der Amazon-Buchkäufer beurteilt jedes Buch, das von Amazon angeboten wird, eBay-Nutzer bewerten die dortigen Verkäufer, und TripAdvisor sammelt Meinungen über Hotels, Restaurants und Sehenswürdigkeiten. Während der Metzger Kenntnis von den Präferenzen von Mrs. Smith erlangte und Adam von ihrem regelmäßigen Einkaufsverhalten, erhält der Supermarkt die gleichen Informationen über Sie durch Ihre Treuekarte. Und so wie der Metzger sich bei seinen Empfehlungen an Mrs. Smith nach seinem Verständnis ihrer Vorlieben gerichtet haben dürfte, so versuchen Google und Amazon, die neuen Produkte zu erahnen, die wir vielleicht kaufen würden. Kunden und Kundinnen fürchten nicht, dass Onlineverkäufer und Google und Facebook zu wenig über uns wissen, sondern dass sie zu viel wissen.

Das Bedürfnis nach Gemeinschaft ist sowohl für das Gesellschafts- als auch für das Wirtschaftsleben fundamental, und während der technologische und der gesellschaftliche Wandel die Effektivität bestimmter Gemeinschaftsformen verringerte, hat er gleichzeitig und notwendigerweise die Chancen für andere erhöht. Märkte sind nicht grundsätzlich gemeinschaftsfeindlich; tatsächlich sind leistungsfähige Märkte heute, wie von jeher, in Gemeinschaften eingebettet.

Das erste Jahrzehnt des 21. Jahrhunderts hat dies noch einmal machtvoll vor Augen geführt. Kredittransaktionen basierten von Anfang an auf persönlichen Beziehungen. J. P. Morgan, kein Feind des Marktfundamentalismus, erklärte, die Grundlage des Kreditgeschäfts sei Charakter, und weiter: »Ein Mensch, dem ich nicht vertraue, würde von mir selbst gegen alle Schuldscheine der Christenheit [als Sicherheitsleistung] keinen Heller bekommen.«[7] Um einen Bankkredit zu erhalten, musste man sich von einem unsympathischen Filialleiter, der seine Geschäftskunden und viele seiner persönlichen Kunden im Golfklub kennenlernte, in die Mangel nehmen lassen; ein

Hypothekarkredit wurde widerwillig Kunden_innen angeboten, die Sparguthaben angesammelt hatten, und es bedurfte
hierzu eines persönlichen Besuchs bei der Bausparkasse. In den
1980er-Jahren wurde dieser gemeindenahe Ansatz durch das
automatisierte Kreditscoring von Darlehen und deren Weiter-
verkauf in Paketen durch Verbriefung ersetzt. Die Weltfinanzkrise von 2008 war die direkte Folge dieser Entwicklung.

12
Ortsgebundene Gemeinschaften

»Die Sehnsucht nach einem Zuhause lebt in uns allen.«

Maya Angelou, *All God's Children Need Traveling Shoes*

Als in London kreative Aktivist_innen die Leute dazu bringen wollten, für einen gemeinsamen Zweck mit ihnen zusammenzuarbeiten, nannten sie die neue Organisation Little Village. Selbstverständlich ist London mit seiner Anomie und seinen Extremen von Reichtum und Armut das Gegenteil eines Dorfes, aber bei ihrem anrührenden Engagement machten sie sich einen tief verwurzelten Instinkt zunutze: Wie viele andere Spezies entwickelt auch Homo sapiens eine enge Bindung an den Ort, an dem er lebt.

Dieser ist sowohl in psychologischer als auch in politischer Hinsicht von Belang. Entscheidungsbefugnisse sollten in zunehmendem Maße dezentralisiert werden, und die wichtigste Dimension dieser Dezentralisierung ist der Raum. Der Ort vermittelt eine grundlegende Identität, die uns über uns selbst und über die Gegenwart hinausführt und uns mit einer beständigen Gemeinschaft verbindet. Viele Aspekte der persönlichen Identität werden in unseren frühen Teenagerjahren geprägt. Und erinnern wir uns: Die meisten Briten leben noch immer im Umkreis von rund dreißig Kilometern um den Ort, an dem sie mit vierzehn Jahren lebten. Selbst in einem Zeitalter sozialer Medien ist die Qualität zwischenmenschlicher Begegnungen bei physischer Nähe höher: Das wechselseitige Vertrauen, das in vielen Bereichen des modernen Lebens so wichtig ist, entwickelt sich nur durch wiederholte persönliche Kontakte. Die Zufälligkeit von

Begegnungen, die Jane Jacobs in ihrer Schilderung des Lebens auf den Straßen Manhattans so beredt beschrieben hat, setzt uns einer größeren Meinungsvielfalt aus, als dies die Echokammern der sozialen Medien tun.[1] Pulsierende »Ortsgemeinschaften« sind das gesellschaftliche Gegenstück zu der Wirtschaft aus florierenden Kleinunternehmen – den »kleinen Haufen«, die durch Wettstreit und Kooperation eine innovative, aber auch eng zusammenhaltende Gesellschaft hervorbringen können. Die imposanten viktorianischen Rathäuser in Großbritannien sind Zeugnisse einer Epoche, in der wir im ganzen Land viele solcher »kleinen Haufen« hatten. Doch sind sie heute Symbole eines kommunalen Selbstbewusstseins, das beinahe verschwunden ist.

Hyperzentralisierung

Nicht nur die gesamte Staatsverwaltung ist in London zentralisiert. Auch die britischen Mediengesellschaften, Konzerne, Anwaltssozietäten und Finanzdienstleister haben hier ihren Sitz. Und jede dieser Aktivitäten ist ihrerseits noch stärker zentralisiert worden. Finanzdienstleister haben anfangs immer eine lokal begrenzte Kundschaft, weil Kreditvergabeentscheidungen von dem impliziten Wissen abhängen, das nur durch eine langjährige lokale Präsenz erworben werden kann: Raten Sie mal, wo die Midland Bank gegründet wurde. Die Konzentration im Bankensektor wurde als ein Mittel zur Verringerung der Risiken für Einleger und Aktionäre unterstützt. Diese Strategie funktionierte hundert Jahre lang, bis in die frühen 2000er-Jahre, als sich herausstellte, dass die Konzentration aberwitzige Ausmaße angenommen hatte.

Erst in jüngerer Vergangenheit, seit den 1980er-Jahren, begann das britische Finanzministerium, die Finanzen der kommunalen Gebietskörperschaften streng zu kontrollieren. Die Folgen dieser Überwachung durch das Schatzamt sind überall zu spüren. Dezentralisierungsbestrebungen – ob die Übertragung von Kompetenzen an Gemeinden, ob Akademieschulen oder regionale Trusts des Nationalen Gesundheitsdiensts, die Krankenhäuser betreiben – werden dadurch behindert, dass die Finanzaufsicht weiterhin bei Whitehall liegt. Aber Verantwortung und finanzielle Unabhängigkeit sind untrennbar miteinander verbunden, wie jeder Erziehungsberechtigte lernt. Ganz gleich um welches Versagen des britischen Staates es geht – unzureichende kommunale Dienstleistungen, unzureichende Bildungsstandards in den verschiedenen britischen Landesteilen oder mangelnde Effektivität der Krankenhäuser –, wird dafür immer die Regierung verantwortlich gemacht, die angeblich nicht genügend Geld bereitstellt. Manchmal ist die Behauptung gerechtfertigt, manchmal nicht. Aber es besteht keine Notwendigkeit, auch nur über diese Frage nachzudenken oder sich einer kritischen Selbstprüfung zu unterziehen, weil das Problem immer irgendwo anders liegt. Und der Prozess ist selbstverstärkend und selbstrechtfertigend: Behörden, denen keine finanzielle Unabhängigkeit gewährt wird, erlangen auch nicht die Fähigkeit, diese in verantwortungsvoller Weise auszuüben.

Mit der Zentralisierung hat sich die Schere immer weiter geöffnet: Im Jahr 2018 betrug die Wirtschaftsleistung pro Person in London 54 700 Pfund, während sie im Nordosten Großbritanniens nur 23 600 Pfund betrug.[2] Und die Schere öffnet sich noch weiter. Auf die Hauptstadtregion entfallen mittlerweile 23 Prozent des Bruttoinlandsprodukts, ein Anstieg um 18 Prozent gegenüber 1998.[3] Einige Marktfundamentalisten sind der Meinung, eine derart extreme Agglomeration gehe mit einer effizienten Ressourcenzuteilung einher: Die Einwohner Londons seien äußerst produktiv, insbesondere die Hochqualifizierten, und daher bringe es weitere Effizienzsteigerungen, noch mehr Fachkräfte in London zu konzentrieren. Falls die faire geografische Verteilung der Wohlfahrtsgewinne ein Problem sei, so würden sie behaupten, wäre es am sinnvollsten, Konsum durch Steuern und Sozialleistungen an die kleineren und größeren Städte in der Provinz zu übertragen,* genauso wie wir die Leistungsgesellschaft stabilisieren könnten, indem wir für die Leistungsträger die Steuern erhöhen, um Sozialleistungen für die Abgehängten zu finanzieren.

Aber wir sind nicht nur Verbraucher_innen. Die meisten Menschen wünschen sich die Anerkennung, die mit der Fähigkeit verbunden ist, einen Beitrag zu ihrer Gemeinschaft und ihrer Gesellschaft zu leisten. Sie wollen produktiv sein. Was gleichmäßiger über das ganze Land verteilt werden muss, ist die Fähigkeit, produktiv zu sein, nicht nur die Fähigkeit zu konsumieren. Der Ausdruck »die Fähigkeit, produktiv zu sein« verbindet zwei miteinander zusammenhängende, aber verschiedene Prozesse: Produktive Arbeitsplätze müssen zu den Orten kommen, denen sich Menschen heimatlich verbunden fühlen, und junge Leute an diesen Orten müssen befähigt werden, die Arbeitsplätze anzunehmen. Qualifizierte Arbeitsplätze ohne geeignete lokale Arbeitskräfte veranlassen Unternehmen dazu, nicht ortsansässige Fachkräfte einzustellen, was die Entfremdung und Demoralisierung der örtlichen Bevölkerung noch vertieft. Umgekehrt verstärkt die Ausbildung von Menschen, für die es vor Ort keine Arbeitsplätze gibt, nur den Druck auf die fähigsten der Jungen abzuwandern.

Extreme Menschenkonzentrationen in Megastädten führen zu einem Verlust an Lebensqualität. Auch wenn London sehr erfolgreich darin ist, Leistung in Einkommen umzuwandeln, scheitert es daran, Einkommen in Wohlgefühl umzuwandeln. London ist die Region mit dem höchsten Durchschnittseinkommen in Großbritannien, aber auch die Region mit dem *niedrigsten* Durchschnittswert in »Wohlbefinden«.** Es kann

---

* Vgl. zum Beispiel die abfällige Beschreibung der britischen Provinz aus Londoner Sicht, wie sie Janan Ganesh in der *Financial Times* betreibt, etwa, sie sei »an einen Leichnam gekettet«, oder der ähnlich abfällige Ausdruck »fly-over cities« (Städte, die man überfliegt), der in den Vereinigten Staaten gebräuchlich ist.

** Office for National Statistics (23. Okt. 2019). »Wohlbefinden« setzt sich laut Definition des ONS zusammen aus den Dimensionen Lebenszufriedenheit (London

sehr angenehm sein, in London reich oder jung zu sein; nur ein paar andere Megastädte haben ein kulturelles Angebot und ein Nachtleben vergleichbarer Qualität. Aber nur die Reichen können sich Wohnungen im Zentrum Londons leisten, und nur die Jungen können sich mit den beengten Verhältnissen in einer Einzimmerwohnung arrangieren. Die materiellen Umstände der Überlastung, die sich in überfüllten öffentlichen Verkehrsmitteln und Platzmangel widerspiegelt, und die soziale Isolation, die sich in dem Verlust der räumlichen Nähe zur Familie und der Zugehörigkeit zur Gemeinschaft widerspiegelt, sind wahrscheinliche Erklärungen für die Diskrepanz zwischen Einkommen und Wohlbefinden.

Und wenn wir uns außerhalb Großbritanniens umsehen, dann zeigt sich, dass die Produktivität räumlich breit verteilt sein kann, während sie insgesamt sehr hoch ist: Es ist nicht nötig, »nach London zu kommen«. Deutschland hat Hamburg im Nordwesten, Berlin im Nordosten, Köln im Westen, Frankfurt in der Mitte, Stuttgart im Südwesten und München im Südosten: alles für viele attraktive, selbstbewusste, in Teilen sehr wohlhabende Städte.

Ein Großbritannien, in dem der Wohlstand breiter im ganzen Land verteilt wäre, wäre eine bessere Gesellschaft. Um die Hyperzentralisierung rückgängig zu machen, müssen Entscheidungsbefugnisse von Behörden und Unternehmen von London auf die Regionen und Gemeinden übertragen werden. Aber räumliche Gleichgewichtszustände sind vergleichbar mit gesellschaftlichen Gleichgewichtszuständen: Ein gutes räumliches Gleichgewicht ist ziemlich robust, aber das Gleiche gilt für die Hyperkonzentration. Es ist nicht leicht, das Boot aufzurichten.

---

schneidet landesweit am schlechtesten ab), Wohnenswert (London schneidet am schlechtesten ab), Glücklichsein (London schneidet mit einem Wert von 7,51 am zweitschlechtesten ab; die Schlusslichter sind Yorkshire und Humber mit einem Wert von 7,49) und Existenzängste (London steht an der Spitze).

Ostdeutschland nach 1990 veranschaulicht das Problem eines Bootes, das gekentert ist. Nach zwanzig Jahren aktiver Strukturpolitik und massiver fiskalischer Transfers hat die vormalige DDR zwar in Bezug auf den Konsum weitgehend zur vormaligen Bundesrepublik aufgeschlossen, was die Arbeitsproduktivität und die Lebenszufriedenheit anlangt, hinkt der Osten jedoch dem Westen noch immer deutlich hinterher. In Ostdeutschland wird das Bestreben, eine einheitliche nationale Identität zu schaffen, von vielen als gescheitert angesehen. Dies zeigt sich etwa in den Klagen über eine »Staatsbürgerschaft zweiter Klasse« und der Unterstützung für extremistische Parteien.

In Großbritannien ist Edinburgh die erfolgreichste Stadt außerhalb Londons. Der Vergleich von Edinburgh mit der erfolgreichen Streuung von Wissensclustern in Westdeutschland und begrenzten Erfolgen in Ostdeutschland verdeutlicht, was für eine erfolgreiche Konvergenz notwendig ist. Die Fähigkeit, produktiv zu sein, beinhaltet zwei Aspekte: Produktive Arbeitsplätze müssen an den Orten geschaffen werden, denen sich die Leute verbunden fühlen, und bodenständige Menschen in der Provinz müssen die Kompetenzen erwerben, die sie befähigen, diese Stellen anzunehmen.

Die Schaffung produktiver Arbeitsplätze in der Provinz

Arbeitsplätze entstehen nicht von heute auf morgen. Edinburgh und die genannten Städte Westdeutschlands verdanken ihren Erfolg einer Kombination zahlreicher Faktoren: finanzieller, wirtschaftlicher, kultureller und bildungsbezogener. Wirtschaftlich abgehängten Städten fehlen oftmals all diese Elemente, und solange dies nicht verstanden wird, sind unsystematische Bemühungen, einen Wandel herbeizuführen, zum Scheitern verurteilt, was die Demoralisierung noch vertieft. Diese Städte sind in einem Syndrom gefangen, in dem, weil alles von allem anderen abhängt, die Veränderung nur eines Faktors, auch wenn sie tatsächlich notwendig ist, keine deutlichen Verbesserungen bringt und daher nutzlos erscheint. Die eigentliche Botschaft lautet nicht »nichts tun«, sondern »alles tun«, indem man ein wohldurchdachtes, zukunftsgerichtetes gemeinsames Ziel verfolgt. Eine Führungspersönlichkeit kann eine darniederliegende Stadt nicht im Alleingang retten: Ihre Aufgabe ist es vielmehr, sich das Potenzial zahlreicher lokaler Organisationen zunutze zu machen.

Dafür ist politische Selbstbestimmung auf den geeigneten Ebenen eine zentrale Voraussetzung: Gemeinden, Städte und Regionen benötigen die Kompetenzen für Maßnahmen, die am besten auf dieser Ebene koordiniert werden. In Deutschland folgt dies aus der Verfassung: die Stadt innerhalb ihrer Region. Für eine hochproduktive moderne Volkswirtschaft scheint dies die richtige Ebene für die Bündelung politischer Entscheidungen zu sein. Großbritannien etabliert sie mit Verspätung jetzt auch: Die neu eingerichtete kommunale Organisationseinheit »City-Region Combined Authorities«, wie etwa die im Jahr 2017 geschaffene Region West Midlands mit einer Bevölkerung von drei Millionen Menschen, bündelt diverse Hoheitsbefugnisse. Anfangs waren diese City-Regions nicht besonders populär: Als Reaktion auf den lautstarken schottischen Nationalismus wünschten sich viele Engländer eine regionale Gebietseinheit, die ebenbürtig war. Aber politische Entscheidungsgewalt sollte auf der Ebene angesiedelt sein, die für eine moderne Volkswirtschaft angemessen ist, und dafür ist England zu groß – es würde im Grunde die Herrschaft von Whitehall fortbestehen lassen. Andererseits sind die 48 englischen Countys überwiegend zu klein: Stadt-Regionen sind die Ebene, die ökonomisch sinnvoll ist. Regionale Identitäten lassen sich vielleicht ohne allzu große Mühe wiederbeleben: Angelsächsische Gebietseinheiten wie etwa Mercia haben eine weit zurückreichende Geschichte, auf deren Grundlage sich neue Identitäts-

230 Teil III Gemeinschaft

narrative entwickeln lassen. Nicht nur Macht, auch Identitäten
können sich an Umstände anpassen. Schottland ist sowohl eine
politische Identität als auch ein Naturraum, und daher wurden,
schon lange bevor Schottland im Jahr 1999 ein eigenes Parlament und eine eigene Regierung erhielt, viele Regierungsauf-
gaben von Edinburgh aus wahrgenommen.

Lokal verankerte Kreditinstitute verknüpfen die langfristige
Ausrichtung auf die Wahrung und Mehrung des lokalen Wohlstands mit dem für Kreditvergabeentscheidungen so wichtigen
impliziten Wissen, das sich häufigen persönlichen Kontakten
mit Führungskräften der Unternehmen am Ort verdankt. Die
meisten Bankdienstleistungen für die deutsche Industrie werden noch immer von regionalen Instituten erbracht. Schottische
Banken wurden bis zur Finanzkrise von 2008 nicht zu gesamt-
britischen Banken mit Sitz in London fusioniert, und sie unterhalten noch immer erhebliche Bereiche zentraler Unterneh-
mensfunktionen in Edinburgh. Wales dagegen hat ungeachtet
eines ähnlichen Maßes an politischer Autonomie keine lokale
Finanzindustrie. Selbst in Cardiff, der Hauptstadt, beschäftigen die Niederlassungen von Banken mit Hauptsitz in London keine Kundenbetreuer_innen mehr. Das implizite Wissen,
das sich Erfahrungen vor Ort verdankt, ist verloren gegangen.

Die lokale Unternehmerschaft organisiert sich vielfach selbst,
um auf diese Weise ihren Einfluss auf örtliche Entscheidungsträger in Politik und Kreditwirtschaft geltend zu machen. In Edinburgh und den meisten deutschen Städten sind Unternehmensverbände lokal organisiert, während sie in England national
organisiert sind und sich in London scharen. In Deutschland
hat die Politik lokale Unternehmensverbände durch Gesetze,
die ihnen wichtige Aufgaben zubilligen, nachhaltig gefördert.

Der frühere US-Senator Daniel P. Moynihan hat angeblich
gesagt: »Wenn man eine bedeutende Stadt schaffen will, sollte
man eine bedeutende Universität gründen und 200 Jahre warten.« Es gibt viele Beispiele weltweit, die diese Behauptung
bestätigen. Ihre potenzielle Bedeutung für die lokale Wirt-

schaft besteht zum Teil darin, dass sie Fachkräfte ausbilden, deren Qualifikationen dem Bedarf der örtlichen Wirtschaft entsprechen, und zum Teil darin, dass sie Forschung betreiben, deren Ergebnisse wissensintensiven Unternehmen helfen, hinreichend nahe an der Innovationsspitze zu bleiben, um ihre Position zu verteidigen. Auch hier kann die Politik die produktiven Wechselwirkungen zwischen Bildungswesen und lokaler Wirtschaft fördern oder hemmen. So hat Großbritannien in den 1980er- und frühen 1990er-Jahren wie schon gesagt seine lokal ausgerichteten höheren Fachhochschulen, die Polytechnika, in Universitäten umgewandelt – und dies änderte ihre Finanzierungsquellen und schwächte ihre Verbindungen zu den Kommunalverwaltungen und den ortsansässigen Unternehmen. Der tertiäre Bildungsbereich in Deutschland unterhält über seine angesehenen Berufsbildungsprogramme viel engere Beziehungen zur lokalen Wirtschaft.

Die Anwesenheit einer Universität trägt zu einer ausgeprägten lokalen kulturellen Identität bei, die talentierte Menschen anzieht, die nicht unbedingt mit der Universität in Verbindung stehen. Aufgrund unserer Kenntnis der Immobilienpreise in Oxford können wir die Stärke dieses Effekts bezeugen. In Edinburgh ging die Initiative für das jährliche Stadtfest von der Zivilgesellschaft aus; sie schuf auf diese Weise eine Marke, die 500 000 Menschen aus der ganzen Welt anlockt. Deutsche Städte haben eine besonders starke Zivilgesellschaft, nicht zuletzt deshalb weil der Staat die Mitgliedschaft in Vereinen fördert. Wenn Tocqueville heute leben würde, hätte er vielleicht über die Neigung der Deutschen, Vereinen beizutreten, geschrieben.

Die Finanzhoheit der Kommunen ermächtigt führende Lokalpolitiker_innen, die Infrastruktur zu modernisieren, die als »Anker« eines neuen Narrativs fungieren kann, mit dem andere lokale Akteure zum Mitmachen ermuntert werden können. Die Gefahr, die der schottische Nationalismus für die Einheit Großbritanniens darstellt, hat zu hohen fiskalischen

Transfers an die in Edinburgh ansässige schottische Regierung geführt. Die öffentlichen Ausgaben sind in Schottland ungefähr 15 Prozent höher als in England.[4]

Tüchtige Kommunalpolitiker_innen bemühen sich darum, dass es zwischen Kommunalverwaltung, ortsansässigen Unternehmen und Hochschulen sowie der lokalen Zivilgesellschaft zu einer zielorientierten, konstruktiven Zusammenarbeit kommt. Das Ziel muss sachlich fundiert und zukunftsgerichtet sein und als wechselseitig vorteilhaft angesehen werden, damit sich alle damit identifizieren. In Edinburgh brachten Führungspersönlichkeiten im Jahr 2009 die verschiedenen lokalen Institutionen zusammen und erreichten, dass sie sich darauf verständigten, einen Sektor zu fördern, der das Potenzial hatte, wissensintensive Arbeitsplätze zu schaffen: Sie entschieden sich für die Informationstechnologie. Damals gab es in der Stadt nur zwei solcher Firmen, aber da alle beteiligten Organisationen ihre Hausaufgaben machten, konnte sie viele weitere Unternehmen dieses Sektors anlocken. Im Jahr 2019 zählte Edinburgh 480 IT-Unternehmen – das größte Cluster in Europa.* Auch hier können die Rahmenbedingungen die Herausbildung eines Pools fähiger kommunaler Verantwortungsträger fördern oder hemmen. Deutschland hat seit langer Zeit einflussreiche Bürgermeister. Da diese Positionen oftmals den Weg an die Spitze der Bundespolitik ebnen, locken sie hochkompetente Führungskräfte an: So war zum Beispiel der gegenwärtige deutsche Finanzminister und stellvertretende Bundeskanzler zuvor Bürgermeister von Hamburg. Diese Merkmale erklären nicht nur den Erfolg von Edinburgh und der westdeutschen Städte, sondern ihr Fehlen

---

* Paul bedankt sich bei den fünfzehn Mitgliedern der Business School der Universität Edinburgh und des Edinburgh Futures Institute, die ihn und seinen Kollegen Professor Mayer nach ihrer British Academy Lecture über die Frage, was Wirtschaft und Politik tun können, um die wachsende gesellschaftliche Spaltung zu überwinden, zu einem Abendessen einluden. Ihre Ausführungen über die Strategie der Stadt waren überaus aufschlussreich. England dagegen erprobt erst jetzt die Direktwahl von Bürgermeistern.

in anderen britischen Städten erklärt vielleicht auch, warum in Großbritannien das Wohlstandsgefälle zwischen Stadt und Land größer ist als in Deutschland und warum, obwohl Ostdeutschland in Bezug auf den Konsum mit dem Westen gleichgezogen hat, die Menschen im Osten unzufrieden sind.

Bei der Wiedervereinigung Deutschlands im Jahr 1990 hatte der Osten keine lokalen Unternehmen (noch irgendwelche anderen lokalen Institutionen): Seine kommunistischen Staatsbetriebe waren national organisiert. Das vorrangige Ziel der anschließenden massiven finanziellen Transfers von West nach Ost war die Steigerung des Pro-Kopf-Konsums und die Ansiedlung von Tochtergesellschaften westdeutscher Unternehmen, nicht der Aufbau prosperierender eigener lokaler Betriebe. Daher sind in Ostdeutschland nur langsam lokal verwurzelte Unternehmen entstanden. Außerdem hatte der Polizeistaat in der DDR den lokalen gesellschaftlichen Zusammenhalt und die Kooperationsbereitschaft untergraben: Aus gutem Grund misstrauten die Menschen einander und hatten kaum Erfahrung in örtlicher kollektiver Initiative. Die DDR wurde zentral von Ost-Berlin aus verwaltet. Die in Ostdeutschland nach 1990 umgesetzten politischen Maßnahmen versetzten folglich die meisten dortigen Städte nicht in die Lage, die interdependenten Cluster wissensintensiver Firmen aufzubauen, die junge Fachkräfte vor Ort gehalten hätten. Stattdessen siedelten sich dort in großer Zahl Billigunternehmen mit gering qualifizierten Arbeitsplätzen an. Während das Konsumniveau stieg, stagnierte die Produktivität auf einem Niveau weit unterhalb des westdeutschen.[5]

Städte, denen all diese Merkmale fehlen, sitzen in der Falle, und sich daraus zu befreien, wird immer schwerer, weil wir Menschen eine Fähigkeit vor allem dadurch erlernen, dass wir sie praktizieren. In einer erfolgreichen Stadt besteht die Metakompetenz, die durch praktisches Handeln erworben wurde, in der Fähigkeit, eine realistische zukunftsgerichtete Strategie zu konzipieren und alle relevanten Akteure darauf einzuschwören.

Abgehängte Städte habe diese Fähigkeit nicht. Von dem chronischen Scheitern zermürbt, suchen die Organisationen in einer wirtschaftlich darniederliegenden Stadt nach einer Erklärung für dieses Versagen, und sie entdecken, dass sie Opfer sind. Es gibt immer potenzielle Unterdrücker: die Metropole – »Wir sind arm, weil London reich ist« – oder irgendeine lokale Institution – »Unternehmen haben hier keine Chance, weil der Gemeinderat eine feindselige Haltung gegenüber unternehmerischer Initiative hat«. Diese Opfer-Narrative mögen durchaus eine gewisse Faktengrundlage haben, aber dies ändert nichts an ihrer lähmenden Wirkung. Sie sind keineswegs sachlich fundiert, zukunftsgerichtet oder gemeinschaftsorientiert, sondern selbstrechtfertigend, rückwärtsgewandt und spaltend. Sie wiegeln zu sinnlosen Auseinandersetzungen auf, die von dem ablenken, was eigentlich geschehen müsste. Aus diesem Grund brauchen darniederliegende Städte gute Führungskräfte. Nur lokale Führungskräfte, die weithin Vertrauen genießen, können das Narrativ umschreiben und statt rückwärtsgewandter Ressentiments einen optimistischen Zukunftsentwurf für die ganze lokale Gemeinschaft in den Mittelpunkt rücken. Schottland beglückwünscht sich selbst zu seinen Erfolgen; Wales macht England für seine Misserfolge verantwortlich – der Führer der walisischen Nationalisten verlangt sogar »Reparationen« für die wirtschaftliche Unterdrückung durch England.[6]

Berufliche Qualifikation für produktive Arbeitsplätze

Der Erwerb berufsrelevanter Kompetenzen muss notwendigerweise auf zwei verschiedenen Wegen erfolgen. Universitäten vertiefen die Fähigkeiten jener jungen Erwachsenen, die sich gut für eine Ausbildung eignen, die hauptsächlich auf höhere kognitive Kompetenzen abstellt, und auf diesem intellektuellen Fundament können dann weitergehende berufliche Fach-

kenntnisse erworben werden. Dieser Prozess funktioniert in
Großbritannien im Allgemeinen recht gut. Aber junge Erwachsene, deren Fähigkeiten sich weniger gut für eine Ausbildung
anbieten, die auf die Aneignung kognitiver Fähigkeiten ausgerichtet ist, stellt der Erwerb praktischer beruflicher Kompetenzen vor manche Herausforderung. Dieser Prozess ist innerhalb
Europas sehr unterschiedlich ausgestaltet, und Großbritannien
gehört zu den am wenigsten erfolgreichen Ländern.

Glücklicherweise stellt das breite Spektrum politischer
Maßnahmen, die sich auf die Möglichkeiten, nicht kognitive
Fähigkeiten zu erwerben, auswirken, eine natürliche Arena für
schnelles soziales Lernen und Nachahmung in Europa dar. Der
Prozess, der dazu führt, dass ein junger Erwachsener über die
für eine produktive Erwerbstätigkeit notwendigen praktischen
Fertigkeiten verfügt und diese dann aufrechterhält, besteht aus
einer langen Kette unterschiedlicher Phasen, die jeweils von
konkreten unterstützenden politischen Maßnahmen abhängen. Gegenwärtig ermuntern arme Familien in den wirtschafts-
schwachen Städten Großbritanniens ihren Nachwuchs oftmals
nicht dazu, ihre Talente umfassend auszubilden, da sie befürch-
ten, dass ihre Kinder nach dem Erwerb fachlicher Kompetenzen abwandern werden, weil sie keine entsprechenden Stellen-
angebote vor Ort finden. Junge Menschen zu ermuntern, eine
solide Ausbildung zu machen, und Firmen zu ermuntern, vor
Ort produktive Stellen zu schaffen, sind daher zwei Seiten derselben Medaille. Die Antwort lautet nicht »keines von beiden
zu tun«, sondern »beides zu tun«.

Eine gute Berufsausbildung sollte manchmal schon in frühen Jahren beginnen. Einer mittellosen Familie, die mit einem
unbändigen Kleinkind überfordert ist, wird es vielleicht schwer-
fallen, einem halbwüchsigen Sohn mit ADHS so viel Aufmerksamkeit zu widmen, dass er in der Schule mitkommt. Effektive Unterstützungs- und Betreuungsangebote für Kleinkinder
erleichtern später einen bedürfnisgerechten erzieherischen
Umgang mit Teenagern; auch wenn kein Land ein umfassendes

Programm solcher Unterstützungsangebote hat, die sich an den anerkannten effektivsten Methoden orientieren, gibt es für jede Phase der kindlichen Entwicklung zumindest ein nachweislich Erfolg versprechendes Angebot.

Die Entwicklung von Fähigkeiten beginnt mit der Empfängnis. Die Terroranschläge auf das World Trade Center am 11. September 2001 belasteten schwangere Frauen in New York psychisch stark, und Studien haben schädliche epigenetische Folgen für ihre Babys nachgewiesen.[7] Sobald die Benachteiligung erst einmal eingesetzt hat, geht sie weiter: »Mütterlicher Stress im ersten Jahr wirkt sich besonders negativ auf die Mutter-Kind-Bindung und die Qualität der mütterlichen Fürsorge aus.«[8] Und derartige Benachteiligungen können fortbestehen; wenn Ursachen miteinander verflochten sind, wie bei epigenetischen Veränderungen, gibt es unter Umständen keine Gewissheit: Die Politik muss dann nach vernünftigem Ermessen und dem Grundsatz der Vorsicht handeln. Angesichts der Tatsache, dass die Umstände, die typischerweise in einer Schwangerschaft Stress auslösen, leicht zu entdecken sind, und dass präventive Maßnahmen kostengünstiger sind als Schadensbewältigung, ist klar, was dies bedeutet. Ganz allgemein scheint es in der Zeit zwischen der Zeugung und dem Alter von etwa drei Jahren vorrangig um die Unterstützung junger Mütter und die Stärkung ihrer Familien zu gehen. Ein Beispiel für solche praktische Unterstützung zu Hause ist das staatliche Angebot in den Niederlanden, Müttern in belastenden Situationen Haushaltshilfen zur Verfügung zu stellen: Kindermädchen vom Schlage einer Mary Poppins, die jedoch nicht in den Haushalten der Reichen, die gegenwärtig ihre Dienste vor allem in Anspruch nehmen, sondern dort, wo sie den größten Nutzen stiften, eingesetzt werden.

Dagegen steht im britischen System der Sozialarbeit die genaue Überprüfung der Eltern im Vordergrund, denen gegebenenfalls die Kindeswegnahme droht: Gegenwärtig sind 80 000 Kinder in Pflegefamilien untergebracht.[9] Einige Pflegepersonen

sind wunderbar, aber die Pflegeunterbringung ist vorüberge-
hend, und sie wird bezahlt; Kindern geht es dann gut, wenn
sie wissen, dass ihre engsten Bezugspersonen ihnen mit beding-
ungsloser Liebe begegnen. Die Kontrollfunktion von Sozial-
arbeiter_innen, die sich bei ihrer Tätigkeit von dem Grundsatz leiten lassen, dass die »Gewährleistung des Kindeswohls
absoluten Vorrang hat«, garantiert jedoch beinahe schon, dass
die Beziehung zwischen ihnen und der Familie zum Scheitern verurteilt ist. Im Jahr 2002 beschrieb der Geschäftsfüh-
rer des General Social Care Council, was mit dem System passiert war: »Die Sache ist die, dass du heutzutage im Grunde
nicht mehr gegenüber einer Person, sondern gegenüber einem
Regelwerk verantwortlich bist.«[10] Entscheidungen nach Regelwerk haben Entscheidungen auf der Grundlage impliziten Wissens ersetzt. Hilary Cottam schätzt, dass der oder die typische
Sozialarbeiter_in heute über 80 Prozent der Arbeitszeit darauf
verwendet, die Anforderungen des komplizierten Systems der
genauen Überprüfung zu erfüllen, um auf diese Weise Sozial-
ämter von jeglicher Haftung für die Fehler, die zwangsläufig
gemacht werden, freizustellen.[11] Wie im Gesundheitssystem
sind die Aufgaben so komplex, dass selbst bei einer gut ausgestatteten und dezentralen Entscheidungsstruktur mitunter
Dinge schieflaufen. Das Bestreben, die Verantwortung für solche Fehler *abzuwälzen*, statt sie *aufzuarbeiten*, verurteilt das
System zu noch weit schlechteren Ergebnissen. Sozialarbei-
ter_innen, die den familiären Hintergrund gut kennen, dürfen
keine fundierten Ermessensentscheidungen treffen: Sie müssen
sich an das Protokoll der »Absicherung« halten und »Kinder auf
Verdacht hin wegnehmen«. Die Arbeit ist so demoralisierend,
dass die Fluktuation hoch ist, was das implizite Wissen weiter untergräbt. Das System der Überprüfung ist komplex und
fragmentiert. Dieser unüberschaubare Wust an Regeln für die
Überprüfung von Familien und die Kontrolle von Mitarbeiter_
innen zehrt die kommunalen Budgets für Sozialarbeit auf. Aber
selbst die Arbeitszeit der Sozialarbeiter_innen, die nicht durch

Verwaltungsaufgaben in Beschlag genommen werden – die Zeit, die sie mit der Problemfamilie verbringen – wird zweckentfremdet. Für sie hat es Vorrang, die Daten zu sammeln, die für das System der Überprüfung benötigt werden. Unterdessen kann es sich die Familie, da sie weiß, dass sie genau unter die Lupe genommen wird und die Drohung der Kideswegnahme im Raum steht, nicht erlauben, der Person zu vertrauen, die vorgeblich da ist, um ihnen zu helfen. Die Priorität für die Familie ist Verschleierung. Die Mutter hat das Gefühl, im Belagerungszustand zu sein. Wie Cottam erzählt, hat eine gestresste Mutter, die mit ihren vielen Aufgaben jongliert, meistens zwei Handys: eines für die kleine Gruppe von Personen, denen sie vertraut – oftmals Leute in der gleichen Lage –, und ein zweites, um »mit denen vom Sozialamt klarzukommen«.[12] Sie will die Gefahr abwenden, dass ihr die Kinder weggenommen werden, während sie gleichzeitig Sozialleistungen beantragt. Der Sozialdienst in Großbritannien ist daher ein Mikrokosmos des Versagens der Organisationen, die über eine hochzentralisierte Struktur der Überwachung und Sanktionierung eine hochkomplexe Aufgabe erledigen wollen. Das funktioniert nirgends, und es funktioniert auch hier nicht.

Im Alter zwischen zwei und fünf Jahren lassen sich die Fähigkeiten eines Kindes durch Sozialisierung verbessern. Ein gutes Modell ist das französische System der Vorschulerziehung in »écoles maternelles«. Eine Stärke dieses Systems besteht darin, dass es frei und standardisiert ist, wodurch die Teilnahme zur sozialen Norm wurde. Daher ist kein Stigma damit verbunden, sodass die Kinder, die dieses Angebot am dringendsten benötigen, sehr wahrscheinlich von ihren Eltern geschickt werden. Sie werden von Fachkräften betreut und erhalten eine strukturierte Lernerfahrung, wobei ihre Fortschritte systematisch überprüft werden. Die »écoles maternelles« können außerdem Eltern zu einer Gemeinschaft zusammenschweißen und so den Stress sozialer Isolation verringern. Die Festlegung von Standards und die Bereitstellung von Budgets für die Vorschulerzie-

hung sind eine Aufgabe, die der Staat – und hier vor allem die
kommunalen Gebietskörperschaften – relativ leicht erfüllen
kann. Und das Management ließe sich noch stärker dezentralisieren und um zivilgesellschaftliche Organisationen wie etwa
die Religionsgemeinschaften erweitern.

Im Alter von sechs Jahren ist die kognitive Leistungsfähigkeit des zukünftigen Achtzehnjährigen weitgehend festge-
legt.[13] Während die Jahre der schulischen Ausbildung große
politische Aufmerksamkeit erhalten, legt Robert Putnam in
überzeugender Weise dar, dass Schulen in erster Linie *Orte*
sind, an denen Kinder in Kontakt miteinander kommen und
sich dabei gegenseitig beeinflussen – sowie *Organisationen*, die
ihnen Wissen vermitteln. Da die soziale Zusammensetzung
der Einzugsgebiete in Abhängigkeit von den Immobilienprei-
sen schwankt, verstärken Schulen in Hochpreiszonen die Bil-
dungsvorteile, mit denen gut ausgebildete Eltern ihre Kinder ausstatten, und vergrößern auf diese Weise bestehende
Unterschiede, statt sie abzumildern.[14] Die Bevorzugung ähnlicher Partner_innen (»assortative Paarung«) und die Bevorzugung von Wohnorten, die dem eigenen sozioökonomischen
Niveau entsprechen, lassen Schulen wenig Raum, um Defizite auszugleichen. Auch daraus folgt, dass Ressourcen auf die
ersten sechs Lebensjahre fokussiert werden sollten. Allerdings
gibt es in Europa erhebliche Unterschiede bei der schulischen
Unterrichtsqualität, wobei Finnland als eines der Länder mit
besonders guten Bildungsergebnissen gilt.

Im Anschluss an die Schule gibt es eine große Bandbreite von
Angeboten im Bereich der Berufsbildung. Aus den Mängeln im
Bereich der beruflichen Bildung folgt, dass lokale Unternehmen
umfassend in deren Planung und Umsetzung eingebunden werden müssen.[15] Um ein hohes Kompetenzniveau zu erreichen
und die Fähigkeit zu erwerben, sich neue, eng damit zusammenhängende Kompetenzen anzueignen, müssen die Lehr-
veranstaltungen über einen langen Zeitraum laufen – in der
Regel drei bis fünf Jahre – und in geeigneter Weise akkreditiert

werden. Besonders erfolgreich ist das Modell in der Schweiz, wo 60 Prozent der Schulabgänger_innen sich für eine Berufs-ausbildung entscheiden.[16] Firmen haben einen starken Anreiz, sich an der Gestaltung des Lehrprogramms zu beteiligen, weil sie die Hälfte der Kosten finanzieren. Die britischen Berufs-fachschulen sind massiv unterfinanziert und oft nicht gut in die lokale Wirtschaft integriert; vielleicht gibt es nicht einmal einen lokalen Wirtschaftsverband, mit dem die Fachschulen in Verbindung treten könnten. Es gibt zu viele verschiedene Typen von Ausbildungsgängen (über 700 gegenüber rund 300 in Deutschland), sie sind zu eng begrenzt, zu kurz – oftmals nur ein paar Monate im Unterschied zu drei Jahren in anderen Län-dern. Es ist nicht leicht, sich einen Überblick über die Abfolge erforderlicher Ausbildungsgänge zu verschaffen oder auf eine produktive Stelle zu wechseln. Im Gegensatz zu einem Hoch-schulstudium kann ein junger Mensch in Berufsausbildung seine berufliche Zukunft nicht verlässlich planen. Tatsächlich ist der Bereich der beruflichen Bildung so stark fragmentiert, dass selbst die Betreuer der Auszubildenden diese nicht gut bera-ten können.

Fazit

Menschen fühlen sich der Region, der sie entstammen, eng ver-bunden: Der Brexit und die erbitterten Spaltungen, die mit ihm einhergingen, sind Teil des Preises, den Großbritannien dafür zahlte, diese offenkundige Tatsache zu ignorieren. Es ist nicht leicht, Städte und Gemeinden, die aus einem stolzen Mosaik von Organisationen bestehen – Firmen, Familien, öffentlichen Dienstleistungen und der Zivilgesellschaft –, durch die sie ihre Einwohner befähigen, produktive Arbeit zu leisten, mit neuem Leben zu erfüllen. Aber nach ihrer erfolgreichen Revitalisie-rung stehen dynamische Orte weitgehend auf eigenen Füßen. Im Unterschied zum Homo oeconomicus arbeiten Individuen

von Homo sapiens von sich aus zusammen, um ein zukunftsgerichtetes gemeinsames Ziel zu verwirklichen, und sie tun
dies durch Bindung an einen Ort. *Gutnachbarliches Verhalten
ist etwas Natürliches.*

Der Geschäftsmann Titus Salt, der in den 1840er-Jahren Bürgermeister von Bradford wurde, baute durch uneigennützige
konkrete Taten Vertrauen auf; er verschenkte sein Vermögen an
seine Arbeiter und seine Stadt. Dagegen ist Mrs. Jellybys überzogene und narzisstische Schwärmerei für einen Ort, den sie
noch nie gesehen hat, bloß aufgesetzt. Salt hat uns vor Augen
geführt, dass es einer charismatischen Führungsfigur gelingen
kann, die örtliche Gemeinschaft auf ein zukunftsgerichtetes,
gemeinsames Ziel einzuschwören: Seine von einer dankbaren
Bevölkerung errichtete Statue bezeugt dies. Er war ein Pionier
des gemeindenahen, sozial verantwortungsbewussten Unternehmertums. Werden unsere Wirtschaftshochschulen einen
zweiten George W. Merck hervorbringen, der überzeugt davon
war, dass Medikamente für Menschen da seien, und ein bedeutendes Unternehmens schuf, oder einen zweiten Michael Pearson, der glaubte, Medikamente seien dazu da, um Profit zu
machen, und ein Unternehmen zugrunde richtete? Wird Davos
den Aktivismus von Sir Titus würdigen oder Mrs. Jellyby um
den Hals fallen?

Nachwort:
Schutz vor dem Sturm

»Wir erwarten zu viel von neuen Gebäuden
und zu wenig von uns selbst.«

Jane Jacobs, *The Death and Life of Great American Cities*, 1961

Politik

Wie andere erfolgreiche Gesellschaften hat auch Großbritannien
ein politisches System, das hundert Jahre lang recht gut funktionierte. An der Spitze seiner beiden Parteien standen meist
fähige Vorsitzende, die abwechselnd Regierungsverantwortung
übernahmen und im Allgemeinen eine moderate, konsensba-
sierte Politik betrieben. Wir haben beschrieben, wie dieser –
den gesellschaftlichen Zusammenhalt fördernde – Zentrismus,
der zwei Kriege und eine schwere Wirtschaftskrise überlebte,
zerfiel. Daraufhin wandte sich eine Partei einer etatistischen
Ideologie zu, die scheiterte. Die andere war eine Koalition, die
zerbrach, kurzzeitig vereinnahmt von einer marktfundamentalistischen Ideologie, die heute ebenfalls diskreditiert ist, und
dann besessen von der Frage der Mitgliedschaft Großbritanniens in der Europäischen Union. Nach dem starken Mitgliederschwund in beiden Parteien geben dort heute Gruppen den
Ton an, die für unsere Gesellschaft in keiner Weise repräsentativ sind und in denen Aktivist_innen und Extremisten dominieren. Glücklicherweise hat Großbritannien heute wieder eine
Chance: Die beiden großen Parteien haben pragmatische neue
Vorsitzende, die die Macht besitzen, die Agenda ihrer jeweiligen Partei umzuschreiben.

Wir erstreben eine Erneuerung der repräsentativen Regierungsform auf der Basis von Parteien, die ihrerseits breite Koalitionen mehr oder minder gleichgesinnter Menschen sind. Diese Parteien müssen repräsentativer für ihre Anhänger und potenziellen Anhänger werden. Mitbestimmung ist nicht demokratisch, wenn diejenigen, die mitbestimmen, selbst nicht repräsentativ sind. Es sollte viele Zugangswege in die nationale Politik geben, wie es früher einmal der Fall war – die Sprungbretter von Kommunalpolitik, Gewerkschaften und anderen gemeindenahen Organisationen.

Und dazu müssen wir diese Organisationen zu neuem Leben erwecken, mit dem deutschen Modell der öffentlichen Finanzierung von Vereinen experimentieren. Geld erleichtert die Gründung und Unterhaltung von Vereinen: Während in Großbritannien die soziale Isolation wächst, hat in Deutschland die Zahl der Vereinsmitglieder um ein Drittel zugenommen, und fast die Hälfte der Deutschen ist Mitglied in einem Verein.[1] Einsamkeit ist heute die häufigste Krankheit in Großbritannien. Statt WeWork brauchen wir WePlay.

Wirtschaft

Und doch war der absurde Neumann einer Sache auf der Spur. Unternehmen sind die wichtigsten Gemeinschaften, die wir haben. CEOs überbieten sich mittlerweile mit Beschwörungen der sozialen Verantwortung ihrer Unternehmen. Das muss nicht immer bloßes Marketing sein. Wir sind ausführlich auf die Pharmaindustrie eingegangen, weil sie verdeutlicht, was sozial verantwortungsbewusstes Unternehmertum wirklich bedeutet – die Bereitstellung lebensverbessernder Güter und Dienstleistungen für die Gemeinschaft in einer Weise, die befriedigende Arbeitsplätze schafft und sich zugleich finanziell selbst trägt. Und die gleiche Branche verdeutlicht, was sozial verantwortungsvolles Unternehmertum nicht bedeuten sollte –

Gewinnmaximierung durch Korrumpierung von Fachkräften und Ausbeutung der Schwächsten. Im Finanzdienstleistungssektor und in mehreren anderen Branchen haben sich ganz ähnliche Entwicklungen zugetragen. Die soziale Verantwortung von Unternehmen besteht in einem sozial verantwortungsvollen Geschäftsgebaren.

Dies ist eher eine Frage der Kultur als der Rechtsordnung – geltende Gesetze erlauben zweifellos ein solches Verhalten, sofern sie es nicht sogar vorschreiben. Wenn es ein Argument für eine Reform des Gesellschaftsrechts gibt, dann dieses: Eine solche Debatte würde in einer Weise, die die gegenwärtige zersetzende Rhetorik und dysfunktionale Bonuskultur des Marktfundamentalismus beendete, die Aufmerksamkeit auf die Rolle von Unternehmen in der Gesellschaft lenken. Und vielleicht den allzu oft schädlichen Einfluss des modernen Finanzsektors auf die übrige Wirtschaft abschwächen.

Altenpflege

Die fürsorgliche Labour-Abgeordnete Liz Kendall hat sich Gedanken darüber gemacht, was getan werden könnte, um die Betreuung der Senior_innen in England zu verbessern. Dies ist ein äußerst wichtiges Thema, das jedoch mehreren aufeinanderfolgenden Regierungen ein zu heißes Eisen war. Sie formuliert das Problem folgendermaßen: »Was ist das richtige Gleichgewicht zwischen den Beiträgen des Einzelnen und des Staates?« Und ihre Lösung ist »ein integrierter Betreuungsdienst«, der gemeinsam vom Nationalen Gesundheitsdienst und der Sozialfürsorge organisiert werden sollte, mit einem »einheitlichen Budget« und »einem gemeinsamen Leitungsgremium«.[2] Die Art, wie sie die Frage formuliert, betont bereits den Gegensatz zwischen Individuum und Staat. Und ihr Lösungsvorschlag verrät die fortbestehende Neigung zur Überzentralisierung. Sie schlägt vor, zwei Mammutorganisationen, die ihrer jeweiligen –

allzu komplexen – Aufgaben schon jetzt nicht gewachsen sind, zu einer noch größeren Organisation zu fusionieren, die eine noch komplexere Aufgabe erledigen soll. Vorausgesetzt, man hält sich an den »gesunden Menschenverstand« – wer könnte etwas gegen die Idee haben, dass Dienstleistungen »integriert« erbracht werden sollten? Nun, Menschen wie wir. Wir haben die empirischen Befunde über das Scheitern von Projekten analysiert und dabei herausgefunden, dass Pluralität und Flexibilität maßgeblich zum Gelingen zahlreicher Initiativen beigetragen haben. Wer ist für die Versorgung New Yorks mit Brot zuständig?

Man kann sich nur schwer eine Aktivität vorstellen, die sich besser für kleine, örtlich begrenzte Initiativen eignete als die Betreuung von Senior_innen. Gemeindenahe Organisationen können in flexibler Weise Teilzeitehrenamtliche mit qualifizierten Fachkräften und hilfsbereiten Nachbarn vernetzen. Sie können Beziehungen innerhalb der Gemeinschaft aufbauen, die sich rasch an den Wandel lokaler Bedürfnisse anpassen. Sie können älteren Menschen selbst zuhören – nicht bloß Aktivist_innen und Lobbyist_innen, die sich in ihrem Namen äußern, wie es zentrale Organisationen tun und tun müssen. Als Hilary Cottam einem alten Mann begegnete, der sich schrecklich einsam fühlte, nahm sie sich die Zeit, von ihm zu erfahren, was ihn aufheitern würde. Es war etwas ganz Simples, das mit geringem organisatorischem Aufwand bewerkstelligt werden konnte: Er und andere wurden regelmäßig übers Telefon mit der Musik, die sie geliebt hatten, und den Menschen, die sie gekannt hatten, verbunden. Es gibt in jeder Gemeinschaft eine erstaunlich hohe Bereitschaft für solche Initiativen, und es gibt bereits Tausende davon.

Dezentralisierung

Die Kontrolle durch das Finanzministerium hat den kommunalen Gebietskörperschaften einen Großteil ihrer Finanzhoheit genommen. Wir haben in Sektoren wie Gesundheit und Bildung Dezentralisierungsmaßnahmen ergriffen, aber deren Gestaltungsspielraum und Entwicklungsmöglichkeiten stark eingeschränkt, indem wir ihnen echte Finanzautonomie vorenthielten. Der Zentralstaat hat versucht, die Verantwortung für Fehlschläge abzuwälzen, statt die Mittel bereitzustellen, die Erfolge ermöglicht hätten. Und daher ist die Dezentralisierung Augenwischerei, solange sie nicht mit einer Ermächtigung zur Festlegung von Einnahmen und Ausgaben verbunden ist. In dem Maße, wie die regionalen und kommunalen Gebietskörperschaften echte Machtbefugnisse erhalten, werden sie politische Nachwuchstalente anziehen, und die erfolgreichsten von ihnen werden landesweit bekannt werden. Die Übertragung von Kompetenzen wird nach und nach dazu beitragen, die Politik repräsentativer zu machen – was dringend notwendig ist.

Die Umlenkung öffentlicher Mittel von London in den Norden ist längst überfällig und wird über Jahrzehnte aufrechterhalten werden müssen, um vergangene Ungleichgewichte zu korrigieren. Aber dies sollte keine Neuauflage der Agenda von New Labour sein, Konsum von der boomenden Metropole weg zu verlagern. Die Regionen brauchen Cluster produktiver Arbeitsplätze, und die Menschen, die dort leben, benötigen die Ausbildung, die sie befähigt, diese Stellen anzunehmen. Es ist die Produktivitätslücke, nicht bloß die Konsumlücke, die geschlossen werden muss. Die Aufgaben sind nicht leicht: Sie erfordern massive und nachhaltige Anstrengungen, die national finanziert, aber lokal gesteuert werden müssen. Nicht nur bei den öffentlichen Ausgaben, sondern auch in der Medienberichterstattung hat London einen unverhältnismäßig hohen Stellenwert. Die Ansichten aus London sind wichtig, aber vielleicht haben sie mehr Gewicht, als sie haben sollten. Londoner_innen können entweder fadenscheinige Rechtfertigungen für die Verfolgung ihrer eigennützigen Interessen suchen oder zur Wiedervereinigung des Landes beitragen, indem sie die Notwendigkeit anerkennen, die Dinge wieder in Ordnung zu bringen.

Der Sturm

Normalerweise dauert es, bis sich Ideen verbreiten, aber die jäh über uns hereingebrochene Coronakrise hat vielleicht den Moment vorverschoben, an dem die Gemeinschaft zeigt, was sie leisten kann. Weder Staaten noch Einzelpersonen können uns vor einem solchen Virus schützen. Demokratische Staaten haben nur eingeschränkte Mittel, um die Einhaltung von Regeln zu erzwingen: Wir sind Staatsbürger_innen, keine Untertanen. Menschen können sich nicht lebenslang isolieren: Das hässliche Gegenstück zu »Steh auf eigenen Füßen« lautet »Fall auf die eigene Nase«. Unsere wichtigste Ressource ist die Gemeinschaft. Zum gegenwärtigen Zeitpunkt ist unklar, ob unsere Gesellschaften in sich ein hinreichend starkes Gemeinschaftsgefühl finden werden, um für dieses allgemeine Wohl zusammenzuarbeiten. Aber als die britische Regierung in einem Aufruf nach Helfern und Helferinnen suchte, meldeten sich schon am ersten Tag über eine halbe Million Freiwillige.[3] Die Pandemie verlangt uns allen etwas ab: Im besten Fall halten sich die meisten freiwillig an Regeln und Einschränkungen. Wie immer ist es so, dass die begrenzten Ressourcen zur Regeldurchsetzung nur dann ausreichen werden, wenn die unsozialen Egoisten in der Minderheit bleiben. Andernfalls werden wir als Gesellschaft die Folgen eines selbstbezogenen Individualismus schmerzlich zu spüren bekommen, weil Infizierte das Virus weiterhin verbreiten und Opportunisten von dem um sich greifenden Chaos profitieren. Die »Gefallenenrede des Perikles« aus dem Jahr 430 v. Chr., mit der wir dieses Buch begonnen haben, rühmte Athen, die erste bürgerliche Gemeinschaft der Welt.

Dann wurde die Stadt von einer Seuche heimgesucht, an der Perikles im Jahr darauf starb. Thukydides berichtet, dass »die Pest für Athen der Anfang der Sittenlosigkeit war«.[4] In Sparta wurde die Seuche durch rigorose repressive Maßnahmen in Schach gehalten. Athen hat sich nie mehr erholt und wurde in den anhaltenden Peloponnesischen Kriegen besiegt. Die Parallelen sind offensichtlich und verstörend. Westeuropa ist es bislang gelungen, den sozialen Zusammenhalt nicht nur zu wahren, sondern zu stärken. Schon bald werden wir entweder einen Lobgesang auf den Geist des Zusammenhalts anstimmen oder die schrecklichen Folgen seines Verlusts zu spüren bekommen.

Vom »Ich« zum »Wir« und von uns zu dir

Wir sind pragmatische Ökonomen, keine romantischen Evangelisten. Wie allen Wirtschaftswissenschaftler_innen wurde auch uns beigebracht, dass die Gesellschaft aus Menschen besteht, die danach streben, ihren Eigennutz auf rationale Weise zu maximieren, und wir haben diese Lehrmeinung an unsere Studierenden weitergegeben. Aber Pauls Erfahrung in afrikanischen Volkswirtschaften überzeugte ihn davon, dass Gesellschaften, die aus egoistischen, unabhängig voneinander ihre eigenen Interessen verfolgenden Akteuren bestehen und in denen sämtliche Beziehungen außerhalb der Familie oder Ethnie rein nutzenbasiert (»transaktional«) sind, nicht nur zu den ärmsten weltweit gehören, sondern ohne tiefgreifenden gesellschaftlichen Wandel auch dazu verdammt sind, dies zu bleiben. John erkannte, dass ein Unternehmensmodell, das davon ausgeht, dass alle Beziehungen nutzenbasiert sind, nichts darüber aussagt, wie erfolgreiche Unternehmen tatsächlich funktionieren, und dass die Finanzkrise von 2008 das absehbare Scheitern von Unternehmen demonstrierte, die sich an diesem Glaubenssatz orientiert hatten. Erfolgreiche Unternehmen bauen Gruppen kooperierender Individuen auf, greifen auf kollektives Wissen zurück und profitieren von der intrinsischen Motivation der meisten Beschäftigten, für ein erstrebenswertes Ziel zusammen-zuarbeiten.

Der Staat kann – und sollte – nicht Träger sämtlicher Pflichten sein, befrachtet mit der Gewährleistung einer breiten Palette von ökonomischen Rechten und der Erfüllung von Aufgaben des »Weltretter«-Ethos oder der Förderung des BIP-Wachstums. Der Grundsatz der Subsidiarität weist die meisten Pflichten Organisationen auf viel niedrigerer Ebene zu; und der Staat ist der Diener seiner Bürgerinnen und Bürger, wie es in der partizipativen Demokratie zum Ausdruck kommt. Individuum und Staat gelten nicht länger als antagonistische Gegenpole. An die Stelle dieser Sichtweise tritt ein Modell der Gesellschaft als ein Gefüge aus einer Unzahl kleiner Organisationen, in denen Menschen sich jeweils für ein gemeinsames Ziel enga-gieren und die in größeren Gruppierungen zusammenarbeiten, um diese gemeinsamen Ziele zu erreichen. Individualismus ist Einsamkeit, nicht Befreiung; die Zuflucht im Bunker scheitert letztlich. Zugehörigkeit erlegt uns keine Bürden auf, vielmehr macht sie uns erst zu vollgültigen Menschen. Wir hoffen, unser kurzes Buch ermuntert Sie, dabei mitzumachen.

Danksagung

Die Prämisse dieses Buches lautet, dass die Gesamtheit der Menschen, mit denen wir interagieren, unsere Gedanken prägen. Das gilt selbstverständlich auch für uns als Autoren: Die in diesem Buch unterbreiteten Ideen sind, wiewohl oftmals neu, aus der Buchlektüre und Gesprächen sowohl mit Wissenschaftlern und Wissenschaftlerinnen in einer breiten Palette von Fachgebieten als auch mit Personen entstanden, die über Kenntnisse verfügen, die nur aus vertieften praktischen Erfahrungen in bestimmten Bereichen hervorgehen können. Es sind zu viele, als dass wir sie hier namentlich auflisten könnten – einige von ihnen werden ihren Einfluss selbst erkennen. Originelle Ideen sind oft falsch. Da wir uns dessen nur allzu bewusst sind, sind wir jenen Menschen dankbar, die frühe Fassungen dieses Buches kommentiert haben, in dem Bestreben, uns vor uns selbst zu schützen. Stuart Proffitt von Allen Lane hat uns als Lektor hervorragend betreut, er hat die Balance gehalten zwischen Ermunterung, scharfsinnigen Vorschlägen und kritischen Anmerkungen. Colin Mayer und Steve Fisher, die selbst viel beanspruchte Hochschullehrer sind, haben äußerst hilfreiche Kommentare zu dem gesamten Manuskript abgegeben. Das Gleiche gilt für unsere Ehefrauen, Pauline und Mika, die uns überdies ertragen mussten, als wir uns damit abmühten, eine Masse halb garer Gedanken in *Das Ende der Gier* umzuwandeln. Matthew Ford und Doris Nikolic waren uns nicht nur bei den Recherchen eine unschätzbare Hilfe, sondern haben auch einige unserer Ideen energisch hinterfragt.

Anmerkungen

Vorwort: Warum jetzt?

1 https://www.moreincommon.com/media/bfwlsrxu/more-in-common-the-new-normal-comparative-7-country-en.pdf
2 https://www.pewresearch.org/2021/03/05/a-year-of-u-s-public-opinion-on-the-coronavirus-pandemic/
3 https://extinctionrebellion.uk/2020/04/15/we-were-the-boat-the-inside-story-of-an-april-icon/
4 https://www.gov.uk/government/speeches/home-secretary-speech-at-the-police-superintendents-association-conference
5 Tom Devine, *Scottish Review* (3. Feb. 2021)

1 Was geht hier vor?

1 J. F. Kennedy (20. Jan. 1961).
2 R. M. Nixon (20. Jan. 1973).
3 *Wall Street Journal* (19. Juli 2012).
4 R. Limbaugh (24. Juli 2012).
5 B. H. Obama (13. Juli 2012).
6 I. Boesky, zitiert in B. Greene (15. Dez. 1986).
7 J. Bentham, *The Book of Fallacies, Part V, Anarchical Fallacies* (1843).
8 Goldman Sachs (2020), S. 1.
9 The We Company S-1 Form (2019).
10 E. Platt (5. Sept. 2019).
11 E. Platt (24. Dez. 2019).

2 Ökonomischer Individualismus

1 In dem Buch *An Extraordinary Time* (2016) übt Marc Levinson im Rückblick fundierte Kritik an der keynesianischen Nachfragesteuerung.
2 G. Becker (1982), S. 15.
3 J. Waldfogel (2009).
4 The Committee for the Prize in Economic Sciences in Memory of Alfred Nobel (1992).
5 Zitiert in C. Warren (1999), S. 370–71.
6 J.-J. Rousseau (1998), S. 77.

7　M. Friedman (13. Sept. 1970).

8　G. W. Merck (1. Dez. 1950).

9　*Fortune* (2020).

10　D. Crow (17. Nov. 2016).

11　D. Kozarich (27. Sept. 2016).

12　J. Hoffman (26. Aug. 2019).

13　H. Kuchler et al. (23. Jan. 2020).

14　Zitiert in A. Chakrabortty (10. Jan. 2017).

15　C. Goodhart in D. E. Altig und B. D. Smith (2003), S. 67, FN 1.

16　J. Bentham, J. H. Burns und H. L. A. Hart (1977), S. 393.

17　K. J. Arrow (1950).

18　P. Singer (1972), S. 231–2.

19　G. Sidgwick (1962), S. 414.

20　F. P. Ramsey (1928), S. 543.

21　D. Goodhart (2017), S. 15.

22　M. Friedman und L. J. Savage (1948); K. J. Arrow und G. Debreu (1954).

23　M. C. Jensen und W. H. Meckling (1976); F. H. Easterbrook und D. R. Fischel (1996).

24　T. J. Sargent, G. W. Evans und S. Honkapohja (2005), S. 566.

25　Committee on Oversight and Government Reform (2008), S. 37.

3 Rechte

1　J. Rawls (1979), S. 45.

2　Ebd., S. 19–20.

3　W. J. Clinton (29. Sept. 1999).

4　R. Nozick (2011), S. 61.

5　J.-J. Rousseau (1998), S. 74.

6　G. Hardin (1968).

7　Vereinte Nationen (1948).

8　*Schenk v. United States* (1919).

9　Vgl. R. Dworkin (1977).

10　A. MacIntyre (1995), S. 98.

4 Von Bürgerrechten zum Ausdruck der eigenen Identität

1　*Planned Parenthood v. Casey* (1991), S. 851.

2　M. Walzer (2019).

3　K. R. Minogue (1963), S. 1.

4　Mermaids (undatiert).

5　Occupy London (17. Okt. 2011).

6　R. Milkman, S. Luce und P. Lewis (2013), S. 8–9.

7   M. Crippa et al. (2019).

8   W. Kopp (2003), S. 4.

9   Vgl. https://list25.com/25-worst-lottery-winner-horror-stories-cautionarytales/

10 Wissenschaftliche Studien belegen schon seit Langem, dass ab einem gewissen Punkt das Wohlbefinden nicht länger mit dem Einkommen zunimmt. In jüngerer Zeit haben Forscher_innen zudem herausgefunden, dass, jenseits dieser Einkommensschwelle, mehr Geld das Wohlbefinden sogar mindert. Vgl. zum Beispiel Paul Nolans Buch *Happy Ever After* (2019). Nolan hat herausgefunden, dass die Lebenszufriedenheit in einem Einkommensbereich von 40 000-59 000 Pfund am höchsten ist.

11 Bei einer Umfrage unter 500 Personen, die über 120 000 Euro pro Jahr verdienen, kam heraus, dass zwei Drittel erhebliche Probleme in ihren Beziehungen hatten. Wir wissen, dass diese für das Wohlbefinden von grundlegender Bedeutung sind. Dagegen gibt nur ein Fünftel der allgemeinen Bevölkerung solche Probleme an. Darüber berichtet A. Holder (23. Jan. 2020).

12 E. Zimmerman (2020), der sich auf Forschungen der Hazelden Betty Ford Foundation beruft. Eine abschreckende Episode, die Zimmerman in seinem Buch schildert, ist die Trauerfeier für einen der Partner, bei der die Trauergäste geschäftig an ihren Smartphones hantieren.

13 N. MacGregor (2018), Kapitel 8.

5 Aufstieg und Fall von Vater Staat

1   Vgl. N. Westcott (2020).

2   H. Morrison (1933).

3   British Transport Commission (1955), S. 5.

4   A. King und I. Crewe (2014), Kapitel 13.

5   In T. Collins (12. Apr. 2006); House of Commons Public Accounts Committee (14. Jan. 2009), S. 14.

6   Zitiert in P. Clark et al. (27. März 2020).

7   C. Drosten zitiert in R. Schmitz (27. März 2020).

8   Edelman (2019).

6 Umbrüche in der Parteienlandschaft

1   R. Todd zitiert von N. Kinnock in M. Rutherford (2. Okt. 1987).

2   R. J. Gordon (2016).

3   J. Callaghan, zitiert in Labour Party Annual Conference Report (1976), S. 176.

4   K. Clarke in S. Payne (10. Jan. 2020).

7 Wie Labour die Unterstützung der Arbeiter verlor

1   A. Rae (5. Nov. 2019).

2   House of Commons Library (17. Apr. 2020).

3   N. Dempsey (6. Feb. 2017). Beachten Sie, dass diese Schätzungen im Unterschied zu denen für einige Wahlkreise auf dem Modell von Chris Hanretty basieren.

4   Zitiert in BBC (14. Dez. 2019).

5   P. G. J. Pulzer (1967), S. 98.

6   A. McDonnell und C. Curtis (17. Dez. 2019).

7   Ebd.

8   Ebd.

9   P. Bolton (27. Nov. 2012), S. 14. In dem Bericht heißt es: »Die Beteiligung an der Hochschulbildung in Bezug auf die Gesamtbevölkerung stieg von 3,4 Prozent 1950 auf 8,4 Prozent 1970 [die meisten dieser Personen sind um das Jahr 1950 herum geboren], 19,3 Prozent 1990 und 33 Prozent 2000.«

10   E. Fieldhouse und G. Evans (2020), S. 13.

11   A. Tyson und S. Maniam (9. Nov. 2016).

12   R. Florida (28. Nov. 2018). Die Daten über Beruf und Wahlverhalten stammen aus derselben Quelle – Nagelpfleger_innen sind der Beruf, dessen Mitglieder mit der geringsten Wahrscheinlichkeit Trump wählten, und Schweißer_innen der Beruf, dessen Mitglieder mit der höchsten Wahrscheinlichkeit Trump wählten.

13   M. Young (29. Juni 2001).

14   N. Kinnock (7. Juni 1983) in S. Ratcliffe (2016).

15   P. Mandelson (Okt. 1999) in S. Ratcliffe (2016).

16   J. Carey (1992), S. 152.

17   V. Woolf (2014), S. 128.

18   S. L. McFall (2012), Tabelle 1.

19   A. Chua (2018), S. 5.

8 Der Mensch als Gemeinschaftswesen

1   A. H. Maslow (1943).

2   Vgl. M. E. P. Seligman (2014); für eine neuere Studie, die zum selben Schluss gelangt, vgl. R. Layard (2020).

3   E. Burke (2015), S. 93.

4   G. W. F. Hegel (1820).

5   A. de Tocqueville (1985), S. 297, 303 f.

6   Karl Marx (1971), S. 8.

7   A. Etzioni (2003).

8   N. A. Christakis (2019), S. 461.

9 The Asian Republican (21. Sept. 2016).
10 G. Marwell und R. E. Ames (1981), S. 309.
11 Peter Thiel – Untertitel des Future-Fund-Manifests, 2011.

9 Kommunitaristische Governance
1 E. Ostrom (1999).
2 Vgl. D. S. Wilson (2020).
3 T. Philippon (2019) zeigt, wie die Einflussnahme von Konzernen auf den US-Kongress den Wettbewerb in den USA unterminiert hat.
4 Vgl. zum Beispiel C. O'Neil (2011).
5 K. Pickett und R. Wilkinson (2010) berichten über viele dieser Korrelationen. Ohne konkrete Beweise vorzulegen, behaupten sie, die Kausalität verlaufe von Einkommensungleichheit zu der anderen Variablen.
6 B. Herrmann, C. Thöni und S. Gächter (2008).
7 J. Henrich (2017), S. 123.
8 I. L. Janis (1972).
9 S. E. Ambrose (1984), S. 638.
10 R. F. Kennedy (1999), S. 26–7 und 35–6.
11 Ebd. S. 85–6.

10 Kommunitaristische Politik
1 A. Jackson, zitiert in R. V. Remini (1984), S. 273.
2 G. S. Becker (1973), S. 814.
3 J. Sumption (2019), S. 66.
4 C. Binham und J. Croft (9. März 2020).
5 C. Attlee, zitiert in V. Bogdanor (1981), S. 35.
6 E. Burke (2019), S. 119.
7 Ebd.
8 Ebd., S. 120.
9 P. Maguire (27. Feb. 2020); House of Commons Library (2020).
10 House of Commons Library (2019).
11 N. MacGregor (2018).
12 Eine überaus erhellende Diskussion dieser Frage findet sich in M. Burbridge, A. Briggs und M. Reiss (2020).

11 Kommunitarismus, Märkte und Unternehmen
1 H. A. Simon (1962), S. 470.
2 A. Doyle (4. März 2016).
3 M. M. Blair und L. A. Stout (1999), S. 278.
4 J. A. Kay (10. Nov. 2015).

5   Business Roundtable (19. Aug. 2019).

6   A. Smith (2009), S. 21.

7   J. P. Morgan (1912), S. 2.

12 Ortsgebundene Gemeinschaften

1   Jacobs (1961).

2   Office for National Statistics (19. Dez. 2019a).

3   Office for National Statistics (19. Dez. 2019b).

4   P. Brien (13. Dez. 2019).

5   J. Gramlich (6. Nov. 2019).

6   F. Perraudin (3. Okt. 2019).

7   R. Yehuda et al. (2005).

8   Putnam (2015), S. 114.

9   H. Cottam (2018) und anschließendes Gespräch mit dem Autor.

10 Das Zitat stammt aus einem öffentlichen Vortrag an der Universität South-ampton im Jahr 2002. Wir danken Richard Seebohm dafür, dass er es uns erzählt hat.

11 H. Cottam (2018), S. 13.

12 Ebd., S. 8.

13 Vgl. R. D. Putnam (2015) und J. J. Heckman (2012).

14 R. D. Putnam (2015), S. 182.

15 A. Goldstein (2018).

16 A. Shafique (13. Feb. 2019).

Nachwort: Schutz vor dem Sturm

1   T. Buck (8. Sept. 2017).

2   L. Kendall (14. März 2020).

3   S. Murphy (25. März 2020).

4   Thukydides (2000), II, 53, S. 149.

Weiterführende Literatur

Während wir dieses Buch vollenden, sehen wir ermunternde Anzeichen dafür, dass ein halbes Jahrhundert des extremen Individualismus zu Ende geht. Wir hatten gerade Gelegenheit, Jonathan Sacks' vor Kurzem erschienenes Buch *Morality: Restoring the Common Good in Divided Times* (2020) zu lesen. Lord Sacks' Hintergrund – er war viele Jahre lang Oberrabbiner des Commonwealth, bis er, wie wir mit Betroffenheit erfuhren, kurz nach der Veröffentlichung seines erhellenden Buches verstarb – könnte sich kaum stärker von unseren eigenen Berufswegen als Hochschullehrer für Wirtschaftswissenschaften unterscheiden, und dennoch sind wir trotz dieser ganz anderen Perspektive nicht nur zu den weitgehend gleichen Schlussfolgerungen gelangt, sondern auch auf dem Weg dorthin einer Reihe ähnlicher Meilensteine begegnet. Raghuram Rajan, angesehener Professor an der Wirtschaftshochschule der Universität Chicago, der als Chefvolkswirt des Internationalen Währungsfonds im Jahr 2005 breiten Unmut auf sich zog, als er vor den systemischen Risiken, die sich im Weltfinanzsystem aufbauten, warnte, wandte unlängst seine Aufmerksamkeit *The Third Pillar* (2019) zu, der Bedeutung der ortsgebundenen Gemeinschaft für eine gut funktionierende, erfolgreiche Volkswirtschaft und Gesellschaft. Seiner Meinung nach ist die Gemeinschaft jener titelgebende dritte Stützpfeiler und wurde übersehen. Parallel dazu wurde das übermäßige Vertrauen in die Herrschaft der Intelligenten durch bestimmte Ereignisse – die Weltfinanzkrise – erschüttert, auf die bald darauf die Wiederentdeckung radikaler Ungewissheit folgte (Minsky, 2013; Kay und King, 2020).

In der Politikwissenschaft hat Robert Putnam in *The Upswing* (2020) die Verschiebung der Balance zwischen Individualismus und Kommunitarismus in den USA über die letzten 150 Jahre in brillanter Weise analysiert. »Der Aufschwung« als Titel des Buches meint die Wiederbelebung des Gemeinschaftsgedankens, die um 1900 in Kleinstädten überall in den USA einsetzte, eine Wiederbelebung, die landesweit durch den pragmatischen Führungsstil von Präsident Theodore Roosevelt gefördert wurde. Der Kommunitarismus erreichte Anfang der 1960er-Jahre seinen Höhepunkt; dann begann ein sich beschleunigender Abstieg in einen egoistischen und ideologischen Individualismus. Putnam ist der renommierteste politische Soziologe der Welt. Diese Analyse wird in *Virtue Politics* (2020) von seinem Harvard-Kollegen, dem Historiker James Hankins, vertieft, der eine Analogie herstellt zwischen dem Progressive Movement von Theodore Roosevelt und den sozialen Ursprüngen der italienischen Renaissance.

In der Philosophie wurden sowohl der blinde Konsequentialismus des Utilitarismus als auch die mentale Akrobatik von Rawls »distributiver Gerechtigkeit« abgelöst. Wir warteten gespannt darauf, was Michael Sandel zu Michael Youngs Urteil über die Hybris der Leistungsgesellschaft und die prekären Lebensverhältnisse der Unterschicht, die sie hinter sich lässt, in *Vom Ende des Gemeinwohls* (2020) sagen würde. Darin erläutert Sandel, der einflussreichste Moralphilosoph der Welt, das Konzept der »kontributiven Gerechtigkeit« – ein dichtes Geflecht wechselseitiger Verpflichtungen innerhalb einer Gemeinschaft, aus dem Rechte hervorgehen.

In den Naturwissenschaften hat Joseph Henrich in seinen Büchern *The Secret of Our Success* (2016) und *The Weirdest People* (2020) die evolutionsgeschichtlichen Indizien dafür dargelegt, dass das individuelle Verhalten weitgehend nicht von persönlicher Gier, sondern von der kollektiven Einstellung einer Gemeinschaft bestimmt wird. Die Evolution hat uns nicht auf individuelle »Cleverness« getrimmt, vielmehr besteht das Geheimnis unseres Erfolgs darin, dass wir uns gemeinsam Dinge ausdenken, Neuerungen einführen und aus Experimenten lernen. Henrich ist Dekan des Departments Evolutionsbiologie der Harvard-Universität, dessen Kritik an einem undifferenzierten »Überleben der Bestangepassten« von dem an der Universität Yale lehrenden Nicholas Christakis in *Blueprint: Wie unsere Gene das gesellschaftliche Zusammenleben prägen* (2019) und von dem Oxforder Physiologen Denis Noble in »The Illusions of the Modern Synthesis« in *Biosemiotics* (März 2021) bekräftigt wird. Christakis bestätigt auf eindringliche Weise, dass Menschen ganz besonders soziale Wesen sind. Eine ebenso spannende und aufschlussreiche Lektüre ist Hugo Merciers und Dan Sperbers *The Enigma of Reason* (2017). Diese Werke stützen sich auf Genetik, Soziologie, Psychologie und Entscheidungswissenschaft, um zu verdeutlichen, wie Kooperation und Konkurrenz nicht nur unsere Gesellschaften, sondern auch unsere Volkswirtschaften geprägt haben. Als Mark Carney die Bank of England nach siebenjähriger Amtszeit als Gouverneur verließ, betonte er in einem Artikel im *Economist* (16. April 2020) die Notwendigkeit, die Beziehungen zwischen Finanzsektor, Unternehmenssektor und der Gesellschaft zu überdenken. Sowohl das Buch von Johns Nachfolger als Dekan unserer wirtschaftswissenschaftlichen Fakultät an der Universität Oxford, Colin Meyers *Prosperity: Better Business Makes the Greater Good* (2018), als auch Rebecca Hendersons *Reimagining Capitalism in a World on Fire* (2020) und *The Six New Rules of Business* (2021) von Judy Samuelson beschreiben auf eindringliche Weise die Neuausrichtung der Unternehmensstrategie weg von dem Mantra des Shareholder-Value.

Dieser Paradigmenwechsel spiegelt sich bereits in neuen Konzepten der politischen Parteien wider. In *Remaking One Nation* (2020) hat Nick Timothy, der wichtigste Berater von Theresa May bis zu ihrem stümperhaften Wahlkampf, ein kommunitaristisches Programm für die britische Konservative Partei entworfen. David Skelton entwickelt in *Little Platoons* (2019) ähnliche Ideen. Ed West tut dies in *Small Men on the Wrong Side of History* (2020) auf eine dezidiert schwungvollere Weise.

Die Arbeiten des Unterhausabgeordneten Jesse Norman über Edmund Burke (2013) und Adam Smith (2018) vermitteln nicht nur eine neue Sicht dieser historischen Persönlichkeiten – und räumen ein für alle Mal mit der Vorstellung auf, Smith sei ein Wegbereiter von Ivan Boesky und Gordon Gekko gewesen –, sondern sie legen auch die Grundzüge einer modernen gemäßigt konservativen Politik dar.

Jetzt wo sich die britische Labour Party allmählich von der intellektuellen Armut der Corbyn-Ära erholt, skizzieren einige Werke vielversprechende zukunftsweisende Ansätze. *The New Serfdom* (2018) von Angela Eagle und Imran Ahmed umreißt eine Wirtschaftsphilosophie des 21. Jahrhunderts für die gemäßigte Linke, und David Swift gibt in *A Left for Itself* (2019) eine überzeugende Antwort auf die gegenwärtige Fokussierung auf Identitätspolitik. Aber wir zögern auch nicht, Pauls Buch *Sozialer Kapitalismus!* (2019) denjenigen auf der Linken zu empfehlen, die das Bedürfnis nach neuen Impulsen verspüren, und Johns gemeinsam mit Mervyn King verfasstes Werk *Radical Uncertainty: Decision-making for an Unknowable Future* (2020) denjenigen, die der Ansicht sind, der herrschenden ökonomischen Lehre könne man zwar nicht vertrauen, aber der Marxismus sei keine Alternative.

Das Thema des Orientierungsverlusts der Linken wird von einigen amerikanischen Schriftsteller_innen sehr anschaulich geschildert. Mark Lillas *The Once and Future Liberal* (2017) ist nicht nur eine eindringliche Bestandsaufnahme, sondern hat auch einen Titel, der sich mit unseren eigenen Eindrücken deckt. Wir schließen uns auch der Feststellung der Vorsitzenden der dänischen Sozialdemokraten und heutigen Ministerpräsidentin Mette Frederiksen an, die zu Wähler_innen sagte: »Nicht ihr habt uns den Rücken gekehrt, wir haben euch den Rücken gekehrt.« David Goodharts *The Road to Somewhere* (2017) vertritt einen ähnlichen Standpunkt. *The New Class War* (2020) von Michael Lind legt die Zusammenhänge zwischen dem Aufstieg der Meritokratie und dem Aufstieg Trumps dar, und Patrick Deneen diskutiert das gleiche Phänomen in *Why Liberalism Failed* (2018).

Lord Sacks beschreibt, wie die Lektüre von Alasdair MacIntyres Werk *Der Verlust der Tugend* (Orig. 1981) zu einer kommunitaristischen Neuorientierung seines Denkens führte. Wir hatten, unabhängig voneinander, ähnliche Erfahrungen gemacht, und obgleich dieses Buch nicht die leichteste Einführung in die kommunitaristische Philosophie ist und auch wenn MacIntyres Meinung über die Marktwirtschaft sich grundlegend von unserer Sichtweise unterscheidet, hoffen wir, dass andere darin ebenfalls vielfältige Anregungen finden werden. John beschreibt in *The Truth About Markets* (2003), dass Märkte und Gemeinschaften nicht in einem antagonistischen Verhältnis zueinander stehen, sondern sich gegenseitig unterstützen – eine These, die unseres Erachtens durch die politischen und wirtschaftlichen Ereignisse der vergangenen zwanzig Jahre untermauert wird.

Und über einen längeren Zeitraum betrachtet, haben *Habits of the Heart*, eine Sammlung soziologischer Aufsätze, in denen das Leben in US-amerikanischen Kommunen Anfang der 1980er-Jahre analysiert wird, Christopher Laschs *Das Zeitalter des Narzissmus* (Orig. 1979) und *Die blinde Elite* (Orig. 1995), die beide heute sogar noch mehr Überzeugungskraft besitzen als zu den Zeitpunkten ihrer erstmaligen Publikation, sowie Robert Putnams Klassiker *Bowling Alone* (2000) ihre zeitgenössische Bedeutsamkeit behalten. Sie sind unverzichtbare Standardwerke im kommunitaristischen Bücherregal.

Bibliografie

Altig, D. E. und Smith, B. D., *Evolution and Procedures in Central Banking* (Cambridge: Cambridge University Press, 2003)

Ambrose, S. E., *Eisenhower: The President: Volume Two, 1952–1969* (London: George Allen and Unwin, 1984)

Angelou, M., *All God's Children Need Traveling Shoes* (New York: Random House, 1986)

Anscombe, G. E. M., »Modern Moral Philosophy«, *Philosophy*, Vol. 33, Nr. 124 (1958), S. 1–19.

Aristoteles, *Politik. Schriften zur Staatstheorie*, übers. u. herausgegeben von F. F. Schwarz (Stuttgart: Reclam, 1989)

Arrow, K. J., »A Difficulty in the Concept of Social Welfare«, Journal of Political Economy, Vol. 58, Nr. 4 (1950), S. 328–46

Arrow, K. J. und Debreu, G., »Existence of an Equilibrium for a Competitive Economy«, *Econometrica*, Vol. 22, Nr. 3 (1954), S. 265–90

Arrow, K. J. und Hahn, F. H., *General Competitive Analysis* (Amsterdam: North Holland Publishing, 1983)

The Asian Republican, »Yale University – Full Version – New Videos of the Halloween Email Protest«, YouTube (21. Sept. 2016), https:// www.youtube.com/ watch?v=hiMVx2C5_Wg, letzter Zugriff: 20 Apr. 2020

Associated Press, »Trump in Nevada: ›I Love the Poorly Educated‹«, YouTube (23. Feb. 2016), https://www.youtube.com/watch?v=Vpdt7omPoao, letzter Zugriff 20. Apr. 2020

BBC, »Wishy-washy Centrism Wrong for Labour, Warns Lord Hain«, BBC News (14. Dez. 2019), https://www.bbc.co.uk/news/election2019-50793959, letzter Zugriff: 20. Apr. 2020

Becker, G. S. »A Theory of Marriage: Part I«, *Journal of Political Economy*, Vol. 81, Nr. 4 (1973), S. 813–46

Becker, Gary S., *Ökonomische Erklärung menschlichen Verhaltens* (Tübingen: J. C. Mohr, 1982)

Bellah, R. N. et al., *Habits of the Heart: Individualism and Commitment in American Life* (Berkeley: University of California Press, 1985)

Bentham, J., *The Works of Jeremy Bentham, Vol. 2 (Judicial Procedure, Anarchical Fallacies, works on Taxation)*, (1843)

Bentham, J., Burns, J. H. und Hart, H. L. A. (Hg.), *A Comment on the Commentaries and A Fragment on Government: The Collected Works of Jeremy Bentham* (London: OUP, 1977)

Besley, T. und Dray, S., *Responsiveness during the COVID-19 Crisis: Does Free Media Make a Difference?* Working Paper, STICERD, London School of Economics, 2020

Binham, C. und Croft, J., »Barclays: The Legal Fight over a Company's ›Controlling Mind‹«, *Financial Times* (9. März 2020)

Blair, M. M. und Stout, L. A., »A Team Production Theory of Corporate Law«, *Virginia Law Review*, Vol. 85, Nr. 2 (1999), S. 248–328

Bogdanor, V., *The People and the Party System: The Referendum and Electoral Reform in British Politics* (Cambridge: CUP, 1981)

Bolton, P., »Education: Historical Statistics«, House of Commons Library (27. Nov. 2012)

Brien, P., »Public Spending by Country and Region«, House of Commons Library (13. Dez. 2019), https://commonslibrary.parliament.uk/research-briefings/sn04033/, letzter Zugriff: 3. Apr. 2020

British Transport Commission, »Modernisation and Re-equipment of British Railways« (London: Curwen Press, 1955)

Buck, T., »Germany's Club Culture Offers Clue to Political Consensus«, *Financial Times* (8. Sept. 2017)

Burbridge, M., Briggs, A. und Reiss, M., *Citizenship in a Networked Age: An Agenda for Rebuilding Our Civic Ideals* (Templeton Foundation, 2020)

Burke, E., *Betrachtungen über die Französische Revolution* (Berlin: J. G. Hoof, 2017)

Burke, E., *Selected Works of Edmund Burke* (Oxford: Clarendon Press, 1874), zitiert nach *Edmund Burke: Tradition – Verfassung – Repräsentation: Kleine politische Schriften*, hg. von Olaf Asbach und Dirk Jörke (Berlin/Boston, 2019)

Business Roundtable, »Business Roundtable Redefines the Purpose of a Corporation to Promote ›An Economy That Serves All Americans‹«, businessroundtable.org (19. Aug. 2019), https://www.businessround table.org/business-roundtable-redefines-the-purpose-of-a-corporation-to-promote-an-economy-that-serves-all-americans, letzter Zugriff: 3. Apr. 2020

Carey, J., *The Intellectuals and the Masses: Pride and Prejudice among the Literary Intelligentsia 1880–1939* (London: Faber and Faber, 1992)

Carney, M., »Mark Carney on How the Economy Must Yield to Human Values«, *The Economist* (16. Apr. 2020)

Chakrabortty, A., »One Blunt Heckler Has Revealed Just How Much the UK Economy is Failing Us«, *Guardian* (10. Jan. 2017)

Christakis, N. A., *Blueprint: Wie unsere Gene das gesellschaftliche Zusammenleben prägen* (Frankfurt/M.: S. Fischer, 2019)

Chua, A., *Political Tribes: Group Instinct and the Fate of Nations* (London: Bloomsbury, 2018)

Clark, P. et al., »How the UK got Coronavirus Testing Wrong«, *Financial Times* (27. März 2020)

Clinton, W. J., »Remarks by the President at Presentation of the National Medal of the Arts and the National Humanities Medal« (29. Sept. 1999), https://clintonwhitehouse4.archives.gov/WH/New/html/19990929.html, letzter Zugriff: 2. Apr. 2020

Collier, P., *Sozialer Kapitalismus!: Mein Manifest gegen den Zerfall der Gesellschaft,* (München: Siedler, 2019)

Collins, J., *How the Mighty Fall: And Why Some Companies Never Give In* (London: Random House, 2009)

Collins, J. und Porras, J. I., *Built to Last: Successful Habits of Visionary Companies* (London: Random House, 2005)

Collins, T., »NHS Focus: Open Letter: Questions That Need to be Answered«, Computer Weekly (12. Apr. 2006), https://www.computerweekly.com/ feature/NHS-Focus-Open-Letter-Questions-that-need-to-be-answered, letzter Zugriff: 2. Apr. 2020

The Committee for the Prize in Economic Sciences in Memory of Alfred Nobel, »Gary S. Becker – Facts« (1992)

Committee on Oversight and Government Reform, »The Financial Crisis and the Role of Federal Regulators«, House of Representatives (23. Okt. 2008)

Cottam, H., *Radical Help* (London: Virago, 2018)

Crippa, M. et al., *Fossil CO2 and GHG Emissions of All World Countries*, Joint Research Centre (Luxemburg: Publications Office of the European Union, 2019)

Crosland, A., *The Future of Socialism* (London: Jonathan Cape, 1956)

Crow, D., »Two Executives Charged over Illegal Kickback Scheme at Valeant«, *Financial Times* (17. Nov. 2016)

Dempsey, N., »EU Referendum: Constituency Results«, (6. Feb. 2017), https://commonslibrary.parliament.uk/parliament-and elections/elections-elections/brexit-votes-by-constituency/, letzter Zugriff: 20. Apr. 2020

Deneen, P. J., *Why Liberalism Failed* (New Haven: Yale University Press, 2018)

De Tocqueville, A., *Über die Demokratie in Amerika* (Stuttgart: Reclam, 1985)

Doyle, A., »Management and Organization at Medium«, *Medium* (4. März 2016), https://blog.medium.com/management-and-organization-at-medium-2228cc9d93e9, letzter Zugriff: 3. Apr. 2020

Dworkin, R., *Taking Rights Seriously* (Cambridge, MA: HUP, 1977)

Eagle, A. und Ahmed, I., *The New Serfdom: The Triumph of Conservative Ideas and How to Defeat Them* (London: Biteback Publishing, 2018)

Easterbrook, F. H. und Fischel, D. R., *The Economic Structure of Corporate Law* (Cambridge, MA: Harvard University Press, 1996)

Edelman, »2019 Edelman Trust Barometer« (2019), https://www.edelman.com/sites/g/files/aatuss191/files/201902/2019_Edelman_Trust_Barometer_Global_Report.pdf, letzter Zugriff: 2. Apr. 2020

Etzioni, A., »Communitarianism«, in Christensen, K. und Levinson, D. (Hg.), *Encyclopedia of Community: From the Village to the Virtual World*, Vol. 1, A–D (Sage Publications, 2003), S. 224–8. Abrufbar unter SSRN: https://ssrn.com/abstract=2157152

Ferguson, A., *An Essay on the History of Civil Society* (1767)

Fieldhouse, E. and Evans, G., *Electoral Shocks: The Volatile Voter in a Turbulent World* (Oxford: OUP, 2020)

Florida, R., »Why is Your State Red or Blue? Look to the Dominant Occupational Class«, *CityLab* (28. Nov. 2018), https://www.citylab.com/life/2018/11/ state-voting-patterns-occupational-class-data-politics/ 575047/, letzter Zugriff: 20. Apr. 2020

Fortune, »World's Most Admired Companies« (2020), https://fortune.com/worlds-most-admired-companies/, letzter Zugriff: 2. Apr. 2020

Friedman, M., »The Social Responsibility of Business is to Increase Its Profits«, *The New York Times Magazine* (13. Sept. 1970)

Friedman, M. und Savage, L. J., »The Utility Analysis of Choices Involving Risk«, *Journal of Political Economy*, Vol. 56, Nr. 4 (1948), S. 279–304

Glendon, M. A., *Rights Talk: The Impoverishment of Political Discourse* (New York: Free Press, 1991)

Goldman Sachs, »Code of Business Conduct and Ethics«, https://www.goldmansachs.com/investor-relations/corporate-governance/corporategovernance-documents/code-of-business-conduct-and-ethics.pdf, letzter Zugriff: 20. Apr. 2020

Goldstein, A., *Janesville: An American Story* (New York: Simon and Schuster, 2018)

Goodhart, D., *The Road to Somewhere: The Populist Revolt and the Future of Politics* (London: Hurst, 2017)

Gordon, R. J., *The Rise and Fall of American Growth,* (Princeton: Princeton University Press, 2016)

Gramlich, J., »East Germany Has Narrowed Economic Gap with West Germany since Fall of Communism, but Still Lags«, Pew Research Centre (6. Nov. 2019), https://www.pewresearch.org/fact-tank/2019/11/06/east-germany-has-narrowed-economic-gap-with-west-germanysince-fall-of-communism-but-still-lags/, letzter Zugriff: 3. Apr. 2020

Greene, B., »A $100 Million Idea: Use Greed for Good«, *Chicago Tribune* (15. Dez. 1986)

Handy, C., »What's a Business For?«, *Harvard Business Review*, Vol. 80, Nr. 2 (2002), S. 49–55

Hardin, G., »The Tragedy of the Commons«, *Science*, Vol. 162, Nr. 3859 (1968), S. 1243–8

Heckman, J. J., »Promoting Social Mobility«, *Boston Review* (1. Sept. 2012), http://bostonreview.net/forum/promoting-social-mobilityjames-heckman, letzter Zugriff: 21. Apr. 2020

Hegel, G. W. F., *Grundlinien der Philosophie des Rechts* (1820)

Henderson, J., *Reimagining Capitalism in a World on Fire* (New York: PublicAffairs, 2020)

Henrich, J., *The Secret of Our Success: How Culture is Driving Human Evolution, Domesticating Our Species, and Making Us Smarter* (Princeton: Princeton University Press, 2017)

Herrmann, B., Thöni, C. und Gächter, S., »Antisocial Punishment across Societies«, *Science*, Vol. 319, Nr. 5868 (2008), S. 1362–7

Hoffman, J., »Johnson & Johnson Ordered to Pay $572 Million in Landmark Opioid Trial«, *The New York Times* (26. Aug. 2019)

Holder, A., »The ›Salary Sweet Spot‹ that Could Save Your Relationship«, *Daily Telegraph* (23 Jan. 2020)

House of Commons Library, »Membership of UK Political Parties« (9. Aug. 2019), https://commonslibrary.parliament.uk/research-briefings/sn05125/, letzter Zugriff: 3. Apr. 2020

House of Commons Library, »General Election 2019: Full Results and Analysis« (28. Jan. 2020), https://commonslibrary.parliament.uk/research-briefings/cbp-8749/, letzter Zugriff: 3. Apr. 2020

House of Commons Library, »1918–2019 Election Results by GE« (17 Apr. 2020), https://commonslibrary.parliament.uk/research-briefings/cbp-8647/, letzter Zugriff: 20. Apr. 2020

House of Commons Public Accounts Committee, »The National Programme for IT in the NHS: Progress since 2006: Second Report of Session 2008–09« (14. Jan. 2009)

Jacobs, J., *The Death and Life of Great American Cities* (New York: Random House, 1961)

Janis, I. L., *Victims of Groupthink: A Psychological Study of Foreign Policy Decisions and Fiascoes* (New York: Houghton Mifflin, 1972)

Jefferson, T., *Memoir, Correspondence, and Miscellanies: From the Papers of Thomas Jefferson* (1829)

Jensen, M. C. und Meckling, W. H., »Theory of the Firm: Managerial Behavior, Agency Costs and Ownership Structure«, *Journal of Financial Economics*, Vol. 3, Nr. 4 (1976) S. 305–60

Kay, J. A., *The Truth About Markets: Why Some Nations are Rich but Most Remain Poor* (London: Allen Lane, 2003)

Kay, J. A., »Shareholders Think They Own the Company – They are Wrong«, *Financial Times* (10. Nov. 2015)

Kay, J. A. und King, M. A., *Radical Uncertainty: Decision-making for an Unknowable Future* (London: Bridge Street Press, 2020)

Kendall, L., »Fixing Social Care is More Important than Potholes«, *Financial Times* (14. März 2020)

Kennedy, J. F., »Inaugural Address«, John F. Kennedy Presidential Library and Museum (20. Jan. 1961), https://www.jfklibrary.org/learn/aboutjfk/historic-speeches/inaugural-address, letzter Zugriff: 20. Apr. 2020

Kennedy, R. F., *Thirteen Days: A Memoir of the Cuban Missile Crisis* (New York: Norton, 1999)

Keynes, J. M., *Die Allgemeine Theorie der Beschäftigung, des Zinses und des Geldes* (Berlin: Duncker & Humblot, 2017)

King, A. und Crewe, I., *The Blunders of Our Governments* (Oneworld Publications, 2014), e-version Kopp, W., *One Day, All Children …: The Unlikely Triumph of Teach for America and What I Learned along the Way* (Cambridge, MA: PublicAffairs, 2003)

Kozarich, D., »Mylan's EpiPen Pricing Crossed Ethical Boundaries«, *Fortune* (27. Sept. 2016)

Kuchler, H. et al., »Opioid Executive Admits to ›No Morals‹ ahead of Prison Term«, *Financial Times* (23. Jan. 2020)

Labour Party Annual Conference Report (1976)

Lasch, C., *Das Zeitalter des Narzissmus* (München: DTV, 1988)

Lasch, C., *Die blinde Elite. Macht ohne Verantwortung* (Hamburg: Hoffmann und Campe, 1995)

Layard, R., *Can We be Happier?: Evidence and Ethics* (London: Penguin, 2020)

Levinson, M., *An Extraordinary Time: The End of the Postwar Boom and the Return of the Ordinary Economy* (London: Random House, 2016)

Lilla, M., *The Once and Future Liberal: After Identity Politics* (New York: HarperCollins, 2017)

Limbaugh, R., »The Most Telling Moment of Obama's Presidency: ›You Didn't Build That‹«, *The Rush Limbaugh Show* (24. Juli 2012), https://www.rushlimbaugh.com/

daily/2012/07/24/the_most_telling_moment_of_obama_s_presidency_you_
didn_t_build_that/, letzter Zugriff: 6. Apr. 2020

Lind, M., *The New Class War: Saving Democracy from the Metropolitan Elite* (London: Atlantic Books, 2020)

MacGregor, N., *Living with the Gods: On Beliefs and Peoples* (London: Allen Lane, 2018)

MacIntyre, A., *Der Verlust der Tugend. Zur moralischen Krise der Gegenwart* (Frankfurt/M.: Suhrkamp, 1995)

Macmurray, J., *Persons in Relation* (London: Faber, 1961)

Maguire, P., »Long-Bailey's Shift to Attack Mode Shows What Awaits Starmer if He Wins«, *Guardian* (27. Feb. 2020)

Marwell, G. und Ames, R. E., »Economists Free Ride, Does Anyone Else? Experiments on the Provision of Public Goods, IV«, *Journal of Public Economics*, Vol. 15, Nr. 3 (1981), S. 295–310

Marx, K., *Zur Kritik der Politischen Ökonomie,* Vorwort, Karl Marx/Friedrich Engels – Werke, Bd. 13 (Berlin/DDR: Dietz Verlag, 7. Auflage 1971), S. 7–11

Maslow, A. H., »A Theory of Human Motivation«, *Psychological Review*, Vol. 50, Nr. 4 (1943), S. 370–96

Matthews, R. C. O., »Why Has Britain Had Full Employment since the War?«, *Economic Journal*, Vol. 78, Nr. 311 (1968), S. 555–69

Mayer, C., *Prosperity: Better Business Makes the Greater Good* (Oxford: Oxford University Press, 2018)

McDonnell, A. und Curtis, C., »How Britain Voted in the 2019 General Election«, YouGov (17. Dez. 2019), https://yougov.co.uk/topics/ politics/articles-reports/2019/12/17/how-britain-voted-2019-generalelection, letzter Zugriff: 20. Apr. 2020

McFall, S. L. (Hg.), *Understanding Society: Findings 2012* (Colchester: Institute for Social and Economic Research, University of Essex, 2012)

Mercier, H. und Sperber, D., *The Enigma of Reason: A New Theory of Human Understanding* (London: Allen Lane, 2017)

Merck, G. W., »Medicine is for the Patient, not the Profits« (1. Dez. 1950), https://www.merck.com/about/our-people/gw-merck-doc.pdf, letzter Zugriff: 2. Apr. 2020

Mermaids, »Professionals«, https://mermaidsuk.org.uk/professionals/, letzter Zugriff: 20. Apr. 2020

Milkman, R., Luce, S. und Lewis, P., *Changing the Subject: A Bottom-up Account of Occupy Wall Street in New York City,* The Murphy Institute (2013)

Minogue, K. R., *The Liberal Mind* (New York: Random House, 1963)

Morgan, J. P., »J. P. Morgan's Testimony: The Justification of Wall Street« (1912), verfügbar unter https://memory.loc.gov/service/gdc/scd0001/200 6/20060517001te/20060517001te.pdf, letzter Zugriff: 3. Apr. 2020

Morrison, H., *Socialisation of Transport* (HMSO, 1933)

Murphy, S., »More than 500,000 People Sign Up to be NHS Volunteers«, *Guardian* (25. März 2020)

National Centre of Health Statistics, *Health, United States, 2018: Table 009: Death Rates for Suicide, by Sex, Race, Hispanic Origin, and Age: United States, Selected Years 1950–2017* (2018), https://www. cdc.gov/nchs/data/hus/2018/009.pdf, letzter Zugriff: 20. Apr. 2020

Nixon, R. M., »Second Inaugural Address of Richard Milhous Nixon«, The Avalon Project (20 Jan. 1973), https://avalon.law.yale.edu/20th_century/nixon2.asp, letzter Zugriff: 6. Apr. 2020

Nolan, P., *Happily Ever After: Escaping the Myth of the Perfect Life* (London: Allen Lane, 2019)

Norman, J., *Adam Smith: What He Thought, and Why It Matters* (London: Penguin, 2018)

Norman, J., *Edmund Burke: The Visionary Who Invented Modern Politics* (London: William Collins, 2013)

Nozick, R., *Anarchie – Staat – Utopia* (München: Olzog 2011)

Obama, B. H., »Remarks by the President at a Campaign Event in Roanoke, Virginia«, Office of the Press Secretary (13. Juli 2012), https:// obamawhitehouse.archives.gov/the-press-office/2012/07/13/remarkspresident-campaign-event-roanoke-virginia, letzter Zugriff: 6. Apr. 2020

Occupy London, »Occupy London Stock Exchange – the Initial Statement«, *Guardian* (17. Okt. 2011)

Office for National Statistics, »Headline Estimates of Personal Wellbeing from the Annual Population Survey (APS)« (23. Okt. 2019)

Office for National Statistics, »Regional Economic Activity by Gross Domestic Product, UK: 1998 to 2018« (19. Dez. 2019a), https://www.ons.gov.uk/ economy/grossdomesticproductgdp/bulletins/regionaleconomicactivitybygrossdomesticproductuk/1998to2018#grossdomestic-product-per-head-for-nuts3-local-areas-1998-to-2018, letzter Zugriff: 3. Apr. 2020

Office for National Statistics, »Regional Gross Domestic Product all NUTS Level Regions« (19. Dez. 2019b), https://www.ons.gov.uk/economy/grossdomesticproductgdp/datasets/regionalgrossdomesticproductallnutslevelregions, letzter Zugriff: 3. Apr. 2020

Office for National Statistics, »Suicides in the UK, 1981 to 2018« (3 Sept. 2019), https:// www.ons.gov.uk/peoplepopulationandcommunity/birthsdeathsandmarriages/ deaths/datasets/suicidesintheunitedkingdom referencetables, letzter Zugriff: 20. Apr. 2020

O'Neil, C., »Working with Larry Summers (Part 2)«, mathbabe.com (24. Juni 2011), https://mathbabe.org/2011/06/24/working-withlarry-summers-part-2/, letzter Zugriff: 2. Apr. 2020

Ostrom, E., *Die Verfassung der Allmende: Jenseits von Markt und Staat* (Tübingen: Mohr, 1999)

Payne, S., »Lunch with the FT: Ken Clarke: ›Do We Carry On with Crash, Bang, Wallop Nationalism?‹«, *Financial Times* (10. Jan. 2020)

Perraudin, F., »UK Should Compensate Wales for ›Reducing it to Poverty‹ – Plaid Cymru«, *Guardian* (3. Okt. 2019)

Peters, T., »The Brand Called You«, *Fast Company* (31. Aug. 1997), https://www.fastcompany.com/28905/brand-called-you, letzter Zugriff: 20. Apr. 2020

Philippon, T., *The Great Reversal: How America Gave Up on Free Markets* (Cambridge, MA: The Belknap Press, 2019)

Philosophy Department at San José University, »An Open Letter to Professor Michael

Sandel« (29. Apr. 2013), abrufbar unter https:// www.chronicle.com/article/The-Document-an-Open-Letter/138937, letzter Zugriff: 20. Apr. 2020

Pickett, K. und Wilkinson, R., *The Spirit Level: Why Equality is Better for Everyone* (London: Penguin, 2010)

Planned Parenthood of Southeastern Pennsylvania et al. v. Casey, Governor of Pennsylvania, et al., *Certiorari to the United States Court of Appeals for the Third Circuit* (1991)

Platt, E., »Adam Neumann's $1.6bn WeWork Exit Package Could Get Sweeter«, *Financial Times* (24. Dez. 2019)

Platt, E., »WeWork's Adam Neumann Returns Controversial $5.9m Payment«, *Financial Times* (5. Sept. 2019)

Pulzer, P. G. J., *Political Representation and Elections* (London: HarperCollins, 1967)

Putnam, R. D., *Bowling Alone: The Collapse and Revival of American Community* (New York: Simon and Schuster, 2000)

Putnam, R. D., *Our Kids: The American Dream in Crisis* (New York: Simon and Schuster, 2015)

Rae, A., »I Ranked Every UK Constituency by Deprivation and then Coloured Them by Party Affiliation – for Fun!«, *CityMetric* (5. Nov. 2019), https://www.citymetric. com/politics/i-ranked-every-uk-constituencydeprivation-and-then-coloured-them-party-affiliation-fun, letzter Zugriff: 20. Apr. 2020

Rajan, R., *The Third Pillar: The Revival of Community in a Polarised World* (London: William Collins, 2019)

Ramsey, F. P., »A Mathematical Theory of Saving«, *Economic Journal*, Vol. 38, Nr. 152 (1928), S. 543–59

Ratcliffe, S. (Hg.), *Oxford Essential Quotations* (Oxford: Oxford University Press, 2016)

Rawls, J., *Eine Theorie der Gerechtigkeit* (Frankfurt/M.: Suhrkamp, 1979)

Remini, R. V., »Andrew Jackson: The Course of American Democracy, 1833–1845« (Baltimore, MA: Johns Hopkins University Press, 1984)

Rousseau, J.-J., *Abhandlung über den Ursprung und die Grundlagen der Ungleichheit unter den Menschen* (1761) (Stuttgart: Reclam, 1998)

Rutherford, M., »Politics Today: Waiting for the Country to Turn Conservative – Labour at Brighton«, *Financial Times* (2. Okt. 1987)

Sacks, J., *Morality: Restoring the Common Good in Divided Times* (London: Hodder and Stoughton, 2020)

Samuelson, J., *The Six New Rules of Business: Creating Real Value in a Changing World* (Berrett-Koehler Publishers, 2021)

Sandel, M. J., *Vom Ende des Gemeinwohls: Wie die Leistungsgesellschaft unsere Demokratien zerreißt* (Frankfurt/M.: S. Fischer, 2020)

Sandel, M. J., *Was man für Geld nicht kaufen kann: Die moralischen Grenzen des Marktes* (Berlin: Ullstein, 2014)

Santos, H. C. et al., »Global Increases in Individualism«, *Psychological Science*, Vol. 28, Nr. 9 (2017), S. 1228–39.

Sargent, T. J., Evans, G. W. und Honkapohja, S., »An Interview with Thomas J. Sargent«, *Macroeconomic Dynamics*, Vol. 9 (2005), S. 561–83

Schenk v. United States, 249 U. S. 47 (1919)

Schmitz, R., »Behind Germany's Relatively Low COVID-19 Fatality Rate«, *NPR All Things Considered* (27. März 2020), https://www.npr.org/2020/03/25/821591044/behind-germanys-relatively-low-covid19-fatality-rate, letzter Zugriff: 2. Apr. 2020

Seligman, M. E. P., *Flourish – Wie Menschen aufblühen: Die Psychologie des gelingenden Lebens* (München: Kösel, 2014)

Shafique, A., »If the UK Wants a Quality Vocational Educational System, It Should Take Inspiration from Switzerland«, *RSA* (13. Feb. 2019), https://www.thersa.org/discover/publications-and-articles/rsa-blogs/2019/02/what-uk-vocational-education-can-learn-from-switzerland, letzter Zugriff: 3. Apr. 2020

Sidgwick, G., *The Method of Ethics* (London: Macmillan, 1962)

Simon, H. A., »The Architecture of Complexity«, *Proceedings of the American Philosophical Society*, Vol. 106, Nr. 6 (1962) S. 467–82

Singer, P., »Famine, Affluence, and Morality«, *Philosophy and Public Affairs*, Vol. 1, Nr. 3 (1972), S. 229–43

Skelton, D., *Little Platoons: How a Revived One Nation Can Empower England's Forgotten Towns and Redraw the Political Map* (London: Biteback Publishing, 2019)

Smith, A., *Theorie der ethischen Gefühle* (Hamburg: Meiner, 2010)

Smith, A., *Wohlstand der Nationen* (München: Anaconda, 2009)

Sombart, W., *Warum gibt es in den Vereinigten Staaten keinen Sozialismus?* (Tübingen: Mohr, 1906)

Sumption, J., *Trials of the State: Law and the Decline of Politics* (London: Profile, 2019)

Swift, D. A, *Left for Itself: Left-Wing Hobbyists and the Rise of Identity Radicalism* (Winchester: Zero Books, 2019)

Thukydides, *Der Peloponnesische Krieg* (Stuttgart: Reclam, 2000)

Timothy, N., *Remaking One Nation: The Future of Conservatism* (Cambridge: Polity Press, 2020)

Twenge, J. M. et al., »Age, Period, and Cohort Trends in Mood Disorder Indicators and Suicide-related Outcomes in a Nationally Representative Dataset, 2005–2017«, *Journal of Abnormal Psychology*, Vol. 128, Nr. 3 (2019), S. 185–99

Tyson, A. and Maniam, S., »Behind Trump's Victory: Divisions by Race, Gender, Education«, Pew Research Center (9. Nov. 2016), https:// www.pewresearch.org/fact-tank/2016/11/09/behind-trumps-victorydivisions-by-race-gender-education/, letzter Zugriff: 20. Apr. 2020

Vereinte Nationen, *Allgemeine Erklärung der Menschenrechte* (1948)

Waldfogel, J., *Scroogenomics: Why You Shouldn't Buy Presents for the Holidays* (Princeton: Princeton University Press, 2009)

Wall Street Journal Editorial, »›You Didn't Build That‹: On the President's Burst of Ideological Candor«, *Wall Street Journal* (19. Juli 2012)

Walzer, M., *Sphären der Gerechtigkeit: ein Plädoyer für Pluralität und Gleichheit* (Frankfurt/M.: Campus, 1994)

Walzer, M., *Thick and Thin: Moral Argument at Home and Abroad* (Notre Dame, in: University of Notre Dame Press, 2019)

Warren, C., *Supreme Court in United States History, 1856–1918, Volume III* (Washington, DC: Beard Books, 1999)

The We Company. ›Form S-1‹ (2019), https://www.sec.gov/Archives/edgar/data/1533523/000119312519220499/d781982ds1.htm, letzter Zugriff: 6. Apr. 2020

Weil, S., *Die Verwurzelung: Vorspiel zu einer Erklärung der Pflichten dem Menschen gegenüber* (Zürich: Diaphanes, 2011)

West, E., *Small Men on the Wrong Side of History: The Decline, Fall, and Unlikely Return of Conservatism* (London: Constable, 2020)

Westcott, N., *Imperialism and Development: The East African Groundnut Scheme and Its Legacy* (James Currey, 2020)

Wilson, D. S., *This View of Life: Completing the Darwinian Revolution* (New York: Vintage Books, 2020)

Woolf, V., »Mr. Bennett und Mrs. Brown« in: *Das Totenbett des Kapitäns: Essays* (Frankfurt/M.: S. Fischer, 2014), S. 115–40

Yehuda, R. et al., »Transgenerational Effects of Posttraumatic Stress Disorder in Babies of Mothers Exposed to the World Trade Attacks during Pregnancy«, *Journal of Clinical Endocrinology &Metabolism*, Vol. 90, Nr. 7 (2005), S. 4115–18

Young, M., *The Rise of the Meritocracy 1870–2033: An Essay on Education and Society* (London: Thames and Hudson, 1958)

Young, M., »Down with Meritocracy«, *Guardian* (29. Juni 2001)

Zimmerman, E., *Smacked: A Story of White-Collar Ambition, Addiction, and Tragedy* (New York: Random House, 2020)

Register

A

ABC1-Wähler (Mittelschicht) 140
Adams, John 76
Adenauer, Konrad 122
Airbnb 220
Airbus 206 f., 216
Aktiengesellschaft 210 f., 213, 219
Aktivismus 19, 22, 33, 36, 84–89, 92, 95,
    120, 126, 130, 146, 174 f., 185 f., 195,
    197 f., 215, 223, 241, 243, 246
    konstruktiver 90, 92
Alfred Herbert 106
Allen, Bill 182
Allgemeine Erklärung der Menschen-
    rechte 33, 73 f.
Alliance Defending Freedom 84
Altruismus 39, 50, 61 f.
Amazon 208, 221
American Civil Liberties Union 84
American Enterprise Institute 46
Anreize 11, 48, 51, 57, 157, 240
Anreizeffekte 48
Anreizpläne, langfristige (LTIPs) 51
Anreizsystem 57, 144
    finanzielle 45, 63
Prinzipal-Agent-Anreizstrukturen 212
    überwachte 58
Anscombe, Elizabeth 160 f.
Anywheres (Überall-Menschen) 149 f.
Apple 209
Arbeitermilieu siehe: Arbeiterschicht
Arbeiterschaft 21, 24, 36, 122, 126,
    128–130, 135 f., 142, 144, 146, 151
Arbeiterschicht 128, 143, 145, 148, 150
Arbeitslosigkeit 43 f., 73, 92, 123, 135
Arbeitsplätze 24, 56, 85, 134, 136, 145,
    215, 217, 226, 228, 232–234, 244, 247
Ardern, Jacinda 16

Aristoteles 155 f., 158, 169, 218
Arrow, Kenneth Joseph 43, 45, 62 f., 65
Asda 114
Attlee, Clement 36, 121, 151, 194

B

Bausch Health 54
Batista, Fulgencio 180
Becker, Gary S. 46 f., 187
Beeching, Richard 103
Bennett, Arnold 136, 145 f.
Bentham, Jeremy 33 f., 46 f., 58, 76
Berlusconi, Silvio 180 f.
Beschäftigungschancen 145, 205
Besitzindividualismus 29, 32, 45, 63,
    69 f., 132, 147, 218
Bet365 136
Bevin, Ernest 148, 199
Bezos, Jeff 70
Biden, Joe 20 f., 121
»Big Society«-Programm 170 f.
Bildung 44, 57, 73 f., 91, 110–112, 126,
    131, 135, 140–142, 148, 150, 166, 225,
    231, 239 f., 247
BlackRock 214
Blair, Margaret 210–212
Blair, Tony 57, 130 f., 144, 170 f.
BMW 107
Boeing 182
Boesky, Ivan 32
Boot, Jesse 110
Branson, Richard 50
Brexit 120, 137, 149, 240
British Leyland 106
British Railways Board 103
British Transport Commission 101, 103,
    114
Brown, Gordon 144, 170, 182

Bruttoinlandsprodukt (BIP) 56, 225, 250
Bürgerrechtsbewegung 79, 89
Burke, Edmund 160, 170, 172, 195 f.
Burlakoff, Alec 54 f.
Bush, George H. W. 133
Business Roundtable 214
Butler, Rab 122

C

C2DE-Wähler (Arbeiterschicht) 139 f.
Callaghan, James 129
Cameron, David 147, 170 f.
Carey, John 145
Carter, Jimmy 131
Castro, Fidel 180
Catch-22 192
Central Electricity Authority 101, 114
Chamberlain, Joseph 110
Chamberlain, Wilt 68 f.
Christakis, Nicholas A. 162, 179
Chua, Amy 151
Churchill, Winston 170, 178
Citizens United 74
City-Region Combined Authorities 229
Clarke, Ken 133 f.
Clinton, Bill 68, 130 f.
Clinton, Hillary 131, 142, 147
Collateralized Debt Obligations 55
Collier, Paul 11, 82, 87, 90, 162 f., 249
Collins, Jim 52
Comte, Auguste 46 f.
Corbyn, Jeremy 131, 137, 147, 197
Coronakrise *siehe:* COVID-19-
    Pandemie
Coronapandemie *siehe:* COVID-
    19-Pandemie
Cottam, Hilary 237 f., 246
Coupe, Mike 113
COVID-19-Pandemie 11–18, 23, 25,
    108 f., 165, 216, 220, 248
Crosland, Tony 102

D

Demokratie
    direkte 193 f., 197
    inklusive 198, 200

partizipative 200–202, 216, 250
    repräsentative 195, 197
Deregulierung 127
Deutsche Wiedervereinigung 233
Dezentralisierung 109, 113, 165, 201, 223,
    225, 247
Dickens, Charles 87
Disney Corporation 72
Disraeli, Benjamin 141
Doyle, Andy 209
Drosten, Christian 108
Dworkin, Ronald 75

E

Easterbrook, Frank H. 63
eBay 221
Echokammern 36, 187, 224
écoles maternelles 238
Edelman Survey 116
EDF 104
Egoismus 11, 22, 25, 27, 29, 35, 45 f., 48,
    55, 63, 116, 155–157, 159, 161–163, 217,
    248 f., 252
Eigentum 32, 101, 188, 205
    geistiges 71
    öffentliches 72, 101 f., 107
Eigentumsrechte 29, 32, 34, 44, 67–69,
    71 f., 74, 186 f., 211
Eisenhower, Dwight D. 29, 181
Enron 217
Entlohnungssystem 49
Erwerb, rechtmäßiger 69 f.
Etzioni, Amitai 161, 170, 281
eudaimonia 156 f.
Europäische Kommission 199
Extinction Rebellion 18 f., 86

F

Fabian Society 46
Facebook 221
Fairness 73, 164
Ferguson, Adam 158 f., 178
Finanzialisierung 126, 213
Finanzsektor 48, 85, 89, 126–128, 245
Fink, Larry 214, 216
Firth, Mark 110

Fiscal Responsibility Act 190
Fischel, Daniel R. 63
Flint, Caroline 148 f.
Florida, Richard 142
Flüchtlingspolitik 185
Ford, Henry 182
Forrester, John 199
Franco, Francisco 122
Freehold Villas 147
Friedman, Milton 50, 56, 62, 69, 213, 218
Fujitsu 106

G

Gaitskell, Hugh 122
Ganesh, Janan 226
Gates, Bill 50, 71, 89 f.
Gates, Melinda 90
Gaulle, Charles de 123
Gebietskörperschaften, kommunale 112,
    224, 239, 247
Gelbwesten 119
Gemeinwohl 32, 37 f., 58, 69, 115–117,
    175, 177 f., 185
General Electric Company (GEC) 50,
    106
General Motors 50, 182
Gesellschaft, bürgerliche 160
Gesellschaftsrecht 70, 72, 213, 245
Gesundheitssystem 17, 57, 109 f., 124,
    135, 237
    nationales 107, 109, 114
Gewerkschaften 101, 105, 124, 129, 138,
    188, 206, 244
Gini-Koeffizient 125
Glendon, Mary Ann 75 f.
Globalisierung 133, 220
Goldman Sachs 38
Goodhart, David 60, 149, 254
Google 209, 221
Gordon, Robert 127
Gorsky, Alex 214
Gove, Michael 174
Greenpeace 120, 195
Greenspan, Alan 65

H

Hahn, F. H. 43, 45, 63, 65
Hain, Peter 138
Hale, Lady 189 f.
Hammond, Philip 151
Handlungsfreiheit 158
Handlungsutilitarismus 58
Hankins, James 23, 252
Hardin, Garrett 72
Hatton, Derek 130, 139
Healey, Denis 143
Heath, Edward 105
Hegel, Georg Wilhelm Friedrich 160,
    170
Henrich, Joe 165 f., 179, 253
Heritage Foundation 46
Heseltine, Michael 139
Hierarchie 209–211
    autoritäre 178, 212
    leistungsfähige 207
    militärische 158
    vermittelnde 210–212
    vertragsbasierte *siehe:* autoritäre
    Hierarchie
Hilton, Steve 171
Holarchie 208
Hollande, François 121
Holmes, Oliver Wendell 75
Holokratie 209
Homo oeconomicus 45, 48, 57, 63–65,
    100, 157, 159, 161 f., 164, 240
Hume, David 19 f., 159
Hyperzentralisierung 24, 224, 227,
    245

I

Iacocca, Lee 50
Ideen, keynesianische 43 f.
Identifikation 33, 132, 139, 201, 217
Identitätspolitik 27, 34, 216, 254
Imperial Chemical Industries (ICI)
    50
Individualismus 11, 13 f., 22, 27–30,
    32–37, 67–69, 77, 79, 92–95, 99 f.,
    115, 117, 126, 128, 130, 144, 157 f., 170,
    178, 180, 185–187, 196, 248, 250

expressiver 18, 29, 33, 94, 127, 147, 169
utilitaristischer 33, 58, 69
Individualrechte 22, 67, 73
Industrial Reorganization Corporation (IRC) 106
Industriestaaten 36, 109
Inflation 44, 57, 126
Inmos 106
Innovation 99, 107, 127 f., 175, 231
Institute of Economic Affairs 46, 171
Insys 54 f.
Intelligenz, kollektive 20, 165 f., 176, 187, 206 f.
Internationaler Währungsfonds 129
Isolation, soziale 227, 238, 244

J

Jackson, Andrew 185
Jacobs, Jane 224, 243
Jäger-und-Sammler-Gesellschaften 49
Janis, Irving 180
Jenkins, Roy 90
Jensen, Michael Cole 63
Johnson, Boris 37, 131, 147, 150 f., 198
Johnson, Lyndon B. 79, 125
Johnson, R. W. 52, 182
Johnson & Johnson 52–55, 214

K

Kapitalismus 67, 113, 120, 122
Kay, John 11, 19, 84 f., 249
Kellaway, Lucy 92
Kendall, Liz 245
Kennedy, Anthony 79
Kennedy, John F. 27 f., 125, 180 f.
Kennedy, Robert 181
Keynes, John Maynard 43, 155
King, Martin Luther 79
King, Mervyn 11
Kinnock, Neil 143 f.
Klimapolitik 185, 215
Klimawandel 60 f., 86, 88 f., 165, 213–215
Koestler, Arthur 208
Kommunikation 35, 166 f.

Kommunismus 45, 71, 116, 122, 128 f., 170, 233
Kommunitarismus 23 f., 26 f., 38, 156–161, 170 f., 174, 178, 182 f., 186–188, 196, 218
Kopp, Wendy 91, 95
Körperschaft 101
öffentlich-rechtliche 103, 106, 210
Kulturkrieg 19, 21

L

Land Registry 188
Lasch, Christopher 26
Laski, Harold 171
Le Pen, Marine 22
Lebensstandard 31, 73, 133, 188
Lenin, Wladimir Iljitsch 121
Libertarismus 147
Limbaugh, Rush 28
Lindsay, Alexander Dunlop 111
Little Village 92 f., 223
Lobbyismus 71 f.
Locke, John 29, 67

M

MacGregor, Neil 94
MacIntyre, Alasdair 76, 161, 170, 218
Macmillan, Harold 123
Macmurray, John 170 f.
Macpherson, C. B. 161, 171, 218
Macron, Emmanuel 37, 119, 182
Madison, James 192
Major, John 132
Mandelson, Peter 144
Mao Zedong 174
Marktfundamentalismus 32–34, 37, 45–47, 50, 65, 68 f., 127, 132, 144, 147, 151, 164, 170, 213, 221, 225, 243, 245
Marktwirtschaft 46, 115, 125, 129
Marx, Karl 46 f., 121, 160, 170
Maslow, Abraham 157
Maslowsche Bedürfnispyramide 157
Matthews, Robin 43 f.
May, Theresa 147
McGowan, Harry 50
McNeil Consumer Healthcare 53

Meckling, William H. 63
Medium 209
Menschenrechte 33, 35, 73 f., 76
Merck 52 f., 55
Merck, George W. 52, 182, 214, 241
Meritokratie 67, 126, 144 f., 147 f., 150
Merkel, Angela 25, 86
Mermaids 82 f., 88, 120
#MeToo-Bewegung 75
Microsoft 50, 209
Midland Bank 224
Miliband, David 170
Miliband, Ed 171
Militant Tendency 130
Mill, John Stuart 58
Minogue, Kenneth 80
Mittelschicht 125, 128, 140, 150
Mitterrand, François 129
Mobil 91
Mobilität, soziale 132
Modell des Gleichgewichts 62
Modularität 14, 165, 207
Momentum 131
Monopol 102, 108–110, 114–116
Morgan, J. P. 221
Morrison, Herbert 101, 103, 144, 148, 199
Moynihan, Daniel P. 230
Mylan 54

N

Nachfragesteuerung 43 f.
National Assistance Board 101
National Care Agency 112
National Coal Board 101
National Council for Civil Liberties 81
National Energy Agency 112
National Enterprise Board 106
National Food Commission 112
National Health Service 101, 108, 116
National Insurance Fund 101
National Investment Bank 112 f.
National Refuge Fund 113
National Rifle Association 195
National Women's Commission 113
National Youth Service 112
Nationalen Education Service 112

Nationaler Gesundheitsdienst 109, 146,
    185, 202, 225, 245
Nationalismus 122, 167
    ethnischer 172
    schottischer 229, 231
    staatsbürgerlicher 172
Nettlefold 110
»Netzwerk von Verträgen« 210
Neumann, Adam 38 f., 244
New Deal 125
Nixon, Richard 27 f.
Northern Ireland Assembly 190
Now Teach 92
Nozick, Robert 68 f., 155
Nutzenmaximierung 60, 63, 156, 182

O

Oatly 19
Obama, Barack 28 f., 32, 126, 131
Oberster Gerichtshof der Vereinigten
    Staaten 47, 74, 76, 79, 83, 193
Oberster Gerichtshof des Vereinigten
    Königreichs 189 f.
Ocasio-Cortez, Alexandria 121
Occupy-Bewegung 84–86
Orbán, Viktor 16
Osborne, George 56, 112, 151, 170
Ostrom, Elinor 72, 172 f.
Owens, John 110

P

Paedophile Information Exchange (PIE)
    81
Patel, Priti 19 f.
Peace Corps 91
Pearson, Michael 53, 241
Pegida 120
Pelosi, Nancy 18
Perot, Ross 91
Petersson, Toni 19
Pflichten 33 f., 37, 73, 81 f., 162 f., 172 f.,
    203, 214, 250
Pharmaindustrie 51–55, 71, 182, 244
Planned Parenthood v. Casey 79
Planwirtschaft 99, 102, 115, 125
Pluralismus 32, 110, 115 f., 167, 174 f.

Prager Frühling 129
Prinzipal-Agent-Theorie 48, 51
Prinzipal-Agent-Verträge 210
Privatisierung 71, 101, 103, 105, 107, 187
Privatwirtschaft 55, 146, 205 f., 212
Prosozialität 61, 162 f., 177, 179
Public Health England 108
Pulzer, Peter 139
Purdue Pharmaceuticals 54 f.
Purpose (Sinnorientierung) 214
Putnam, Robert 23, 26, 158, 177, 239

R
Ramsey, Frank 60
Rawls, John 67 f., 155, 159
Reagan, Ronald 45, 131 f.
Rechte 23, 32–34, 37, 67 f., 70, 73–77,
    79–83, 100, 156, 163, 189, 211, 216 f.,
    250
  natürliche 33, 76
  negative 73
  positive 74
Recht auf Wahlfreiheit 76 f.
Regelutilitarismus 58 f.
Rent-Seeking (leistungslose Selbstberei-
    cherung) 169
Reregulierung 127
Rockefeller, John D. 113
Roe v. Wade 77
Rolls-Royce 106
Roosevelt, Eleanor 73
Roosevelt, Franklin D. 122, 125, 170
Rorty, Richard 161
Rousseau, Jean-Jacques 49, 70, 72, 173

S
Sainsbury's 113 f.
Salazar, António de Oliveira 122
Salt, Sir Titus 89 f., 95, 241
Samuelson, Paul 62
Sandel, Michael 75, 80, 161, 171, 218
Sanders, Bernie 86, 121, 126
Sanktionen 48, 173, 177 f., 238
Sargent, Thomas 64
Savage, Leonard J. 62
Scargill, Arthur 105, 130

Schenck v. United States 75
Schettino, Francesco 179 f.
Schichtzugehörigkeit 139–141
Schleier des Nichtwissens 159
Selbstvermarktung 39, 88
Selbstverwirklichung 93 f., 157, 166
Seligman, Martin 157
Shackleton, Ernest 179 f.
Shaftesbury, Earl of 90
Shareholder Value 50, 52
Shaw, Bernard 46
Shkreli, Martin 54
Sidgwick, Henry 59
Simon, Herbert 207–209
Sinclair Radionics 106
Singer, Peter 59 f.
Sloan, Alfred 49 f., 182
Smeeth, Ruth 148 f.
Smith, Adam 19 f., 35, 49, 157–159, 162,
    219, 221
Smuts, Jan 208
Softbank 39
Sombart, Werner 124
Somewheres (Ortsgebundene) 149 f.
Soziale Medien 18, 223 f.
Sozialismus 67, 120 f., 124 f., 129–132
Sozialkapital 177
Sozialleistungen 131, 140, 145, 225 f., 238
Sparpolitik 56, 151, 170 f., 186
SSE plc 188
Staatsbürgerschaft 172
Sterblichkeitsrate 12–14
STMicroelectronics 106
Stout, Lynn 210–212
Subsidiarität 174, 250
Sumption, Jonathan Lord 189
Swayne, Richter 47, 75

T
Tauschgeschäfte 36, 220
Taylor, Charles 161
Teach First 91
Teach for America 91
Thatcher, Margaret 45, 69, 105, 112, 131 f.,
    143, 146, 151
Thatcherismus 196

The Hydro 188
Thornberry, Emily 148
Thukydides 249
Tocqueville, Alexis de 160, 231
Todd, Ron 124
»Tragik der Allmende« 72, 172
TripAdvisor 221
Truman, Harry S. 36
Trump, Donald 29, 33, 37, 76, 119–121,
    142, 150 f., 181, 214
Turing Pharmaceuticals 54 f.
Turner, Lane 29

U

Uber 220
Übersterblichkeit 15 f.
Unabhängigkeitserklärung der Vereinig-
    ten Staaten 33
Ungarischer Volksaufstand 129
Union Carbide 91
University Grants Committee 111 f.
Unterschicht 143, 145, 150
Urheberrecht 71 f.
Utilitarismus 33, 59 f., 68

V

Valeant Pharmaceuticals 53–55
Verpflichtungen 23, 31, 61, 159, 166, 172,
    189, 191, 200
    moralische 50, 74, 100
    rechtsverbindliche 190
    wechselseitige 35, 162 f.
Verstaatlichung 101–104, 106, 110
Volksentscheide 193 f.
Volkswirtschaft 31 f., 63, 72, 196, 220,
    229, 249
Vollbeschäftigung 43 f.

W

Wade, George 178

Wahlverhalten 120, 140–142, 185
Walmart 109, 114
Walzer, Michael 80, 161, 218
Webb, Sydney und Beatrice 46
Welch, Jack 50
Wells, H. G. 46
»Weltretter«-Ethos 58–61, 100, 130, 157,
    250
Weltfinanzkrise 11, 64 f., 84, 127, 150,
    222, 230, 249
Wertschätzung, Gefühl der 145, 157,
    162
Wettbewerb 62, 65, 109, 113 f., 132, 166 f.,
    175 f.
WeWork 38, 244
Wilberforce, William 90
Wilson, David Sloan 172
Wirtschaftsdemokratie 216
Wirtschaftswachstum 99, 126, 128, 151
Wissen, kollektives 35, 166, 183, 187,
    206, 249
Wohlfahrt 64, 99, 101, 169, 225
Wohlstand 32, 72, 115, 123, 150, 191, 227,
    230, 233
Woolf, Virginia 145–147
World Values Survey 177

Y

Young, Michael 135, 143, 145, 147 f.

Z

Zappos 208, 210
Zentralisierung 14, 100 f., 107–110, 112,
    116, 125, 135, 199 f., 224 f., 238
Zentrismus 125, 128, 243
Zivilgesellschaft 70, 156, 158, 160, 178,
    231 f., 239 f.
Zugehörigkeit 80, 148, 157, 162, 166, 201,
    227, 250
Zuwanderung 60, 149, 151

Ausgezeichnet mit dem Deutschen Wirtschaftsbuchpreis

Tiefe Risse bedrohen den Zusammenhalt in unseren Gesellschaften: Es entsteht eine Spaltung zwischen den Metropolen und dem Rest des Landes, zwischen den urbanen Eliten und der Mehrheit der Bevölkerung. Es herrscht eine Ideologie des Einzelnen, die auf Selbstbestimmung beharrt, auf Konsum abzielt und sich dabei von der Idee gegenseitiger Verpflichtungen und des Gemeinwohls verabschiedet. Präzise beschreibt Paul Collier diese neue soziale und kulturelle Kluft. Und er präsentiert ein sehr persönliches Manifest für einen sozialen Kapitalismus, der auf einer Ethik der Gemeinschaft beruht.